『湖北近代文学研究』丛书·第一辑

吴禄贞年谱

◎程翔章　程祖灏/编著

華中師範大學出版社

湖北省公益学术著作出版专项资金
Hubei Special Funds for Academic and Public-interest Publications

新出图证(鄂)字 10 号

图书在版编目(CIP)数据

吴禄贞年谱/程翔章,程祖灏编著.—武汉:华中师范大学出版社,2022.12
(“湖北近代文学研究”丛书)

ISBN 978-7-5622-9920-2

Ⅰ.①吴… Ⅱ.①程… ②程… Ⅲ.①吴禄贞(1880—1911)—年谱
Ⅳ.①K827=52

中国版本图书馆 CIP 数据核字(2022)第 208967 号

吴禄贞年谱

责任编辑:梅 杰　**责任校对**:童 雯　**封面设计**:罗明波
编辑室:综合编辑室　**电话**:027-67867370
出版发行:华中师范大学出版社有限责任公司
社址:湖北省武汉市珞喻路 152 号　**邮编**:430079
销售电话:027-67863426　**邮购电话**:027-67861321
传真:027-67863291
网址:http://press.ccnu.edu.cn　**电子信箱**: press@mail.ccnu.edu.cn
印刷: 湖北新华印务有限公司　**督印**: 刘 敏
字数: 248 千字
开本: 710mm×1000mm 1/16　**印张**: 14.25
版次: 2022 年 12 月第 1 版　**印次**: 2022 年 12 月第 1 次印刷
定价: 60.00 元

欢迎上网查询、购书

前　言

湖北位于中国大陆的中部、长江的中游，汉江的大部分流域在湖北境内。境内周边为山地丘陵，中部为辽阔富饶的江汉平原，不仅土地肥沃，物产丰富，乃全国有名的鱼米之乡；而且交通便利，四通八达，有“九省通衢”之誉，地理位置十分优越。自先秦至清代中叶，湖北都是各个朝代文学的重镇，有着优良的文学传统，为中国文学的发展作出过重要贡献。进入近代后，文学创作的成就虽然没有广东、福建、湖南、江苏和浙江等省份突出，但湖北作家继承前辈的优良传统，紧跟时代步伐，勇于探索，积极实践，也取得了可喜的成就，为中国文学的近代化与现代化，奉献了自己的智慧和力量。

这里所说的“近代”，通常是指自鸦片战争开始至五四运动为止，即1840年至1919年的这一历史时期。这一历史时期是中国历史上一个非常特殊的历史阶段；由于帝国主义列强侵略的日益加深，中国的社会发生了数千年未有之大变局，原有的封建君主专制的封建社会逐渐转变为半封建和半殖民地的社会，故史学界将这一特殊历史阶段的历史称为“中国近代史”；而发生、发展于这一特殊历史阶段的中国文学，无论是文学观念、文学思想、文学理论，还是文学体裁、文学方法、文学创作，随着社会大动荡、大分化、大变革的历史进程，亦发生了前所未有的变化，故文学界将这一特殊历史阶段产生的文学，称为“中国近代文学”。

改革开放以来，中国迎来了学术研究的春天，尤其是对中国近代文学的研究，可谓兴盛繁荣，一日千里，硕果累累。但与全国其他省市相比，尤其是与福建、广东、湖南、安徽、山东、江苏、上海、北京等省市相比，湖北近代文学的研究相对比较薄弱、落后：不仅研究的学人少，而且研究的成果亦少。

笔者从事中国近代文学的研究，最初接触湖北近代作家的文学创作，始自20世纪80年代的中期。那时刚大学毕业不久，留在学校从事管理工作，应师友们之邀，在工作之余，跟随林非先生一起编撰《中国散文大辞典》，并被安排负责整个近代部分。从那时起，笔者就发现湖北近代文学是一座富矿，值得花力气去挖掘、开采，并有心在这方面做些努力。随着辞典编撰的深入展开，笔者开始有意收集湖北近代作家的相关资料，并断断续续写过一些湖北作家的研究文章。只是由于各种任务繁重，难以集中精力在这方面下功夫。

进入 90 年代后，除管理工作比较繁重之外，承担的教学任务亦很重。根据教学工作的需要，笔者将有限的业余时间几乎都用在了对中国近代文学作整体、全面、深入的探讨和思考上，为撰写既能够反映中国近代文学发展整体面貌又适合教学实际的文学史做准备。

20 世纪末与 21 世纪初，我们编撰的《中国近代文学作品选》《中国近代文学》相继出版面世，并受到社会和学生的普遍欢迎与肯定，年年加印；后又应出版社之邀，曾多次对这套教材进行修订再版和改版，花费了笔者不少时间和精力。直到 2015 年前后，才逐渐从繁重的事务中脱身出来，开始对湖北近代作家作整体、全面、深入的研究。尤其是退休后，笔者谢绝了多所学校的聘请，一心一意在家进行对湖北近代作家的研究，并在学校出版基金的资助下，相继出版了《湖北近代作家研究（第一集）》《樊增祥年谱》《王柏心年谱》等著作，受到朋友和学术界同人的肯定。

尽管如此，笔者总觉得出版周期过长，过于零散，研究成果不能及时面世，故难以产生较大的影响。因此，笔者产生了组织人力编撰一套《“湖北近代文学研究”丛书》的想法。诸如作家的年谱、评传、佚文和作家的诗文选、湖北近代文学史等等，均可纳入其中。丛书不求一次整体推出，可以分辑推出，每辑 6～8 本，完成一辑，推出一辑；这样日积月累，十几年下来，也会形成一定规模，产生一定影响。

笔者将此想法汇报、告知校出版社的领导，立即得到他们的肯定和大力支持。适值湖北省启动了 2020 年度学术著作出版专项资金的申报工作，出版社领导遂积极支持和推荐笔者申报了“‘湖北近代文学研究’丛书（第一辑）”（8 本）这个项目。感谢各位专家、评委的支持和信任，这个项目最终获得批准。

笔者真诚地希望，《“湖北近代文学研究”丛书》第一辑和以后将陆续出版的各辑，能够引起学人们的关注，都来重视湖北近代文学的研究，促进湖北近代文学的研究更加全面、深入地开展，出现更多、更好的研究成果，共同为繁荣湖北的文化建设作出我们的贡献。

程翔章

例　言

一、本谱是根据吴禄贞的各种传记资料与《西征草》《戍延草》《吴禄贞集》《沿途日记》以及时人的著作编成。

二、本谱为记述的方便起见，正文中对谱主直呼其名（如称“吴禄贞”，或称“禄贞”，或称“小禄贞”），对谱主的先辈则称“某某公”，对谱中所涉及的其他人物，亦皆直称其名。

三、本谱纪日期，例以农历，其后用括号；在括号内标注公历，以资参照。

四、谱中各年，首列清帝纪年，次列干支，括号内再列公元纪年，最后列谱主年岁。

五、本谱各年之下，按时间顺序详列谱主的行止交游与著述情况；谱文之下，择要引述相关诗文或文献，既可明谱主事迹之所本，又能就迄今为止诗文作品或文献资料中涉及谱主之记载有讹误或歧义者，采用“案语”形式进行说明、辨正与考异。

六、谱中所征引之诗文作品与文献资料，皆注明出处，以便读者检核。

七、谱中涉及的与谱主关系重要或密切的人物，或当时政治、军事、文化、文学界出现的重要人物，一般略注其生平事迹：逝于谱主之前的，在其逝世之年标注；逝于谱主之后的，则择适当时期标注。

八、为更加准确地把握谱主的思想发展脉络，在谱主生活、活动时间内所发生的重大历史事件以及出现的重要历史人物，亦择要列出；而对于文化、文学界出现的重要事件或重要人物，且作出简要介绍。

九、已收入谱主集中的主要诗（词）文作品，大多按年编入谱中。凡编入谱中的诗（词），因数量不多，一般都移录出来；而其文札、函牍等作品，则只列题目，简述内容；对部分不见于集中而保存于他人文集、论著中的诗（词）文作品，则全文（诗）照录。

十、友朋与谱主的唱和酬赠之作，亦适当征录，系于各年之内。这些作品大多只列题目，部分作品则根据情况全文（诗）录入。

十一、凡作品中或征引资料中缺失的字或辨认不清的字，均以“○”表示；对那些明显的错字，则在“（　）”中标出。

十二、因在谱主的《吴禄贞集》中，除其所写之“文”（如“古文”“书函”“电稿”），大多标明有写作时间之外，诗歌部分则未标明具体写作时间。因此，凡编入各年内的诗（词）、文（含电稿）作品，皆注明出处，如卷数、文体、页码，以方便读者查检、阅读。

目　　录

谱　前

吴禄贞（1880—1911），字绶卿，别名“梦泽雄”，斋名“娱园”，湖北布政使司德安府（今湖北省孝感市）云梦县城西郊吴家台人。

吴氏世居云梦县城西，“累世以儒学传家，至君（指吴禄贞）始用武显”①，是当地远近闻名的大户望族。

吴禄贞的堂侄吴忠亚曾说：“我家祖居云梦县城西郊吴家台村。先人就其地筑为台，聚族而居，台以是得名。台周掘有深壕，四面环水，俨若小岛，村前建有石桥，以为出入通道，道旁古木参天，壕边翠竹蔽日，远远望去，一片村舍半隐半现翠绿丛中，显得特别幽静。台外四野，皆为平坦农田，临台远眺，阡陌纵横，春天一片翠绿，秋天一片金黄，颇足予人以视野开阔，心旷神怡之感。”②

曾祖父吴鼎元公，道光三十年（1850 年）进士③，曾官都察院监察御史，后出为江南常州府知府，“廉名文名著当时”（见吴忠亚《吴禄贞的一生》）。

祖父吴道亨公，优贡④，曾先后出任黄陂、公安县教谕，为人乐善好

---

① 甘云鹏：《潜庐续稿》卷九之《吴禄贞烈士传》，沈云龙主编《近代中国史料丛刊》第 97 辑，台北文海出版社 1973 年影印甘氏家藏丛稿崇雅堂聚珍版，第 340 页。

② 吴忠亚：《吴禄贞的一生》，《云梦文史资料》（第 1 辑），中国人民政治协商会议湖北省云梦县委员会文史资料研究委员会编，1985 年刊印。

③ 进士：在中国古代科举制度中，通过最后由中央政府所组织的殿试的考试者，称为“进士”。“会试”录取者称为“贡士”，贡士一般须参加“殿试”后才能确定身份。殿试不再淘汰，只是按照考试成绩将应试者分为三个等次，称为“三甲”：一甲三名，即状元、榜眼、探花，赐“进士及第”；二甲若干名，赐“进士出身”；三甲若干名，赐“同进士出身”。后将那些参加殿试取得身份者统称为“进士”。

④ 优贡：由地方贡入国子监的生员中的一种。按清制，每三年由各省学政从儒学生员中考选一次，每省不过数名，亦无录用条例。同治中规定，优贡经廷试后可按知县、教职分别任用。

施，有子曰利彤、利彬。

父亲吴利彬公，名秀才[①]，早年胸襟远大，曾外出壮游四方。晚年定居武昌（即夏口，今武汉市武昌区），以教书授徒为业。

母亲彭梅仙老夫人，同县南乡人，出身书香门第，通诗文，精女红。膝下有禄贞、祐贞二子。

吴禄贞幼随母亲启蒙，稍长随伯父受学，勤奋聪慧；少随父赴武昌读书，兴趣广泛，尤喜文学。父亲逝世后，仍刻苦学习，并考中秀才。后因家计艰难，不忍心让母亲受苦，乃投笔从戎，入湖北工程营为工程兵。不久被选入湖北武备学堂学习。光绪二十四年（1898年）冬，公派赴日留学，入东京陆军士官学校骑兵科。不久，加入兴中会。二十六年（1900年）六七月间，曾回国参加大通起义；起义失败后，仍潜赴日本留学。二十七年（1901年）以优异成绩毕业。1902年春归国后，相继担任鄂军学务会办、将弁学堂总教习、护军全军总教习、武备学堂会办等职。三十年（1904年），奉调入京，署理练兵处军学司训练科马队监督。在京期间，仍保持与湖北革命志士秘密联系。三十二年（1906年），赴新疆考察边务。次年，随东三省总督徐世昌赴奉天（今沈阳）任军事参议、吉林营务处会办、延吉边务公署帮办等职。宣统元年（1909年），回京任外务部顾问；不久，再赴东北，出任延吉边务公署督办，授陆军协统。次年，延吉边务公署撤销，回京后授镶红旗蒙古副都统；曾奉命赴英国、德国、法国等国观操。同年十月归国，不久出任陆军第六镇统制。宣统三年（1911年）九月，朝命署理山西巡抚。曾与山西民军联系，拟组织燕晋联军，进攻北京。几天后，在石家庄火车站被朝中权要买凶暗杀，年仅三十二岁。

吴禄贞既工诗文，又“喜学国术，好舞剑，研究兵法”，“能深入其堂奥”；还善书法，“楷书草法，雄伟豪迈”[②]。著有《西征草》《戍延草》《经营蒙古条议》《东四盟蒙古实纪》《延吉边务报告》《为外务部代拟驳

---

① 秀才：按照明清科举制度的规定：童生要取得秀才的身份，必须先参加县试，县试由县令主持；县试通过（录取）者方可参加府试，府试由知府主持；府试通过者方可参加院试，院试由学政（全省主管教育的长官）主持。院试通过者，方才称为“秀才”（亦称“生员”）。

② 国民党中央党史史料编纂委员会：《吴禄贞》，《吴禄贞集》附录，华中师范大学出版社2011年版，第262页。

复日本之节略》等。遗著编为《吴禄贞集》[①]。又有《沿途日记》[②]（与周维桢合写，聂红萍整理）尚未收入集中。另与周维桢修纂有《（民国）延吉县志》（十二卷）[③]。

① 吴禄贞：《吴禄贞集》，皮明庥、虞和平、吴厚智编，华中师范大学出版社2011年版。

② 吴禄贞、周维桢：《沿途日记》（不分卷，钞本2册，聂红萍整理），今藏日本京都大学图书馆人文科学研究所。

③ 吴禄贞、周维桢修纂：《（民国）延吉县志》（十二卷），吉林图书馆民国三年（1914年）刊行；后影印收入《中国地方志集成·吉林府县志辑2》，凤凰出版社、上海书店、巴蜀书社2006年版。

正　　谱

光绪六年庚辰(1880 年)　一岁

正月初三日（2 月 12 日），清政府任命出使英国、法国大臣曾纪泽为出使俄国钦差大臣，取代崇厚赴俄国继续办理伊犁交涉。

正月初十日（2 月 19 日），清政府正式照会沙俄政府，不承认《里瓦基亚条约》。

正月二十六日（3 月 6 日），禄贞出生于湖北布政使司德安府（今孝感市）云梦县城西郊吴家台。父亲利彬公长年在外游历、入幕。

案：吴禄贞同祖叔伯兄弟四人，在家排行第三，其弟祜贞则排行第四。

四月上旬，清政府为向俄国索回新疆伊犁，频调劲旅分布诸边以为防备；又命浙江提督吴长庆立即进京陛见。

五月初八日（6 月 15 日），总理衙门奏称崇厚获罪后，英、法、德驻华公使均要求宽免。

五月十九日（6 月 26 日），清政府命暂免崇厚斩罪，并知照俄国。

六月二十六日（8 月 1 日），出使俄国钦差大臣曾纪泽抵达俄京圣彼得堡。

七月初六日（8 月 11 日），清政府调陕甘总督、钦差大臣左宗棠入京，并对俄妥协。

七月初七日（8 月 12 日），清政府开释原出使俄国大臣崇厚。

八月十二日（9 月 16 日），陕甘总督左宗棠创办的兰州机器织呢局正式开工。

八月十四日（9 月 18 日），直隶总督李鸿章奏设南、北洋电报，获准在天津设立电报总局，并于紫竹林、大沽口、济宁、清江、镇江、苏州、上海七处各设电报分局，架设天津至上海间的电线（1881 年 4 月开始铺设电线，同年 12 月完工）。

九月十三日（10 月 16 日），直隶总督兼北洋大臣李鸿章奏设创办的天津电报学堂正式开学，学堂附于天津电报局，委任道员朱格仁为学堂总办，招收十六至二十岁的聪颖子弟入学，聘丹麦籍教习教授电磁原理与电报技术。

九月十八日（10 月 21 日），陈其采（1880—1954）出生于浙江吴兴一个商人家庭。

十二月初一日（12 月 31 日），直隶总督兼北洋大臣李鸿章奏请兴建铁路。

是年，湖广总督李瀚章和湖北巡抚彭祖贤在省城武昌（即夏口）设立修志局，开始编纂《湖北通志》。

是年，周维桢（1880—1911）出生于湖北麻城（今湖北省麻城市）。

是年，易迺谦（1880—？）出生于湖北汉阳一个耕读之家。

是年，秦毓鎏（1880—1937）出生于江苏无锡一个书香家庭。

是年，程明超（1880—1947）出生于湖北黄州一个耕读之家。

是年，王保民（1880—1962）出生于湖北江夏（今武汉市武昌区）。

光绪七年辛巳(1881 年)　二岁

是年，利彬公仍在外地游幕。

正月二十六日（2 月 24 日），出使俄国钦差大臣曾纪泽与沙俄签订《中俄伊犁条约》和《改订陆路通商章程》。

正月二十九日（2 月 27 日），朝廷命东阁大学士左宗棠管理兵部事务，在军机大臣上行走，又在总理各国事务衙门行走。

二月二十一日（3 月 20 日），章士钊（1881—1973）出生于湖南善化（今长沙市）一个中医家庭。

三月初十日（4 月 8 日），咸丰皇帝皇后钮祜禄氏、慈安太后在宫中猝死。

三月间，清政府擢升出使欧洲二等参赞黎庶昌为记名道员，赏给二品顶戴，派充出使日本钦差大臣，并命其速速回京陛见。

四月二十五日（5 月 22 日），清政府颁布“开平矿务局章程”。

五月十三日（6 月 9 日），唐山胥各庄运煤铁路建成，“中国火箭号”车头首次行驶。

六月初一日（6 月 26 日），东垂边务督办吴大澂奏请在吉林设立机器局，制造新式枪械子弹，获准。

六月十八日（7 月 13 日），山东济南美国传教士强买民房改建教堂，泺源书院师生发出揭帖，要求收回房屋；传教士却向美国公使报告，谎称教堂已被拆毁，要求赔偿；美国公使馆派参赞到济南要挟地方官，以退还原房价和赔款结案，史称“济南教案”。

八月二十三日（10 月 15 日），广东南海县（今佛山市南海区）西樵缫丝工人因受迷信思想影响捣毁裕厚昌缫丝厂机器。

九月间，英国商人创办上海自来水公司。

十月初十日（12 月 1 日），中国第一条电报线（天津至上海）铺成并投入使用。

十一月二十七日（1882 年 1 月 16 日），《申报》首次刊用国内电讯。

十二月初一日（1882 年 1 月 20 日），出使日本钦差大臣黎庶昌带领家眷和从侄汝谦、长婿后沆以及出使随员乘“驭远”兵船，自上海启航赴日本。

十二月二十六日（1882 年 2 月 14 日），出使日本钦差大臣黎庶昌一行人抵达东京，与前任公使何如璋办理完交接手续，随即前往日本外务部拜见外务卿井上馨，接洽公务。

是年，归安（今浙江省湖州市）富商黄佐卿在上海创办公和永缫丝厂，次年正式开工，是上海最早的民族资本机器缫丝厂。

是年，香港仁记洋行买办梁云汉（又名梁安，字鹤巢）在广州设立肇兴公司，经营海外航运及贸易。

是年，英商怡和洋行将华海轮船公司和扬子轮船公司合并为印华轮船公司，通称怡和轮船公司。

是年，吕大森（1881—1930）出生于湖北建始。

是年，温寿泉（1881—？）出生于山西洪洞。

是年，朱和中（1881—1940）出生于湖北建始。

是年，金邦平（1881—1946）出生于安徽黟县。

是年，姚以价（1881—1947）出生于山西津河。

光绪八年壬午（1882 年）　三岁

是年，利彬公仍在外地游幕。

二月十八日（4 月 5 日），宋教仁（1882—1913）出生于湖南省桃源县漳江镇渔父村。

三月初六日（4 月 23 日），直隶总督李鸿章奏请在上海试办机器织布局。

三月初八日（4 月 25 日），以原法国交趾支那舰队司令李威利为头目的法国侵略军，悍然出兵侵占安南（今越南）河内。

四月初二日（5 月 18 日），《字林西报》的中文版《沪报》在上海创刊（后售予日人之东亚同文会，改为《同文沪报》）。

四月下旬至五月中旬，法国传教士在黑龙江呼兰县强买民地建房，开枪打死都统署官员一人，并捏造“旗兵滋事”，告到法国公使馆；法国公使向清政府提出交涉，以赔款三千两银子结案，史称“呼兰教案”。

五月初九日（6 月 24 日），李书城（1882—1965）出生于湖北潜江县（今潜江市）沱埠垸袁桥村一个书香之家。

六月初九日（7 月 23 日），朝鲜发生政变，史称“壬午政变”。

六月十二日（7 月 26 日），上海英、美租界电灯公司电灯发光。

六月三十日（8 月 13 日），清政府命浙江提督吴长庆率兵六营援助朝鲜。

八月二十四日（10 月 5 日），徐州道程国熙集商资设局，用机器开采铜山县（今江苏省徐州市铜山区）属利国驿等处煤矿。

九月十八日（10 月 29 日），沙俄政府强迫清政府签订《中俄伊犁界约》。

九月间，朝廷鉴于当时紧张的边境局势，命李鸿章“夺情”仍回直隶总督本任，张树声仍回两广总督本任。

十月十七日（11 月 27 日），直隶总督李鸿章代表清政府与法国驻华公使宝海(Frédéric-Albert Bourée)签订备忘录，初步确定中国撤退驻越武装，法国保证不侵占越南土地和不贬削越南国王的权力，开放保胜（今越南老街省老街市保胜县）为商埠。

十月二十九日（12 月 9 日），沙俄政府胁迫清政府签订《中俄喀什噶尔界约》。

十二月初十日（1883 年 1 月 18 日），清政府命在沪粤沿海铺设电线。

是年，胡秉柯（1882—1914）出生于湖北潜江一个书香家庭。

是年，吴昆（1882—1942）出生于湖北黄冈一个耕读之家。

是年，张璧（1882—1946）出生于河北霸州煎茶铺镇大高各庄一个耕读之家。

是年，姚荐楠（1882—1967）出生于安徽寿县一个耕读之家。

是年，粤人徐鸿复、徐润等在上海集股设立同文书局，购置机器，影印《二十四史》《古今图书集成》等古籍。同文书局是中国人自办的第一家近代石印图书出版机构。

光绪九年癸未(1883 年)　四岁

是年，利彬公仍在外地游幕。

二月十九日（3 月 27 日），法国侵略军攻陷越南南定（今南定省）。

二月二十二日（3 月 30 日），礼部上奏越南王阮福玥请求援救。

二月二十三日（3 月 31 日），中、英订立上海至香港电报办法合同。

三月初二日（4 月 8 日），刘永福率黑旗军驰赴越南山西，助越抗法。

是日，电报线铺设至广东。

三月二十八日（5 月 4 日），汪精卫（1883—1944）出生于广东番禺一个商人家庭。

三月二十九日（5 月 5 日），江南制造总局工人为反对延长劳动日举行示威游行。

四月十三日（5 月 19 日），刘永福率黑旗军在河内以西怀德府的纸桥大败法军，击毙法将李威利（又译作李维业，1827—1883），取得“纸桥大捷”。

五月初二日（6 月 6 日），法国驻日本公使来中国重开谈判，企图强迫清政府承认法国在北越的侵略地位。

七月初十日（8 月 12 日），中、俄签订《中俄科塔界约》。

七月二十三日（8 月 25 日），法国侵略军侵入安南的顺化（今越南承天顺化省省会）。

七月二十五日（8 月 27 日），弟弟祐贞（字锡贞）出生。

八月初一日（9 月 1 日），刘永福率黑旗军和越南军与法国侵略军激战于丹凤（今越南河内市丹凤县）。

八月初四日（9 月 4 日），中、俄订立科布多新界牌标记。

八月十三日（9 月 13 日），中、俄订立塔尔巴哈台北段牌标记。

九月初三日（10 月 3 日），中、俄签订《中俄塔尔巴哈台西南界约》。

九月初八日（10 月 8 日），阎锡山（1883—1960）出生于山西省五台县河边村（今山西省定襄县河边镇)一个以经商为主的小地主家庭。

九月二十三日（10 月 23 日），中、法谈判中止。

十月十八日（11 月 17 日），法国内阁通知中国驻法公使曾纪泽，一定会以武力夺取安南之北圻（指旧时越南北部的十六省）。

十一月十五日（12 月 14 日），法国海军中将、法国交趾支那舰队司令孤拔（1827—1885）率法军六千人进攻清军和黑旗军的防地山西（今越南河内市山西市社）。

十一月十七日（12 月 16 日），法国侵略军攻占安南山西（今越南河内市山西市社）。

十一月十八日（12 月 17 日），安南人杀死越南国王阮福瑚。

十一月二十五日（12 月 24 日），清政府命云贵总督岑毓英率兵驰赴安南之山西（今越南河内市山西市社），援越抗法。

十二月初五日（1884 年 1 月 2 日），余诚（1884—1910）出生于麻城县木樨河余家冲一个书香之家。

是年，冯特民（1883—1913）出生于湖北江夏一个书香家庭。

光绪十年甲申(1884 年)　五岁

是年，利彬公仍在外地游幕。

二月十一日（3 月 8 日），法国侵略军开始大举进攻清军和黑旗军的防线。

二月十五日（3 月 12 日），法国侵略军攻陷安南的北宁（今北宁省）。

二月二十三日（3 月 20 日），法国侵略军攻陷安南的太原（今太原省）。

三月初二日（3 月 28 日），胡瑛（1884—1933）出生于湖南桃源一个典史家庭。

三月十三日（4 月 8 日），慈禧太后黜军机大臣恭亲王奕䜣、翁同龢、李鸿藻、景廉、宝鋆，而以礼亲王世铎、额勒和布、阎敬铭、张之万、孙毓汶为军机大臣。

三月二十日（4 月 15 日），安南兴化沦陷，法国侵略军占领安南红河三角洲。

四月初十日（5 月 4 日），清政府命直隶总督李鸿章负责办理中法和议事宜。

四月十七日（5 月 11 日），中、法在天津签订《中法会议简明条款》，清政府承认法国对越南的保护权。

四月二十八日（5 月 22 日），朝廷鉴于当时的紧张局势，调山西巡抚张之洞署理两广总督，而以山西布政使奎斌署理山西巡抚。

同月，因中、法已议和，浙江提督吴长庆奉朝命移防奉天金州（今辽宁省大连市金州区）。

五月初十日（6 月 3 日），中、俄签订《中俄续勘喀什噶尔界约》。

闰五月初一日（6 月 23 日），法国侵略军蓄意挑起了“谅山事变”，被守军击退。

闰五月初四日（6 月 26 日），朝廷赏在家养病十余年的原直隶提督刘铭传巡抚衔，命其督办台湾军务。

闰五月二十日（7 月 12 日），法国驻北京代理公使谢满禄（M. de Semalle，1839—1946）向清政府提出最后通牒。

闰五月二十三日（7 月 15 日），法国远征舰队以“游历”为名，强行驶入福建水师基地马尾军港。

六月十四日（8 月 4 日），法国海军少将、远东舰队副司令利士比率三艘军舰进犯台湾基隆，向守军投递劝降书，遭到严正拒绝。

六月十五日（8 月 5 日），法国军舰进攻台湾基隆，遭到守军的猛烈反击，基隆炮台被炸毁。

六月二十六日（8 月 16 日），法国议会决定扩大侵华战争，通过三千八百万法郎的侵华经费。

六月二十九日（8 月 19 日），法国驻华代理公使谢满禄借口“基隆事件”，再次向清政府提出最后通牒。

七月初三日（8 月 23 日），法国舰队以事先已驶入马尾港的优势，突然对马尾港中的中国兵舰发起袭击，“马尾海战”爆发。虽然许多中国官兵奋起迎战，但福建水师的船舰还是大部分被炸毁。

七月初四日（8 月 24 日），法国舰队开炮摧毁福建马尾造船厂。

七月初五日（8 月 25 日），闽江口清军长门炮台轰击法军舰队，法国军舰败逃。

七月初六日（8 月 26 日），光绪皇帝被迫下诏对法宣战，并起用原广西提督冯子材、原福建布政使王德榜等抗击法军，中法战争开始。

八月十三日（10 月 1 日），法国海军中将孤拔率领法国舰队进攻台湾基隆，次日炮轰淡水炮台，被台湾守军击退。

八月十七日（10 月 5 日），香港工人举行反对英国、法国侵略的罢工。

八月二十日（10 月 8 日），法国军舰再次炮轰淡水炮台，被台湾守军击退。

九月初五日（10 月 23 日），法国海军中将孤拔宣布封锁台湾海面。

九月三十日（11 月 17 日），清政府在新疆建立行省，设置州县；任命刘锦堂为甘肃、新疆巡抚，仍以钦差大臣督办新疆军务；而以原甘肃布政使魏光焘为甘肃、新疆布政使。

十月二十八日（12 月 15 日），西线滇军和刘永福所率之黑旗军包围法国侵略军占据之越南宣光城（今宣光省宣光市）。

十二月十七日（1885 年 1 月 21 日），耿覲文（1885—1957）出生于湖北安陆。

十二月三十日（1885 年 2 月 14 日），法国侵略军攻陷越南谅山（今越南谅山市，谅山省首府）。

是年，为抗议法国侵略军的入侵，广东、福建、浙江、贵州、云南等地民众自发捣毁天主教堂，频发驱逐法国传教士的事件；旅美、旅日侨胞则纷纷捐款，支持国内的抗法斗争。

是年，张世膺（1884—1911）出生于九江府德化县（今九江市柴桑区）一个书香家庭。

是年，黄恺元（1884—1923）出生于湖北宜昌（今宜昌市夷陵区）一个富商家庭。

光绪十一年乙酉(1885 年)　六岁

是年，利彬公仍在外地游幕。彭老夫人见禄贞年岁已经不小，且又聪明伶俐，便开始教其识字。

正月初九日（2 月 23 日），法国侵略军侵占中国的镇南关（曾称鸡陵关、大南关、界首关和睦南关，今名友谊关，在今广西凭祥市西南 15 公里处）。

正月十五日（3 月 1 日），孤拔率法国远东舰队进犯镇海（今浙江省宁波市镇海区）海口，被清军参将吴杰率领严阵以待的浙东守军击退。

二月初四日（3 月 20 日）夜晚，浙江宁绍台道薛福成派部下偷偷将数门重炮运至前沿阵地，趁天色未亮之际，向海上的法国舰队突施猛攻，击中法军旗舰，孤拔身受重伤。法国舰队不明情况，只得仓皇南逃。

二月初六日（3 月 22 日），清政府派直隶总督李鸿章为全权大臣与法国驻华公使巴德诺（又译作“巴特纳”）商议条约。

二月初二至初八日（3 月 18—24 日），原广西提督冯子材率领其萃军大败法国侵略军于关前隘，取得镇南关大捷。

二月十一日（3 月 27 日），老将冯子材率所部萃军攻克越南谅山（今越南谅山市，谅山省首府）。

二月十五日（3 月 31 日），法国茹费理内阁倒台，新内阁成立，建议速办和议，清政府下达停战诏书。

二月十六日（4 月 1 日），法军舰队攻占澎湖（今中国台湾省澎湖县），法国侵略军主将孤拔（1827—1885）去世。

二月十九日（4 月 4 日），法国强迫清政府在巴黎签订《中法议和草约》。

二月二十二日（4 月 7 日），清政府下令前线停战。

三月初四日（4 月 18 日），中、日签订《天津会议专条》。

四月二十七日（6 月 9 日），清政府全权大臣李鸿章与法国驻华公使巴德诺在天津签订《中法会定安南条约》（即《中法新约》），中法战争结束。

五月初五日（6 月 17 日），直隶总督李鸿章奏设天津武备学堂（亦称陆军武备学堂）。

五月二十一日（7 月 3 日），清政府在德国订购的“定远”“镇远”两艘铁甲舰抵达中国。

七月二十七日（9 月 5 日），钦差大臣左宗棠（1812—1885）卒于福州任上。

九月初六日（10 月 13 日），清政府设立海军衙门，以光绪皇帝生父奕譞总理海军事务。

九月二十三日（10 月 30 日），清政府任命跟随前浙江提督吴长庆援朝平叛战功突出的袁世凯为驻朝鲜总理交涉通商事务大臣。

十一月二十七日（1886 年 1 月 1 日），英国印度总督宣布将缅甸并入印度。

十一月二十九日（1886 年 1 月 3 日），朝廷调工部尚书翁同龢为户部尚书，而以兵部尚书潘祖荫为工部尚书。

是年，上海格致书院成立，王韬被中西董事公举为格致书院掌院，同时担任《申报》的编纂主任。

光绪十二年丙戌（1886 年）　七岁

是年，利彬公仍在外地游幕。彭老夫人在教禄贞识字的同时，又教其背诵一些古代名人的诗词。

二月二十二至三月初十日（3 月 27 日—4 月 13 日），中、法订立广西关外各关界约。

六月初三日（7 月 4 日），左副都御史吴大澂与沙俄订立《珲春界约》。

六月初十日（7 月 11 日），慈禧太后颁发懿旨，宣布明年归政。

六月二十三日（7 月 24 日），中、英签订《缅甸条款》，清政府被迫承认英国占领缅甸。

六月二十四日（7 月 25 日），四川重庆（今重庆直辖市）的民众为反抗英、美传教士强修教堂，自发组织起来焚毁传教士住宅和教堂；教堂武装开枪杀伤民众三十余人，激起三千余名民众聚集起来将城内、外的教堂和领事馆一并捣毁；在英、美、法驻华公使的要挟下，清政府以处死民众二人，赔款二十三万五千银两结案，史称“重庆教案”。

八月初五日（9 月 2 日），慈禧太后下懿旨：允醇亲王奕譞奏请，于光绪皇帝亲政后，再“训政”数年。

同日，续修《大清会典》书成。

十月十一日（11 月 6 日），天津《时报》创刊，英国传教士李提摩太（Timothy Richard，1845—1919）担任主笔。

十一月初六日（12 月 1 日），朱德（1886—1976）出生于四川仪陇县马鞍场一个佃农家庭。

十二月二十八日（1887 年 1 月 21 日），清政府命直隶总督李鸿章速派员前往黑龙江勘办漠河金矿。

是年，万州（今重庆市万州区）客民首领陈钟明领导琼山（今海南省海口市琼山区）、定安（今海口市定安县）、儋州（今海南省儋州市）等地的黎族、汉族民众举行反清起义。

光绪十三年丁亥(1887 年)　八岁

是年，经母亲和父亲商议，让禄贞和其二哥即堂兄祺贞，正式入家塾，跟随伯父利彤公——祺贞之父学习四书、五经。利彤公“教学生极为严厉，对于自家子侄不徇私原谅”；如果不能完成高祖父布置的“背诵、回讲、提问时”，就要“受罚挨板子”。每当先生“讲授完毕，我们都摇头晃脑，苦吟不止，不敢有丝毫松懈”；而禄贞却“读读玩玩，并不当回事”①。虽然禄贞和大家一样，“每天读书约可千言”②，可别的学生“常

① 吴厚智:《记叔祖父绶卿先生的童少年时代》,《吴禄贞集》附录,华中师范大学出版社 2011 年版,第 272 页。

② 国民党中央党史史料编纂委员会:《吴禄贞》,《吴禄贞集》附录,华中师范大学出版社 2011 年版,第 262 页。

常弄得瞠目结舌，不知所答”；而禄贞却“从来没有仓皇失色过”，总能“背诵如流，应对端详”①。小禄贞好动，无事喜欢爬树、游泳。家里便让他开始练习家传的吴门神棍，挥剑耍刀。于是，每天学习之余，树林、池塘、山丘、平地都成了他的练武之地。他练得一身好功夫，体格强健，为日后的戎马生涯打下了坚实的基础。

正月十五日（2月7日），朝廷在紫禁城太和殿举行光绪皇帝的亲政礼。

正月二十四日（2月16日），清政府命直隶总督李鸿章在天津购置机器鼓铸制钱。

正月间，蒙古卓索图盟喀喇沁右旗亲王第十三世札萨克旺都特那木济勒的长子贡桑诺尔布与清宗室肃亲王善耆之妹善坤成婚。

二月初七日（3月1日），川、滇电线铺成。

三月初二日（3月26日），葡萄牙侵略者迫使清政府与其订立不平等条约《里斯本议定书》，承认葡萄牙永驻、管理澳门。

三月初五日（3月29日），中、法订立广东、广西、云南《中越交界界约》。

闰四月间，两广总督张之洞在广州创办广雅书院。

五月初三日（6月23日），爱新觉罗·载涛（1887—1970）出生于京城醇贤亲王府。

六月十四日（8月3日），两广总督张之洞奏请开办“广东水、陆师学堂”各一所。

七月二十六日（9月13日），朝廷再次任命二品顶戴、记名道员黎庶昌为出使日本钦差大臣。

八月十三日（9月29日），黄河南岸郑州之下汛十堡处决口三百余丈，黄河断流，下游则大水成灾。

八月二十三日（10月9日），福建至台湾海底的电线铺设完成。

九月十六日（11月1日），英国长老会传教士韦廉臣（Alexander Williamson，1829—1890）在上海创办同文书会，1894年改称广学会。该会于1888年成立董事会，推举海关总税务司赫德为会长，英国驻沪总领事

① 吴厚智：《记叔祖父绶卿先生的童少年时代》，《吴禄贞集》附录，华中师范大学出版社2011年版，第272页。

福克为副会长，韦廉臣为督办。1891年起，由李提摩太担任督办（后改称“总干事”）。

十月十四日（11月28日），美国传教士李佳白（Gilbert Reid，1857—1927）因在山东济南抢占地方民众房产，激起当地士绅的愤怒，将其殴伤。后在美国驻华公使田贝（Charles Denby，1830—1904）的干预之下，地方官府在济南城外拨给教会一块更大的地产作为补偿，事情才算了结。

十月十七日（12月1日），葡萄牙与清政府签订《中葡北京条约》和《中葡和好通商条约》，肯定《里斯本议定书》的规定，正式通过外交文书手续占领澳门，并将其辟为殖民地。1928年，中国政府公开声明，此约作废。

十一月中旬，出使日本国钦差大臣黎庶昌带领家属及随员自上海启程赴日就任。

十一月十九日（1888年1月2日），出使日本国钦差大臣黎庶昌带领家属及随员抵达东京。

十二月初五日（1888年1月17日），直隶总督李鸿章奏调代理长春厅通判李金镛前往黑龙江筹办漠河金矿。

吴禄贞在入家塾之前，已由母亲教读了两年，打下了很好的基础。这一年经过伯父利彤公的严格教读，进步很快，不仅伯父所教的内容都能流利背诵、牢记在心，而且已经学会了对对子。

一日，伯父为了测试一下学生，出了一副上联“春风吹绿柳”，请他们对下联。其他同学听了，“都凝神苦思，久无以对”；当伯父问到小禄贞时，他不假思索地应道：“大泽起龙吟。”伯父听了，一边夸赞对得好，一边暗暗思忖：“这‘大泽’不正是我们云梦泽（古称）吗？‘起龙吟’是要出惊天动地的人物啊！莫非将应在此子身上？！”于是，伯父常以此事语人，夸赞小禄贞今后“必有奇志”，“定能作一番虎啸龙吟的事业”①。

是年，直隶总督李鸿章发起组织天津铁路公司，又在天津设宝津局机器造币，还在山东筹办“山东淄川铅矿”。

是年，两广总督张之洞在广州设机铸制钱局，又在广州石井墟设立枪弹厂。

---

① 吴厚智：《记叔祖父绶卿先生的童少年时代》，《吴禄贞集》附录，华中师范大学出版社2011年版，第272页。

光绪十四年戊子(1888年)　九岁

是年，禄贞由于自幼聪敏过人，又有母亲的启蒙和父亲的偶尔指点，再加上伯父的认真教读，不仅“诵书史，日可千言”①，而且“已能下笔成文”②。只是伯父利彤公因年岁渐大，不能继续授读；禄贞和堂兄祺贞只好转至云梦县义堂镇一所私塾就读。每天放学回到家后，禄贞仍坚持练习家传的吴门神棍，挥剑耍刀。

一天晚上，皮影班来村里演皮影戏《岳飞传》。演完后回到家里，小禄贞满脑子都是岳飞的“精忠报国”“还我河山”的形象，想想眼下中国正处在危难之中，自己一定要学好本领，将来也像岳飞那样，将那些企图吞并、瓜分中国的帝国主义列强统统打倒，以报效国家。于是，他在油灯下写下了一副对联，用以表达自己的志向：“一拳打倒亚细亚，两脚踢翻欧罗巴！”在他那稚幼的心灵中已经种上了爱国、报国的种子。

二月初七日（3月19日），英国侵略军悍然向我国西藏的隆吐山进攻，英国的第一次侵藏战争开始。

二月二十二日（4月3日），上海小车工人举行的抗捐斗争取得胜利。

同月，慈禧太后挪用海军建设经费修建颐和园。

五月初四日（6月13日），渤海湾发生7.5级地震，周边地区均有影响。

六月间，我国自主修建的第一条铁路——“（北）京山（海关）铁路”的天津至唐山段建成通车，称为“北洋铁路”。

十月初五日（11月8日），慈禧太后立副都统桂祥之女叶赫那拉氏为光绪帝皇后，原任侍郎长叙之女他他拉氏姐妹为瑾嫔、珍嫔。

十一月十五日（12月17日），北洋海军正式组建，共有船舰二十五艘，即定远、镇远两艘铁甲舰（主力舰），经远、致远、靖远、来远和济远五艘穹甲快舰（巡洋舰），平远、超勇、扬威等快船，以及镇东、镇西、镇南、镇北、镇中、镇边等蚊子炮船（炮舰）和鱼雷艇、教练船、运输船等。清政府任命北洋水师记名提督、直隶天津总兵丁汝昌为北洋海军提督，而以

---

① 阎锡山:《故燕晋联军大将军吴公之碑》,《吴禄贞集》附录,华中师范大学出版社2011年版,第261页。

② 国民党中央党史史料编纂委员会:《吴禄贞》,《吴禄贞集》附录,华中师范大学出版社2011年版,第262页。

镇远舰管带林泰曾、北洋水师右翼总兵刘步蟾为左、右翼总兵。

十二月十九日（1889 年 1 月 20 日），河南郑州汛十堡处之黄河决口终于合龙。

是年，何遂（1888—1968）出生于侯官县（今福建省福州市）。

光绪十五年己丑(1889 年)　十岁

是年，禄贞和堂兄祺贞继续在义堂镇的私塾念书，每天放学回家后继续坚持练习吴门神棍和刀剑。

正月初六日（2 月 5 日），江苏镇江的洋人巡捕殴毙华人，激起民众愤怒，一举捣毁洋行及英、美领事衙署。

正月二十七日（2 月 26 日），光绪皇帝大婚礼成，册封慈禧太后的弟弟、副都统桂祥之女叶赫那拉氏为皇后。

二月初三日（3 月 4 日），慈禧太后“归政”，光绪皇帝“亲政”。是日，皇上御太和殿，接受群臣朝贺，并宣诏颁行天下。

三月初三日（4 月 2 日），两广总督张之洞奏请建造卢（沟桥）汉（口）铁路。

四月间，奉朝命赏二品顶戴、三品候补京堂、前湖南按察使薛福成接替前任使臣、新授广东巡抚刘瑞芬为出使英、法、义、比四国公使。

七月十二日（8 月 8 日），朝命调两广总督张之洞为湖广总督，而调漕运总督李瀚章为两广总督。

八月初二日（8 月 27 日），卢汉铁路经朝廷批准正式开始筹办。

十月上旬，朝廷授原湖广总督裕禄为盛京将军，而督促两广总督张之洞速来湖北履任。

十月二十二日（11 月 14 日），张之洞交卸篆务，由漕运总督李瀚章接任两广总督。

十一月二十六日（12 月 18 日），张之洞正式就任湖广总督。

十二月初八日（12 月 29 日），上海机器织布局安装完毕，正式开车织布。

十二月间，德国在上海设立的德华银行正式营业，成为日后德国资本在华活动的中心。

光绪十六年庚寅(1890年)　十一岁

年初，长期在外地游幕的父亲利彬公结束其幕僚生涯，来到省城武昌，设立梦泽书屋授读。于是，一家人离开吴家台子老家，随父亲来到武昌居住。禄贞和弟弟祜贞便进入梦泽书屋，由父亲亲自教读。像在家乡一样，小禄贞学习之余，继续坚持练习吴门神棍和刀剑。

二月二十七日（3月17日），清政府驻藏帮办大臣升泰与英国印度总督兰斯顿（Henry Charles Keith Lansdowne）在加尔各答签订《藏印条约》，英国将其侵略势力伸向我国西藏地区。

闰二月十一日（3月31日），中、英签订《烟台续增专约》。

闰二月二十六日（4月15日），中、法订立《会勘广东越南第一图立石界约》。

三月间，李汉俊（1890—1927）出生于湖北潜江县（今潜江市）沱埠垸袁桥村一个清贫的知识分子家庭。

四月初二日（5月20日），福建购买机器开炉试铸银元。

四月间，湖广总督张之洞提倡新学，于江汉、经心两书院之外，又在武昌营坊口左老天符庙都司湖畔创办两湖书院（今武汉音乐学院、武昌实验小学等单位所在地），聘请其弟子、前广东端溪书院山长梁鼎芬为提调（即山长），相继聘请杨守敬、华蘅芳、姚晋圻、邹代钧、陈三立、沈曾植等学人前来为学生授课。

六月二十三日（8月8日），因不堪外国传教士肆虐，四川大足县（今重庆市大足区）余栋臣组织煤窑、纸厂工人及挑贩数百人竖旗起义。起义军攻占龙水镇，并发布檄文，号召民众驱逐外国传教士。清廷急派桂天培带兵到大足“查办”，四川总督刘秉璋则以赔款五万银两并缉捕“凶手”结案，史称“大足教案”。

七月二十九日（9月13日），海军衙门批准湖广总督张之洞筹办汉阳制铁局，后改称汉阳铁厂，是我国第一个近代钢铁企业。

八月上旬，湖南澧州（今常德市澧县）哥老会首领廖星阶、马万伏率会众起义，进袭澧州城。后起义军与官兵周旋一年多时间，终被清军镇压。

九月二十六日（10月28日），河南道监察御史吴兆泰上奏请停止颐和园工程，清廷命将其交部严加议处。

十月十一日（11月22日），朝廷命居乡已达九年的原两江总督刘坤一再任两江总督兼南洋通商事务大臣。

十一月间，驻日公使黎庶昌任期届满，朝廷遂任命李鸿章之子李经方为驻日大臣，即将前往东京接任。

是年，湖广总督张之洞在武昌设立湖北织布局，并自 1894 年至 1898 年间又陆续设立纺纱、缫丝、制麻三局，通称湖北纺织四局。

光绪十七年辛卯(1891 年)　十二岁

是年，禄贞和弟弟祜贞继续在省城武昌父亲所设梦泽书屋中学习。课余时间除坚持练习吴家棍术和刀剑之外，又喜欢上了“格致之学”（清末对物理、化学等自然科学的统称）。

父亲学识渊博，不仅通晓经书，而且熟悉“格致之学”，可以自己制作几何图形讲解几何。但他毕竟受中国传统文化的影响较深，自然希望吴禄贞沿着科举之路一步一步往前行，不想他将时间花费在那些“杂学”上。小禄贞曾对父亲说：“当今世界列强，无不在科学上远远超过中国；要想使中国富强，改变贫穷落后的面貌，靠四书、五经、八股时文那是不行的，必须学习先进的科学技术！”

正月初二日（2 月 10 日），驻日公使黎庶昌赴日本皇宫递交辞行国书，向日本天皇辞行；日本天皇特赐黎庶昌“旭日大绶章”一枚，以表彰其对中日文化交流作出的积极贡献。

正月十二日（2 月 20 日），四川会理州（今凉山彝族自治州）会党举行反清起义。

三月十七日（4 月 25 日），开平煤矿局矿工为抗议外国技师欺压中国矿工而举行大罢工。

同日，江苏扬州民众发布揭帖，揭露外国传教士欺压中国老百姓的罪恶，聚众五六千人包围教堂，被清政府派兵驱散镇压，史称“（第二次）扬州教案”。

四月初六日（5 月 13 日），安徽芜湖民众因反对英国传教士迷拐幼童，于是焚毁教堂，并包围领事馆，史称“芜湖教案”。

四月二十九日（6 月 5 日），湖北广济县武穴镇民众因反对外国传教士贩卖婴儿而焚毁教堂，杀死一名英国传教士。在英、德两国的威胁下，湖广总督张之洞处分地方官一名，捕杀民众二人，判七人徒刑，赔款六万五千银两结案，史称“武穴教案”。

七月二十九日（9 月 2 日），湖北宜昌民众因反对法国传教士拐卖儿童和美国传教士开枪伤人，相继焚毁英、美、法三国教堂。英、美、法等九国驻华公使联合向清政府施压，各国军舰开至湖北汉口、宜昌进行恫吓。湖广总督张之洞以判处民众十二人徒刑，赔款十七万五千七百七十一两银子结案，史称“宜昌教案”。

七月间，康有为正式在广州长兴里设立万木草堂，聚徒讲学，著书立说，所著之《新学伪经考》一书刊行。

八月十二日（9月14日），贵州下江厅（今黔东南苗族侗族自治州从江县）苗民梁志得等率众举行起义。

十月初四日（11月5日），陈璧君（1891—1959）出生于马来西亚槟榔屿乔治市一个华侨富商家庭。

十月初十日（11月11日），热河朝阳（今辽宁省朝阳市朝阳县）金丹教首领李国珍、杨悦春率教众举行反洋教起义，攻占贝子府（今内蒙古自治区赤峰市敖汉旗贝子府镇），建立“开国府”，李国珍称“扫北武圣人”，杨悦春被推为总大教师，下设丞相及各种官职，发布了安民告示。起义队伍数千人分青、黄、白、红、黑色旗等5队，攻占朝阳府。随后，“在理教”首领郭万昌(一作万淳)等亦率众数千起义响应。

十一月间，李国珍、杨悦春、郭万昌等率领的起义军被清军镇压。

光绪十八年壬辰(1892年)　十三岁

是年，禄贞和弟弟祐贞继续在省城武昌父亲所设梦泽书屋中学习，课余时间坚持练习吴家棍术和刀剑。随着年岁的增长，禄贞的兴趣喜好也越来越广泛：除练习武术、喜爱格致之学之外，禄贞还喜欢阅读古代兵书、吟诵古代名家的诗词歌赋及练习书法。

二月十五日（3月13日），反清革命志士杨衢云、谢缵泰等在香港设立辅仁文社，以“尽心爱国”“开通民智”为宗旨。

四月间，日本的横滨正金银行在上海设立分行。

五月中旬至六月上旬，襄阳府谷城县民众为抗议天主教传教士非法传教，聚众围攻教堂，并提出“灭洋改教”的口号，引发中外争端，史称“襄阳教案”。

六月三十日（7月23日），孙中山毕业于香港西医书院。

七月初四日（8月25日），中、俄订立接连陆路电线的约款。

闰六月中旬至七月上旬，沙俄出兵帕米尔地区，强占萨雷阔勒岭以西的中国领土二万多平方公里。

八月二十八日（10月18日），萍乡芦溪（今江西省萍乡市泸溪县）哥老会举行起义，因事泄失败。

十月初二日（11 月 20 日），湖广总督张之洞在武昌设立的湖北织布局建成开织。

十二月间，由湖广总督张之洞四处筹资建造的湖北汉阳炼铁厂的机器厂、铸铁厂、打铁厂及大冶运矿铁路五十余华里先后竣工完成。

光绪十九年癸巳(1893 年)　十四岁

是年，禄贞和弟弟祐贞继续在省城武昌父亲所设梦泽书屋中学习，并开始学习举子之业。

正月初一日（2 月 17 日），中外商人在上海合办《新闻报》，英国商人丹福士为总董，聘请原《沪报》主笔蔡尔康为主笔。

五月十八日（7 月 1 日），湖北麻城宋埠的民众因抗议新教瑞典行道会传教士随便捆殴当地民众，将教士梅宝善和乐传道殴毙，引起两国交涉。清政府以处死民众二人，判徒刑七人，赔款四万二千银两结案，史称“麻城宋埠教案”。

九月初十日（10 月 19 日），上海机器织布局因失火被焚毁。

十月二十八日（12 月 5 日），中、英签订《藏印续约》，开亚东（今西藏日喀则市亚东县）为商埠。

十一月十二日（12 月 19 日），直隶总督李鸿章在天津开办医学堂。

十一月十九日（12 月 26 日），毛泽东（1893—1976）诞生于湖南省湘潭县韶山冲一个农民家庭。

十二月二十二日（1894 年 1 月 28 日），湖广总督张之洞在武昌奏设湖北自强学堂。

是年，天津武举李福明等人在北京东便门外开办一家机器面粉厂，使用外国进口蒸汽机磨，每日平均磨粉二百担，生意兴隆。

是年，台湾巡抚刘传铭所主持修建的台北至新竹的铁路竣工通车。

光绪二十年甲午(1894 年)　十五岁

是年，禄贞和弟弟祐贞继续在省城武昌父亲所设梦泽书屋中学习举子之业，并遵父命前往参加了县试。父亲之意本在让禄贞去体验、感受一下，不料竟名列前茅，被选“入邑庠”（见《吴禄贞》，《吴禄贞集》附录，第 262 页——正文中同一本书反复引用，不再重复列上出版社信息，具体请参阅主要参考文献）。

利彬公见儿子初次参加童生①的考试就取得好的成绩，颇感欣慰。他希望儿子在此后的府试、院试、乡试②、会试③上，也一帆风顺，成秀才，取举人，中进士，实现自己未能实现的愿望，以光宗耀祖。

自此以后，利彬公对儿子的学习督促更紧。禄贞的学习也比以前更加勤奋、刻苦。学习之余，禄贞的兴趣爱好仍然很广泛，其中尤以诗词和行草书见长，被时人目为文学天才。禄贞亦胸怀大志，雄心勃勃，曾自取别名“梦泽雄”以自况。

正月初三日（2 月 8 日），朝鲜东学党在全罗道古埠郡发动起义，提出了“逐灭夷倭”“尽灭权贵”的口号。

二月十一日（3 月 17 日），清驻美公使杨儒与美国国务卿葛礼山（Walter Quintin Gresham，1832—1895）在华盛顿签订《中美华工条约》。

二月十二日（3 月 18 日），康有为和弟子梁启超一同进京参加即将举行的会试。

四月十六日（5 月 20 日），驻英、法、义、比公使薛福成至巴黎公使馆迎接新到任的公使、原四川布政使龚照瑗，并与其办理相关移交手续。

四月二十七日（5 月 31 日），朝鲜国王以韩兵屡败于东学党，与袁世凯商议，请求中国出兵助剿。

四月二十九日（6 月 2 日），日本内阁决定出兵朝鲜。

四月三十日（6 月 3 日），朝鲜政府正式致书清政府，请求派兵援助。

五月初一日（6 月 4 日），直隶总督李鸿章派太原镇总兵聂士成率兵九

---

① 童生：按照明清科举制度的规定，凡是习举业的读书人，不管年龄大小，在未考取生员（秀才）资格之前，都称为“童生”或“儒童”。

② 乡试：按照明清科举制度的规定，乡试每三年在省城举行一次，由朝廷选派大臣二人担任正副主考；阅卷官若干名，在全省官员中选调；通过（录取）者称为“举人”。如遇朝廷有重大喜庆，可另行加试，则不在三年规定之内，称为“恩科”。

③ 会试：朝廷每三年在京城举行一次举人的选拔考试，称为“会试”；会试由礼部主持，故又称作“礼部试”；因其考试在春天举行（乾隆之前在二月举行，乾隆时改为三月举行，偶尔因故在四月举行），又称之为“春闱”。会试的主考官（称为“总裁”）有四人，一正、三副，由皇帝钦命大学士、尚书等大臣充任；另有十八名同考官（多的时候增至二十人），大多由翰林院的翰林充任。在清代，每科所取名额自百名至四百名不等（最少的一次九十六名，最多的一次四百零六名）。会试中试（录取）者，称为“贡士”，第一名称“会元”。若乡试有“恩科”，则次年也举行会试，称“会试恩科”。

百由大沽前往牙山，援助朝鲜。

五月初五日（6 月 8 日），太原镇总兵聂士成率兵抵达朝鲜牙山（韩国西海岸城镇，属忠清南道，临牙山湾）。

五月初六日（6 月 9 日），直隶提督叶志超率兵七百由山海关赴朝鲜牙山。

五月初七日（6 月 10 日），日本驻朝鲜公使大鸟圭介率数百日军进入朝鲜汉城。

五月初九日（6 月 12 日），日军八百余名先头部队在朝鲜仁川登陆，次日开赴汉城。

五月十三日（6 月 16 日），日军约四千人在大岛义昌的率领下，抵达朝鲜仁川（为韩国西北部的一个广域市，是一座面向黄海的港湾都市）。

五月十七日（6 月 20 日），直隶总督李鸿章要求俄国驻华公使喀希尼出面调停朝鲜之事，中、日撤兵。

五月十九日（6 月 22 日），日本外相陆奥宗光回复中国驻日公使汪凤藻，谓中、日所见不同，日本不会撤走朝鲜之兵（第一次绝交书）。

五月二十四日（6 月 27 日），第二批日军到达朝鲜仁川，朝鲜日军已逾八千。

六月十二日（7 月 14 日），日本驻中国公使小村寿太郎照会清政府总理衙门，拒绝撤兵，声称两国如果发生不测之变，日本不负责任（第二次绝交书）。

六月十三日（7 月 15 日），诏令翁同龢、李鸿藻与军机大臣、总署大臣会筹韩事。

同日，直隶总督李鸿章电令叶志超自朝鲜牙山移军平壤。

六月十四日（7 月 16 日），以日、韩情事已将决裂，光绪皇帝严旨直隶总督李鸿章速筹进兵事宜，不得畏葸、延宕。

同日，直隶总督李鸿章派河南镇总兵卫汝贵部六千（案：时奉朝命驻扎天津），太原镇总兵马玉昆部两千（案：时奉朝命协助宋庆防卫旅顺口），由海道分进平壤、义州，广东高州镇总兵左宝贵部四千（案：时奉朝命驻扎奉天）由陆路进军平壤。

六月二十一日（7 月 23 日），日军包围朝鲜王宫，劫持国王，组织傀儡政府，并攻掠中国驻韩总理公署。直隶总督李鸿章雇英国商船“高陞”“爱仁”“飞鲸”运兵两千六百余名赴朝鲜牙山，援助叶志超军。

六月二十三日（7 月 25 日），日本军舰“吉野号”“浪速号”等在朝鲜半岛海域之丰岛，偷袭北洋海军船只，击沉中国租用的运兵英船“高陞号”，一千多官兵誓不降敌，大部壮烈牺牲。“济远”“广乙”两艘军舰被击伤，“操江”舰则被俘，甲午中日战争爆发。

七月初一日（8月1日），中、日两国同时宣战。

七月二十五日（8月25日），朝命直隶提督叶志超统领驻扎平壤诸军。聂士成部亦退抵平壤。

八月初七日（9月6日），日、中两国军队在朝鲜平壤接战。

八月十五日（9月14日），日军进攻平壤，高州镇总兵左宝贵和补用知府盛星怀战死。

八月十七日（9月16日），日军占领平壤。直隶提督叶志超、河南镇总兵卫汝贵败走，清军死伤两千余人。

八月十八日（9月17日），中、日发生黄海海战，日本舰队司令伊东祐亨大败北洋水师提督丁汝昌于大东沟（今辽宁省东港市）海面。“致远”“经远”“超勇”“扬威”被击沉，“广甲”被击毁，余舰退走旅顺。管带邓世昌等战死。

九月初一日（9月29日），慈禧太后起用奕䜣主持总理衙门，奕䜣曾亲自出面请求英国联合美国和俄国，共同调停中、日战争。

九月初二日（9月30日），直隶提督叶志超等部清兵奉命全部退出朝鲜。

九月初十日（10月8日），朝命湖广总督张之洞速进京议事，而以湖北巡抚谭继洵署理湖广总督。

九月二十二日（10月20日），日本侵略军占领朝鲜义州（今新义州特别行政区）。

九月二十五日（10月23日），日本侵略军渡过鸭绿江。

九月二十六日（10月24日），日本侵略军第一军侵入中国边境；第二军则在辽东半岛花园口登陆，进犯旅顺、大连。

九月二十七日（10月25日），日本侵略军大败驰援九连城的四川提督宋庆所部，占领九连城和安东。

十月初五日（11月2日），朝命两江总督刘坤一进京议事，而以张之洞署理两江总督。

十月二十七日（11月24日），孙中山在美国檀香山组织成立兴中会。

十一月二十四日（12月20日），总署通知美国驻华公使田贝，清政府决定派户部侍郎张荫桓、署理湖南巡抚邵友濂为代表赴日本议和，并聘请前美国国务卿福世德（John W. Foster）为顾问。

十二月初二日（12 月 28 日），朝命两江总督刘坤一为钦差大臣，山海关内外防剿各军皆归其节制。

十二月十五日（1895 年 1 月 10 日），日本侵略军攻陷盖平（今辽宁省盖州市）。

十二月二十五日（1895 年 1 月 20 日），日本侵略军在荣成湾登陆，占领山东荣成（今山东省荣成市）。

光绪二十一年乙未(1895 年)　十六岁

年初，禄贞和弟弟祜贞继续在省城武昌跟随父亲学习。

正月初一日（1 月 26 日），议和代表张荫桓、邵友濂自上海东渡。

正月初二日（1 月 27 日），日本御前会议决定和议大纲。

正月初五日（1 月 30 日），日本侵略军占领威海卫南帮炮台。

正月初七日（2 月 1 日），张荫桓、邵友濂与伊藤博文、陆奥宗光会于广岛，商讨议和事宜被拒，日本公开指名要直隶总督李鸿章为全权代表。

正月十一日（2 月 5 日），北洋舰队的“定远”舰在威海卫被日本军舰击沉。

正月十二日（2 月 6 日），日本侵略军攻陷山东文登（今威海市文登区），北洋舰队的“来远”“威远”等舰被日舰炸沉。

正月十三日（2 月 7 日），北洋舰队在威海卫被日本侵略军海陆包围，陷入绝境。

正月十五日（2 月 9 日），日本侵略军攻入山东宁海州（今烟台市牟平区），北洋舰队的“靖远”舰被日军击沉。 北洋海军右翼总兵、记名提督刘步蟾自尽殉国。

正月十七日（2 月 11 日），清政府召前谈判代表张荫桓、邵友濂回国。

正月十八日（2 月 12 日），海军提督丁汝昌、总兵张文宣自尽殉国。五日后，威海卫海军及刘公岛守军投降，北洋舰队全军覆没。

正月十九日（2 月 13 日），朝廷以直隶总督、北洋大臣李鸿章为头等全权大臣赴日商定和约，而以帮办北洋事务大臣王文韶署理直隶总督兼北洋大臣。

正月二十日（2 月 14 日），道员牛炳昶代表威海卫海军残部与日本舰队司令伊东祐亨议定投降条款十一条。

正月二十一日（2 月 15 日），日本侵略军攻陷刘公岛（在山东省威海市环翠区威海湾中）。

正月二十二日（2月16日），日本军舰驰入威海卫（在山东半岛东北端的威海市）。

正月三十日（2月24日），直隶总督李鸿章与奕劻、孙毓汶、翁同龢等朝中大臣商议合约条款，争执不下。海城（今辽宁省鞍山市海城市）日本侵略军乃进攻大平山（今营口市东南10公里处之二龙山），大败宋庆所部。

正当少年禄贞满怀壮志，带着弟弟祜贞准备跟随父亲更加刻苦发愤、努力上进之际，不料父亲利彬公的肺病复发，于此年的春间去世。

父亲去世后，家道中落，家族也正式分家，母亲彭老夫人只得带着禄贞和祜贞寓居在武昌戈甲营（今武汉市武昌区粮道街戈甲营社区）。此时，彭老夫人以教授两位外国小姐的汉文和教授邻里女红及绣云肩所得报酬来维持一家人的生计。

吴禄贞见母亲每天十分辛苦，颇不忍心，为了减轻母亲的负担，他便和堂兄祺贞跑到武昌棉麻厂去当了一名童工。

吴忠亚回忆说："先三叔早年丧父，家贫至于不能自给，先父（案：指祺贞）亦同因家贫辍学，乃偕入湖北纱布厂为童工。"（见吴忠亚《吴禄贞的一生》）

吴禄贞每天天不亮就起床去工厂，到晚上六点才收工，一天要劳动十几个小时，才能得到一角多钱的工钱。工厂的条件很差，经常有事故发生。厂里的洋监工、技师非常跋扈，随意打骂工人。加上中国工头的欺负，工人们过着非人的生活。下班时，工人们还要在工厂门口接受搜身检查。

一天放工时，一位姓袁的工头"拦在大门口，以检查为名，对女工当众搜身，肆行侮辱"；吴禄贞看见后，"几步抢上前去，一言不发，就乘袁某俯身搜查之际，一边一个耳光，打得袁的两腮发红，晕头转向"。那工头定眼一看，见是一个小男孩，不禁大怒，挥起鞭就要打吴禄贞。这时，下班的工人都"蜂拥而来"，且齐声喊道："打得好！打死这个畜生！"姓袁的工头看到周围的工人人多势众，都以愤怒的目光瞪着他，才将举起的鞭子又放了下来，"只得悄悄溜走"。第二天，禄贞和堂兄祺贞因不愿受工头的欺凌，愤而离厂，从而"结束了苦难的童工生活"①。

彭老夫人还是希望儿子能够完成其父的遗愿，便让儿子在家里温习功

---

① 吴厚智：《记叔祖父绶卿先生的童少年时代》，《吴禄贞集》附录，华中师范大学出版社2011年版，第273页。

课，准备参加今年将要举行的府试和院试。

二月初十日（3 月 6 日），日本侵略军攻陷营口（今辽宁省营口市）。

二月十三日（3 月 9 日），日本侵略军攻陷田庄台（今辽宁省盘锦市大洼区）。

二月十八日（3 月 14 日），赴日头等全权大臣李鸿章率其子经方和罗丰禄、伍廷芳、马建忠、徐寿朋、于式枚以及美国顾问福世德一行，离天津赴日本马关议和。

二月二十二日（3 月 18 日），日本侵略军攻陷山东长山岛（在今烟台市长岛县境内）。

二月二十四日（3 月 20 日），李鸿章一行在日本马关与伊藤博文开始议和、谈判。

二月二十九日（3 月 25 日），日本侵略军攻占澎湖（今中国台湾澎湖县）。

三月初五日（3 月 30 日），中、日双方达成停战条约。

三月二十日（4 月 14 日），清政府电谕全权大臣李鸿章，如条件无可商议，即可订约。

三月二十一日（4 月 15 日），头等全权大臣李鸿章与伊藤博文第五次会谈，接受日本所提全部条件。

三月二十三日（4 月 17 日），《中日马关条约》签字。按条约规定：中国承认朝鲜独立，割让辽东、澎湖、台湾，赔款二万万两，日本商人可在中国口岸从事工艺制造。中日甲午战争宣告结束。

三月二十六日（4 月 20 日），署理两江总督张之洞致电总署，阻止和议，主张向英、俄求援。

是日，头等全权大臣李鸿章自日本马关抵达天津。

三月二十九日（4 月 23 日），法、德、俄三国驻日公使照会日本外务省，要求日本放弃辽东半岛。合约消息传出，举国震惊，臣民纷纷上书请求罢除合约。

四月初七日（5 月 1 日），广东举人康有为、梁启超联合在京参加会试的十八省举人集会，号召拒约自强。

四月初八日（5 月 2 日），清政府批准中日合约。

同日，康有为等十八省举人上书清政府，拒签合约，请都察院代奏，此即历史上著名的“公车上书”。

四月初十日（5 月 4 日），张之洞、边宝泉、谭继洵、李秉衡等疆吏致电总署，请展期换约。

同日，日本政府向俄、德、法三国政府声明，愿意放弃辽东半岛。

四月十二日（5月6日），钦差大臣刘坤一致电总署，请缓期换约。

四月十三日（5月7日），日本向中国总署声明，愿意放弃辽东半岛。

四月二十四日（5月18日），清政府派李经方前往台湾与日本派出大臣商办交割事宜。

四月二十七日（5月21日），台湾绅民拒不接受《中日马关条约》，决定成立“独立民主国”，建元“永清”，即通告各国。

五月初二日（5月25日），“台湾民主国”宣布成立。唐景崧为总统，刘永福为民主将军，丘逢甲为义勇统领，陈季同为外务大臣，俞明震为内务大臣，李秉瑞为军务大臣，林维源为议院议长。

五月初六日（5月29日），日本陆军近卫师团开始在台湾澳底（在今台湾台北县东北）登陆，遭到台湾军民的猛烈抵抗。

五月初十日（6月2日），李经方与日本台湾总督桦山资纪会于基隆口外，签订台湾交接文据。

五月十一日（6月3日），日本侵略军攻占台湾基隆。

五月十六日（6月8日），日本侵略军攻陷台湾台北。

五月三十日（6月22日），日本侵略军攻陷台湾新竹。

闰五月初五日（6月27日），日本侵略军自台湾新竹南侵，为义军徐骧等所阻。

闰五月十四日（7月6日），中、俄签订《四厘借款合同》。

闰五月十九日（7月11日），徐骧率义军反攻台湾新竹。

六月十一日（8月1日），福建古田斋教首领刘祥兴反对英、美教士勾结清朝官吏与民众为敌，率众愤怒焚毁教堂，史称“古田教案”。

六月二十五日（8月15日），日本侵略军攻陷台湾苗栗。

七月初四日（8月23日），日本侵略军攻陷台湾大甲溪。

七月初七日（8月26日），日本侵略军攻陷台湾府（台中）。

七月初九日（8月28日），日本侵略军攻陷台湾彰化。

八月二十一日（10月9日），日本侵略军攻陷台湾嘉义，开始在南部登陆。

八月二十七日（10月15日），日本侵略军攻陷台湾打狗（即今高雄）。

八月二十八日（10月16日），日本侵略军攻陷台湾凤山。

九月初四日（10月21日），日本侵略军攻陷台南府、安平，至此，日本侵略军已占领全台。

九月初九日（10月26日），孙中山领导的广州起义失败。

九月二十二日（11月8日），中、日签订《交收辽南条约》。

九月间，康有为、陈炽、沈曾植、袁世凯、张孝谦、文廷式、杨锐、徐世昌、丁立钧、王鹏运等在北京发起成立强学会，梁启超任书记。

十月间，吴禄贞不负众望，终于顺利通过了府试和院试，成为一名秀才，也算是对父亲在天之灵的一种告慰。

案：国民党中央党史史料编纂委员会所编之《吴禄贞》中说："十七岁的时候，去赴乡试得中举人。要是一般人中了举人之后，从此可入宦途，夤缘作官，其次可在家充作乡绅，交结官府，借资温饱，但禄贞非此辈人。适逢这个时候，湖北开办武备学堂，禄贞便弃文从武，入校就业，另求深造。"按其说法，吴禄贞是考上了"举人"之后就"弃文从武"而入武备学堂学习的。此说法明显有误：实际是吴禄贞十六岁考中秀才后，为减轻母亲的生活负担，便去报名参军，并被湖北工程营"破格"录取；十七岁时，湖北武备学堂开办，又被指名"破格"调入学堂学习，并不曾参加什么"乡试"，更没有考上"举人"一说。况且，吴禄贞十七岁那一年，即1896年，就没有举行过乡试。没有"乡试"，何来"得中举人"之说？

十一月十八日（1896年1月2日），朝命钦差大臣刘坤一仍回两江总督本任，署理两江总督张之洞仍回湖广总督本任。

十一月二十八日（1896年1月12日），康有为在上海创办《强学报》。

十二月初六日（1896年1月20日），朝廷谕令封禁北京强学会。

十二月二十一日（1896年2月4日），清政府将强学会改为官书局，专司翻译书报，隶属总理衙门管理。

十二月间，湖北新军工程营①奉命本着"实能识字写字，并能略通文理之人"②及"入营之兵必须有一半识字"③的要求，在社会上招考新兵。吴禄贞一方面见西方列强纷纷侵略中国，痛感国家越来越贫弱，希望能尽自己

---

① 湖北工程营系清湖北新军第八镇工程八营的通称。工程营驻地即武昌首义的发难处，原址在武昌紫阳湖的东侧，即现在湖北省总工会机关大院内，地处武昌解放路与首义路的交汇处。

② 张之洞：《拟编练湖北常备军制折》，苑书义等主编《张之洞全集》第3册，河北人民出版社1998年，第1518页。

③ 张之洞：《筹办练兵事宜酌议营制饷奉折》，苑书义等主编《张之洞全集》第2册，河北人民出版社1998年，第1506页。

一份力量，使中华振兴；一方面不愿母亲过分操劳，希望自己能在生活上为母亲分忧，遂萌发了投笔从戎的念头。

于是，他将自己的想法告诉了堂兄祺贞；哪知堂兄早有此心，只是他见禄贞年龄小、个子亦不高，就劝他不要去。禄贞心意已决，就和堂兄一起前去报名。

开始，招募新兵的营官见他个矮、年纪尚小，不肯收他。吴禄贞“急得涨红了脸，大声争辩说：‘历史上不是早就有过执干戈以卫社稷的爱国童子吗？你们怎能因我小两岁，就不让我投军报国呢？’主募者听他人小口气大，很是惊奇，就破格收留了他”（见吴忠亚《吴禄贞的一生》）。

案：关于吴禄贞报名入湖北工程营当兵另有一个说法（徐小玉《盖世之杰——吴禄贞大将军》）：吴禄贞和他二哥祺贞一起去工程营招募处报名，负责招募新兵的营官见他个矮、年纪尚小，不肯收他。适湖广总督张之洞前来巡视，在阅读了吴禄贞的应试文章——《投笔从戎争先赴》一文后，颇为欣赏；尤其对文后所附的一首七绝：“开卷喜读战国策，濡笔爱草从军赋。安得一战定三韩，投笔从戎争先赴”①，赞赏有加，当即让手下将此文印出，在新军各营中广为散发，以树立正气。随后，下令破格将吴禄贞录取（按规定应招者年龄必须满十六周岁，而吴禄贞此时还不满十六周岁）。

于是，吴禄贞和堂兄祺贞都成了湖北工程营的一名士兵。

光绪二十二年丙申(1896 年)　十七岁

年初，吴禄贞和堂兄吴祺贞仍在湖北工程营当兵。

在工程营当兵期间，吴禄贞非常勤奋刻苦，常常利用业余时间钻研《西法类编》等兵书。其课业和营操都是优等，受到上官的赞赏，更受知于湖广总督张之洞。

正月初一日（2 月 13 日），华俄道胜银行在上海开设，它是沙俄在中国开设的第一家银行。在 1904 年“日俄战争”前的八年中，相继又在牛庄、天津、汉口、北京、哈尔滨、吉林、海城、沈阳、铁岭、旅顺、营口、张家口、雅加和乌里雅苏台等地开设了 14 家分行。

二月初十日（3 月 23 日），清政府在北京与汇丰银行、德华银行订立《英德借款详细章程》。

二月二十六日（4 月 8 日），盛宣怀在上海徐家汇镇北创办南洋公学。

---

① 吴禄贞：《无题》，《吴禄贞集》，华中师范大学出版社 2011 年版，第 253 页。

三月十八日（4月30日），直隶总督李鸿章奉命出使俄国，参加尼古拉二世的加冕典礼，抵达彼得堡。

四月初九日（5月21日），沙俄又以干涉归还辽东半岛有功，强索划定汉口俄国租界。

四月二十二日（6月3日），中、俄在莫斯科签订《御敌互相援助条约》，即《中俄密约》，以中俄对日军事同盟为幌子，沙俄攫取了建筑东清铁路的特权，逐步控制了中国东北三省。

四月二十四日（6月5日），刑部侍郎李端棻疏请设立京师大学堂及广设学校、立报馆等。

五月初五日（6月15日），江苏徐州爆发大刀会首领智效忠领导的反洋教起义，史称“徐州教案”。

六月十一日（7月21日），中、日签订《通商行船条约》。

七月初一日（8月9日），黄遵宪、梁启超、汪康年等人在上海创刊《时务报》。

同日，湖广总督张之洞为培养新军下级军官，委派王秉恩为总办，钱恂为提调，姚锡光为总稽查，李绍远为估工监造，开始在武昌黄土坡筹建湖北武备学堂：“武备事宜，尤以设立学堂教育将才为首务，比来天津、广东、江南各处，次第仿行，鄂省亦宜亟设武备学堂一区，储练将才，并延聘洋员专司教习。”①

七月二十五日（9月2日），中、俄订立《合办道胜银行合同》。

八月初二日（9月8日），清政府出使俄国大臣许景澄与华俄道胜银行签订《中俄合办东省铁路公司合同章程》。

九月初四日（10月10日），湖北武备学堂面向社会正式招考学员，在其《招考武备学生示并章程》②中规定：

> 凡在鄂文武举贡生员及文监生、文武候补候选员弁以及官绅世家子弟，如有文理通畅而又身体坚壮愿入学堂者，速赴营务处报名候考。俟报名者约有成数，即行示期，派员考试，再由本部堂亲自核定。并察看

---

① 《札委王秉恩等筹办武备学堂》二十二年七月初一日，陈山榜编《张之洞教育文存》，人民教育出版社2007年版，第132页。

② 《招考武备学生示并章程》光绪二十二年九月初四日，《张文襄公公牍稿》卷二十八；高时梁编《中国近代教育史资料汇编·洋务运动时期教育》，上海教育出版社1992年版，第510页。

其身体志趣，听候录取，挑选入堂肄业。

九月初五日（10 月 11 日），孙中山在伦敦被清政府驻英使馆诱捕；十多天后，在英国朋友康德黎（J. Cantlie，原香港西医医院教务长）等人的援救下，获释脱险。

九月十四日（10 月 20 日），清政府设立卢汉铁路总公司，以盛宣怀为督办。

九月十五日（10 月 21 日），中、俄订立《北京新约》。

九月十八日（10 月 24 日），朝命直隶总督兼北洋大臣李鸿章在总理各国事务衙门行走。

九月十九日（10 月 25 日），中、法订立《滇越界约》。

十月间，湖北境内第一所近代军事学堂——湖北武备学堂，经过层层考选，在四千多报名学子中，定额选录了一百二十名学员，正式开学。

吴禄贞又被指名破格（入学者必须年满十八周岁）调入学堂学习，与孙武、傅慈祥、蓝天蔚、沈翔云、万廷献、卢静远、刘赓云、陈宧、王鸿年等人同学。学生在校学习主要接受的是德国式的军事训练。

在同学中，吴禄贞与傅慈祥、孙武①关系最为密切。学习训练之余，他们常在一起谈论时事，“每相与论天下事，辄仰天长吁，意气激昂”②。他们又时常聚在一起共同钻研《西法类编》，还相互传阅《盛世危言》《天演论》等进步书籍，“尝酒酣耳热，痛论满汉不平”③。

进入湖北武备学堂深造的吴禄贞，对前途充满憧憬，希望自己能够学得

① 孙武(1879—1939)，原名葆仁，字尧卿，号梦飞。湖北汉阳人。1896 年入湖北武备学堂，毕业后任湖南新军教练。唐才常组织自立军时，被任为岳州司令。1904 年赴日，入成城学校习海军。1905 年归国，加入“日知会”。1907 年再赴日本，入大森军事学校。“共进会”成立，任军事部主任，并被推为湖北主盟人。不久回国，在汉口、广州等地从事革命活动，在香港加入同盟会。1911 年 9 月，共进会和文学社联合，共谋武装起义，任起义军参谋长。武昌起义后，任湖北军政府军务部部长，拥护黎元洪，组织“民社”，排斥革命派。1912 年 3 月，遭武汉革命党人指斥，自行引退。1915 年 12 月，任参政院参政。1922 年，鄂督萧耀南委其为汉口地亩清查督办。1926 年夏，任湖北官矿督办。北伐军抵武汉后，孙武退居北平。抗战初，任北京法政大学校长，拒绝日寇拉拢。1939 年 11 月 10 日，病逝于北平。

② 冯自由：《革命逸史》第 6 集，中华书局 1981 年版，第 200 页。

③ 高筹观原著、刘望龄辑校：《湖北起义首领孙武传》，《辛亥革命史丛刊》编辑组编《辛亥革命史丛刊》第 7 辑，中华书局 1987 年版，第 93 页。

一身过硬本领，将来驰骋疆场，为国家建功立业。

案：湖北武备学堂1902年与防营将弁学堂合并，名湖北武高等学堂，先后由王秉恩、蔡锡勇、李泯琛、徐建寅任总办，聘请德国、日本教官授课，每期定额招生120名，凡文武举贡生员及文武候补员弁以及官绅世家子弟均有资格报名。课科分学科与术科两种：学科谓之讲堂功课，有军械学、算学、测绘、地图学、各国战史、营垒、桥道制造之法及营阵攻守转运之要；术科谓之操场功课，有枪队、炮队、马队、营垒、工程队、行军炮台、行军铁路、行军电线、行军旱雷、试演测量、演习体操等。学生除学习主科外，如逢暇日，则令诵读四书、披览史籍兵略，以“固中学之根底，端毕生之趋向”。学制则有一年的速成科和三年的正科。正科课程增设外文（德、英、日文）、历史（中外战争交涉史、古代英雄事迹等）、地理及兵法研究等。

十二月十五日（1897年1月17日），美国商人在上海开办的鸿源纱厂正式开工。

是年，弟弟吴祐贞考入两湖书院深造。

光绪二十三年丁酉（1897年） 十八岁

是年，吴禄贞与傅慈祥、孙武等人仍在湖北武备学堂学习。从今年始，学堂改聘日本教官任教，学生皆接受日本式的军事训练。

由于吴禄贞自幼习武，加上父亲在世时曾教授过他“格致之学”，故在学堂接受“西学”和军事训练比别人快得多，门门功课都名列前茅。

一天，吴禄贞见日本教官的几何题演算错了，便大大方方地走上前去，毫不客气地在日本教官演算的几何题旁打了一个“×”；然后，他从从容容地重新将此题演算了一遍，得出正确的结论。那位日本教官被吴禄贞“胆大妄为”的举动，弄得目瞪口呆，十分尴尬，又不能发作。很快，此事传遍了学校，大长了学员们的志气。

正月二十一日（2月22日），康有为、梁启超、何廷光、何穗田、康广仁等人在澳门创办《知新报》。

正月间，夏粹芳在上海创办商务印书馆，先设印刷所。

二月初三日（3月5日），日本在江苏苏州设立日租界。

二月十三日（3月15日），法国驻华公使强迫清政府同意不将海南岛及对面广东海岸割让给他国。

二月二十日（3月22日），英国商人在上海杨树浦路创办的老公茂纱厂开工。

二月间，因巡抚谭继洵奉旨入京陛见，朝命湖广总督张之洞兼署湖北巡抚篆务。

二月三十至三月初四日（4月1—5日），上海公共租界爆发独轮车夫反抗捐税的斗争，遭到英、美帝国主义海、陆军的镇压。

三月初七日（4月8日），康有为与唐景崧、岑春煊、蔡希邠在广西桂林发起组织圣学会，出版《广仁报》。

三月二十一日（4月22日），江标、唐才常等人在湖南创办《湘学新报》，后改为《湘学报》（旬刊）。

三月二十六日（4月27日），中、比在武昌议定《卢汉铁路借款合同》。

四月二十六日（5月27日），盛宣怀创建中国通商银行上海总行，它是中国自办的第一家商办银行。至年底，又在北京、天津、汉口、广州、汕头、烟台、镇江等地设立分行。

同日，谭继洵返抵武昌，张之洞交卸兼署湖北巡抚篆务。

六月间，梁启超、汪康年、麦孟华等在上海成立不缠足会。

七月初五日（8月2日），孙中山离开加拿大赴日本横滨。

七月十九日（8月16日），中东铁路①正式开工。

八月初五日（9月1日），清政府命以户部尚书翁同龢为协办大学士。

九月间，维新派在长沙设立时务学堂。

十月初一日（10月26日），严复和王修植、夏曾佑等人在天津创办《国闻报》（日报）。

十月初七日（11月1日），山东曹州巨野县德国传教士唆使教徒欺压民众，激起民众公愤，酿成“巨野教案”。济宁、寿张、单县、武城等县民众在大刀会的号召下，纷纷响应。

十月二十日（11月14日），德国借口“巨野教案”，派军舰强占胶州湾（位于中国黄海中部、胶东半岛南岸、山东省青岛市境内的半封闭海湾）。

---

① 中东铁路：“中国东方铁路”的简称，亦称作“东清铁路”“东省铁路”。日俄战争结束后称“中东铁路”，即“中国东省部铁路”之意，指的是沙俄在清朝末期修筑的从俄国赤塔经中国满洲里、哈尔滨、绥芬河到达俄国符拉迪沃斯托克（海参崴）的西伯利亚铁路在中国境内的一段。

十一月二十二日（12 月 15 日），沙俄舰队侵入辽东旅顺湾，强占旅顺、大连。

十二月十三日（1898 年 1 月 5 日），康有为等人在北京成立粤学会。

十二月间，湖广总督张之洞奏请设立粤汉铁路总公司。

光绪二十四年戊戌(1898 年)　十九岁

是年，吴禄贞与傅慈祥、孙武仍在湖北武备学堂学习，继续接受日本教官的日本式军事训练。

正月二十一日（2 月 11 日），英国强迫清政府声明，不将长江流域各省割让或租借给其他国家。

正月二十三日（2 月 13 日），湖广总督张之洞派遣姚锡光、张彪、黎元洪等人随日本人宇都宫太郎赴日本考察学校，为实施留学日本的计划做准备。

二月初九日（3 月 1 日），清政府再次向英、德集团续借“英德洋款”。

二月十三日（3 月 5 日），周恩来（1898—1976）出生于江苏淮安城内驸马巷一个大户人家。

二月十四日（3 月 6 日），清政府与德国在北京签订《胶澳租界条约》。

二月二十四日（3 月 16 日），蒙古卓索图盟喀喇沁旗第十三任札萨克和第十一任郡王旺都特那木济勒逝世，其子贡桑诺尔布（本名是藏语，汉语之意为“洁净的宝贝”）承袭爵位和职位，成为第十四任札萨克和第十二任郡王。

三月初六日（3 月 27 日），清政府与沙俄在北京签订《旅顺大连湾租地条约》。

三月二十日（4 月 10 日），法国强租广州湾，逼迫清政府宣布，两广、云南不割与他国。

三月二十二日（4 月 12 日），康有为在北京粤东会馆成立保国会，梁启超、林旭、宋伯鲁、杨锐、刘光第、徐仁录、陈虬、傅增湘等 186 人列名。

三月二十四日（4 月 14 日），清政府与华美合众公司签订《粤汉铁路借款合同》。

三月间，湖广总督张之洞发表《劝学篇》，宣扬“旧学为体，新学为用”的洋务观点，以干扰维新运动。

闰三月初二日（4 月 22 日），日本强迫清政府声明，不将福建割让给他国。

同日，严复译述英国赫胥黎的名著《天演论》出版发行。

闰三月十七日（5 月 7 日），沙俄与清政府在圣彼得堡订立《续订旅大租地条约》。

四月初二日（5 月 21 日），中、英签订《山西省开矿合同》。

四月二十一日（6 月 9 日），清政府与英国在北京签订《展拓香港界址专条》。

四月二十三日（6 月 11 日），光绪皇帝下“明定国是”诏书，宣布开始变法自强，先举办京师大学堂，又命督抚保举人才。“百日维新”（又称“戊戌变法”或“戊戌维新”）开始。

四月二十七日（6 月 15 日），朝廷任命荣禄为直隶总督兼北洋大臣，统率“北洋三军”（即董福祥的甘军、聂士成的武毅军和袁世凯的新建军）。

同日（6 月 15 日），慈禧太后逼迫光绪皇帝罢免翁同龢工部尚书、军机大臣等职务，逐回原籍。

四月二十八日（6 月 16 日），光绪皇帝在仁寿殿召见康有为，命其在总理衙门章京上行走，并许其专折奏事。

五月初三日（6 月 21 日），中、英订立《河南矿务合同》，英国夺取河南开矿权。

五月十三日（7 月 1 日），中、英在北京签订《订租威海卫专条》。

同日，四川大足县的余栋臣再次发动反洋教起义。

五月十五日（7 月 3 日），诏立京师大学堂，官书局及译书局皆并入大学堂，派孙家鼐为管理大臣。

五月二十四日（7 月 12 日），清政府颁布《振兴工艺给奖章程》，它是近代中国第一个奖励科学发明的条例。

五月二十八日（7 月 16 日），上海民众再次发动反对法国侵略者强占四明公所的斗争。

六月初，山东道监察御史杨深秀上奏朝廷，力陈日本变法取得成功，可资借鉴，请求多派人赴日学习，他强调：“日本变法立学，确有成效，中华欲游学易成，必自日本始。”（见《戊戌变法档案史料》，第 248 页）光绪帝遂谕令总理衙门议奏，而总理衙门经过商议，同意采纳杨深秀的建议，并饬令南北洋大臣、两广、湖广、闽浙各督抚挑选年幼聪颖、粗通日文的学生，上报总理衙门以便分批陆续派往日本。

六月初七日（7 月 25 日），清政府命将张之洞的《劝学篇》颁发各省督抚、学政，俾得“广为刊布流传”。

六月十一日（7 月 29 日），清政府命各省兴办中小学堂。

六月十五日（8 月 2 日），清政府设立矿务铁路总局。

七月初五日（8 月 21 日），清政府设立农工商总局。

七月初八日（8 月 24 日），清政府发布上谕：光绪皇帝将于十月十九日奉太后赴南苑，再赴天津以次阅军。

七月十四日（8 月 30 日），奉上谕：裁撤詹事府、通政司、光禄寺、鸿胪寺、太常寺、太仆寺、大理寺等衙门；外省裁撤湖北、广东、云南三省“督抚同城”的巡抚，东河总督及不办运务之粮道与仅管疏销之盐道等。

七月十九日（9 月 4 日），光绪皇帝革去阻挠上书的礼部尚书怀塔布、许应骙等六堂官职。

七月二十日（9 月 5 日），诏令谭嗣同、刘光第、杨锐、林旭等以四品卿衔为军机章京，参与新政。

七月二十八日（9 月 13 日），农工商总局大臣端方以吴禄贞同乡前辈樊增祥“蔚然通儒，亦精吏事，善持雅操，慈惠之师”①，作为通达时务者举荐，军机处当庭拟旨，预备召见。

七月二十九日（9 月 14 日），光绪皇帝赐康有为、杨锐密诏，谕以政变危机，望他们速筹良策。

八月初一日（9 月 16 日），光绪皇帝召见袁世凯，命以侍郎衔候补，专办练兵事宜。

八月初二日（9 月 17 日），光绪皇帝密命康有为迅速出京，赴上海督办官报局。

八月初三日（9 月 18 日），谭嗣同密访工部右侍郎袁世凯，企图借袁氏之力（案：此指小站所练新军）以胁迫慈禧太后，袁佯应允。

八月初五日（9 月 20 日），工部侍郎袁世凯一回到天津，立即将帝党的计划向直隶总督荣禄告密。

---

① 茅海建：《戊戌变法史事考》（第二集），生活·读书·新知三联书店 2011 年版，第 171 页。

八月初六日（9月21日），慈禧太后发动政变，复出临朝训政，光绪皇帝被幽禁于中南海南海中的仙岛皇宫——瀛台。又以康有为“结党营私，莠言乱政”，下令通缉。

八月初九日（9月24日），谭嗣同被捕，其父湖北巡抚谭继洵受株连免官；朝命以湖广总督张之洞兼管湖北巡抚事务。

八月十三日（9月28日）下午四时，谭嗣同、刘光第、杨深秀、杨锐、林旭、康广仁在北京菜市口被杀，史称“戊戌六君子”。

八月二十一日（10月6日），清政府查禁湖南南学会，将湖南巡抚陈宝箴及其子吏部主事陈三立、湖南学政江标、庶吉士熊希龄等革职交地方官管束。

八月二十二日（10月7日），清政府将刑部主事张元济革职。

八月二十五日（10月10日），清政府与英国中英公司在北京订立《关内外铁路借款合同》。

八月间，汉口发生大火灾，延烧5173户，死300余人；朝命复设湖北巡抚一职。

九月初一日（10月15日），怡和洋行代表英国银行公司与盛宣怀订立《沪杭甬铁路借款草约》。

九月十八日（11月1日），上海纶华纱厂工人举行反对降低工人工资罢工。

九月上中旬，威县梅花拳（后改为“义和拳”）师赵三多等人在冠县飞地蒋家庄（今邢台市威县）竖起“扶清灭洋”的旗帜，发动团众起义，打击德国侵略者。后遭清军的镇压而失败。

九月间，湖广总督张之洞电奏总理衙门，决定两湖选派二十名学生赴日游学，并开始考选留学人员（见《张文襄公全集》电牍）。

张难先《湖北革命知之录·湖北革命之动因》中说：时“英异之伦，不羁之士，读石庄、茶村遗书，览异域殊方志乘，勃然兴起，不为所囿。一有感触，按捺不住，或著论以指斥时政，或聚众以威胁权奸。激昂慷慨，不少回避。当道忧之，因择其激烈者，派赴东西各国留学，吾鄂人士，始有亲炙总理之机会矣”①。

① 张难先：《湖北革命知之录·湖北革命之动因》，《张难先集》，华中师范大学出版社2011年版，第27页。

十月初一日（11 月 14 日），梁启超在日本横滨创办《清议报》（旬刊），大力提倡“保救清帝光绪之说”，鼓吹保皇立宪。

十月二十二日（12 月 5 日），清政府悬赏购捕康有为、梁启超、王照。

十月间，湖北长乐县（今五峰县）发生民众击杀传教士、教民，焚掠教堂事件，张之洞严饬宜昌地方文武速予平定，阻止其蔓延、扩展。

十一月间，吴禄贞、傅慈祥、吴祖荫、刘道仁、吴元泽、卢静远、万廷献、刘邦骥、邓承拔、文华（字秀峰）等以优异的成绩完成学业，并受湖广总督张之洞的选派，赴日本公费留学。在这些同学中，虽然吴禄贞的“年事最小，但才气最为纵横，极为同辈所推重”（见吴忠亚《吴禄贞的一生》）。

其时，赴外国留学尚未形成社会风气，尤其是去日本留学，不少同学存在疑虑和抵触情绪，吴禄贞便鼓励他们说：“临阵用兵，必须知己知彼，方能百战百胜。”并强调指出：“欲雪甲午之耻，亦惟有先了解和学习日本人的长处，方能有济。”①听吴禄贞如此劝说，同学们皆认同其观点，这才服从了张总督的选派。

十一月下旬至十二月初，吴禄贞与傅慈祥、吴祖荫、刘道仁、吴元泽、卢静远、万廷献、刘邦骥、邓承拔、文萃（一名华，字秀峰）诸同学，会同两湖书院的田吴炤、吴茂节、顾臧、铁良（后改名铁忠，字韵铮）、高曾介、吴绍璘、徐传笃、杜仲岷、易甲鹛及张厚琨一行二十人，自武昌乘轮赴上海。

案：两湖官派前往日本的第一批留学生共计二十人，前十名来自湖北武备学堂，后九名来自两湖书院，这十九名留学生先入成城学校学习，毕业后全部进入东京陆军士官学校，为第一期。最后一名张厚琨，乃张之洞之孙，抵日后，即与前十九人分开，进了由近卫文磨主持的日本贵族学校——东亚学习院学习，毕业后亦进入陆军士官学校学习。只是可惜得很，张厚琨从日本陆军士官学校毕业回国后，尚未施展其才学，就坠马身亡，让张之洞肝肠寸断。

另，此次清政府选派赴日留学的除湖广的二十人之外，尚有直隶（9 人）、江苏（6 人）、浙江（5 人）、安徽（4 人）、广东（2 人）、贵州（1 人）等省所选派的 27 名。张绍曾（直隶所派）、陈其采（浙江所派）亦在其中。

---

①　吴忠亚：《吴禄贞的一生》，中国人民政治协商会议湖北省云梦县委员会文史资料研究委员会编《云梦文史资料》第 1 辑，1985 年，第 6 页。

十二月初三日（1899 年 1 月 14 日），吴禄贞、傅慈祥、吴祖荫[①]、刘道仁等一行二十人自上海乘轮赴日本。

十二月初五日（1899 年 1 月 16 日），吴禄贞、傅慈祥、吴祖荫、刘道仁等一行二十人抵达日本东京，入成城学校学习日语和现代科学基础知识。

案：根据中国政府与日本政府协商的意见，中国留日武备学生在日本学习的整体学制是“成城学校一年半，而入联队半年，而入士官学校一年”；士官学校毕业后，再到联队实习三至六个月（见丁鸿臣《四川派赴东瀛游历阅操日记》，王宝平主编《晚清东游日记汇编 2·日本军事考察记》，上海古籍出版社 2004 年版，第 337 页）。这与日本武官出身的士官教育学制比较，属于一种速成教育。

十二月间，湖广总督张之洞奏请在汉口设置夏口厅治，改“汉口同知”为“夏口厅抚民同知”，隶于汉阳府。

光绪二十五年己亥(1899 年)　二十岁

是年，吴禄贞、傅慈祥等人仍在日本东京成城学校学习。在日本，吴禄贞目睹了日本自明治维新以来的飞速发展，更感到了清政府的腐败和国家的落后。他见中国人处处受歧视，非常敏感，更激发了其励志图强的决心，学习异常刻苦。

在日本的图书馆里，能看到反映欧美各种新思想、新文化的书籍。在课余时间，吴禄贞阅读了《美国独立史》《独立宣言》等书籍，思想有了很大的变化，使他认识到，要拯救中国，不仅仅要军事武力，而且要彻底改革政治。吴禄贞还时常与在日本留学的湖北籍留学生戢翼翚、傅慈祥等人来往，相互激励。

吴忠亚在《吴禄贞的一生》中亦说：“他是怀着爱国抱负和急切的救国心情，前去日本留学的。故甫达彼岸，就如饥似渴地积极投入了学习，并亟谋联络各方志士，共商救国大计。”

正月十九日（2 月 28 日），意大利向清政府租借浙江三门湾（在今宁波

---

① 吴祖荫(1878—?)，字念兹，湖北蒲圻人。早年入两湖书院深造，1898 年赴日留学，入陆军士官学校，加入兴中会。1900 年回国参加自立军起义，失败后复至日本留学。1902 年回国，在湖北新军任职。1911 年参加武昌起义。后至湖州经武学校任教。1931 年出任国民政府训练总督部军学编辑处编辑。

市境内），为清政府所拒。

正月间，湖广总督张之洞改两湖、经心、江汉三书院课程，分经学、史学、天文、舆地、兵法、算学六门，并在三书院进行枪操，按月考校。

二月初三日（3月14日），清政府任命署理江宁将军毓贤为山东巡抚。

二月间，山东义和团（亦称“义和拳”）朱红灯率团众在长清、茌平、平原一带举行起义，反对外国教会侵略势力。

三月二十八日（5月7日），中、俄订立《勘分旅大租界专条》及《辽东半岛租地专条》。

三月间，朝命以原安徽布政使于荫霖为湖北巡抚。

四月初九日（5月18日），清政府派许景澄、张翼与英国、德国签订《津镇铁路草合同》。

六月十三日（7月20日），康有为在加拿大千岛与侨商李福基、冯秀石等成立“保救大清光绪皇帝会”，简称“保皇会”（亦称“中国维新会”），康有为任会长，梁启超、徐勤任副会长。

八月初二日（9月6日），美国国务卿海约翰（John Hay）提出对华“门户开放”政策。

八月十三日（9月17日），山东平原义和拳首领朱红灯率团众抢劫教民。

八月间，孙中山由英国伦敦抵达日本横滨，致力于启发中国留日学生参加民主革命。戢翼翚、沈翔云①、吴禄贞等人得知消息，立即相约一起前往拜访，共谋治国方略，甚得中山先生的赏识。

案：孙中山先生是中国伟大的民主革命先行者。孙中山（1866—1925），名文，字德明，号日新，又号逸仙；居日时化名中山樵，后遂以中山为号，广东香山（今中山市）人。1892年毕业于香港西医书院，先后在澳门、广州行医。不久弃医，致力挽救国家危亡的政治活动。1894年至天津致书李

① 沈翔云（？—1913），字虬斋，浙江乌程（今吴兴市）人。早年肄业武昌自强学堂。1899年以优异成绩被派赴日留学。同年与戢翼翚、吴禄贞等人赴横滨拜访孙中山，加入兴中会。1900年春，与戢翼翚、吴禄贞、沈邦平、章宗祥、吴振麟、傅慈祥等组织发起励志会。同年8月，回国参加自立军起义；起义失败后，仍逃亡日本。1901年与秦力山、戢翼翚、冯自由等在东京创办《国民报》（月刊）。1902年办报诸人星散，遂回湖州故里隐居数年。1911年11月上海都督府成立，始出参帷幄。1912年南北议和告成，又遁迹乡间。“二次革命”失败后，迁居上海。1913年，袁世凯令护军使杨善德大兴党祸，将其杀害。

鸿章，提出变法自强主张，遭拒绝。此后，摈弃改良思想，致力民主革命。1895年在香港设立兴中会总部，并奔走欧洲各国，宣传革命，发展组织。1905年在日本组织中国同盟会，被推为总理，创办《民报》，提出三民主义学说，先后组织、发动了一系列武装起义。1911年武昌起义成功，全国响应，清王朝被推翻，被推选为中华民国临时大总统。不久，革命果实为袁世凯篡夺，辞去大总统。同年将中国同盟会改组为中国国民党，被推为理事长，与袁世凯进行不懈斗争。1924年主持召开国民党第一次全国代表大会，制定了联俄、联共、扶助农工的三大政策，将旧三民主义发展为新三民主义。1925年3月12日，因积劳成疾，在北京病逝。遗著编为《中山全书》《总理全集》《孙中山选集》《孙中山全集》等多种。

在相处的几天里，吴禄贞等人“受孙先生启导之处极多”①，对孙中山先生丰富的学识、深刻的见解、成熟的革命理论更是十分佩服、倾心。从此，吴禄贞、戢翼翚、沈翔云等人便成为一名自觉的民主革命战士，勇往直前，义无反顾。

在横滨，应孙先生的邀请，这几位意气风发的有志青年，一起加入了兴中会。

冯自由在其《革命逸史》初集中记载说：“时孙总理、陈少白、梁启超先后亡命日本，彼此往还，相与研究革命方略，至为透辟。翔云偕同学戢翼翚（元丞）、吴禄贞（绶卿）访之，一见如故，对总理尤倾倒备至。”（见冯自由《革命逸史》初集，中华书局1981年版，第81页）

张难先在其《湖北革命知之录·湖北革命之动因》中亦说：“吴禄贞、傅慈祥、戢元丞、刘成禺、居正、田桐、石瑛、胡柄柯诸志士，一闻总理之主义及计划，倾诚归响，如七十子之服孔子。”（见《张难先集》，第27页）

《吴禄贞》中更说：“纪元前十四年（清光绪二十四年）的春天，国父孙中山先生从欧洲到日本运动革命，禄贞同（钮）永建、（傅）慈祥等，便同时受了革命的洗礼，他潜伏很久的思潮，得革命真理的撼动，更为汹涌而澎湃，禄贞以后的事业，可以说是奠基于这个时期。”（国民党中央党史史料编纂委员会《吴禄贞》，《吴禄贞集》附录，第263页）

案：国民党中央党史史料编纂委员会所编《吴禄贞》中，将吴禄贞等与孙中山在横滨相见的时间系于“光绪二十四年的春天”，误。

---

① 胡鄂公：《辛亥革命北方实录》，中华书局民国三十七年（1948年）八月版，第146页。

同月，受湖广总督张之洞选派，两湖第二批官费留学生十九人抵达日本，进入东京成城学校学习，吴祜贞和蓝天蔚在其中。其他各省今年选派进入成城学校学习的尚有十一人，爱新觉罗·良弼（直隶选派）和冯耿光（广东选派）亦在其中。

同月，梁启超在日本东京创设高等大同学校，并函招唐才常等原时务学堂学生赴日就读。

九月十四日（10月18日），工部右侍郎袁世凯率军击散山东平原义和拳朱红灯部众。

同日，在日本考察兵制和学制的四川提督丁鸿臣，曾到东京成城学校参观、考察，同时看望中国第一期留学日本的武备学生，并记录有他们在校学习的基本情况："中国留学生四十一人，学费每年三百日元。中国留学生都由湖北、浙江、南北洋所派遣，于此修习普通学科八阅月，大半通东文东语，亦熟体操。"①

十月十四日（11月16日），清政府与法国订立《广州湾租界条约》。

十月十九日（11月21日），唐才常自上海致函时在汉口的日本友人宗方小太郎，谓自己在湖南筹备的武装勤王"颇系东南大局，至为要紧"②。

十月下旬，唐才常前往日本，与康有为、梁启超等人商议，决定利用华侨的捐款，在长江沿岸各省起兵勤王。

十月间，意大利窥视浙江三门湾愈急，朝命沿江一带炮台严密防守。

同月，孙中山邀请部分兴中会会员和各地会党首领至镰仓（日本神奈川县的一座临海城市）举行会议，商议在国内发动武装起义事宜。经过讨论，孙中山接受了吴禄贞在长江流域发动武装起义的建议——以武汉为发难基地，迅速控制南北要冲，然后再出师北伐，决定趁北方义和团反帝斗争蓬勃发展的有利时机，在珠江、长江两流域同时举行起义，并已派郑士良至香港组织起义机关，派史坚如回长江流域联络会党。

又经商议，则将组织长江流域起义的具体任务交给了吴禄贞和林圭、傅慈祥。只是起义经费成了突出的问题，大家十分焦虑。适毕永年探知，有华侨捐赠巨款（华侨邱菽园捐款三十万）用于起义，唐才常已从康有为处得

① 丁鸿臣：《四川派赴东瀛游历阅操日记》，王宝平主编《晚清东游日记汇编 2·日本军事考察记》，上海古籍出版社 2004 年版，第 321 页。

② 杨天石：《唐才常佚札与维新党人的湖南起义计划》，《历史档案》1988 年第 3 期。

到二万元先行启动，余款将陆续拨到，并已将这位康、梁派的革新人物唐才常说服，愿意与孙中山领导的革命派联合举行此次长江流域的起义。唐才常曾赴横滨面见孙中山，向其通报了自己的起义方案，孙中山表示赞同，并派吴禄贞和林圭、傅慈祥加入唐才常的队伍。梁启超乐见革命党襄助起事，亦默许唐才常与革命党往来、合作。

《吴禄贞》中记载说："纪元前十二年（清光绪二十六年，1900年），清廷利用义和团杀洋人、围使馆，惹起八国联军，攻入北京，清室帝后仓皇出走，国家陷于无政府状态。国父看见这种情形，就召集同志，会议于日本镰仓，决定克日筹备起事，区分长江、珠江两流域同时进行。珠江方面由国父自行主持，长江方面命禄贞和傅慈祥主持，并须互为策应。禄贞奉到命令以后，正感财政困窘，无法进行的时候，事有凑巧，偏遇意外助力。那时有新加坡闽侨邱菽园，受了保皇党的煽惑，不惜以三十万元巨款，帮助保皇党。保皇党又以二万元付给唐才常，命他回国运动长江一带哥老会。才常得到这一笔款项以后，被他的好友毕永年知道。永年素来倾向国父，赞助革命运动。得到保皇党付给唐才常款项的消息，就向才常加以说辞。才常经永年的劝告，大为觉悟，当下就脱离保皇党，加入兴中会，并成立自立军，表示不属于保皇党。"（见《吴禄贞》，《吴禄贞集》附录，第263页）

案：此段话中有多处说法不妥或不确切。

张难先在《湖北革命知之录·庚子汉口之役》中亦说："鄂人留日学生有革命思想者，若傅慈祥、吴禄贞、戢元丞等亦欲乘机起事，谒国父请示方略，国父告以已派史坚如赴长江布置，可共同进行也。慈祥等喜，惟经费无出，颇感焦虑。适毕永年谓：'唐才常已得康有为款二万元，由华侨邱菽园输将，都数为三十万元，当可源源而来。余为之反复陈说，才常大为感动，决脱保皇派而同吾辈革命。'慈祥等愈喜。"（见《张难先集》，第28页）

其间，吴禄贞曾奉孙中山之命面见唐才常，向其表达了革命党人将全力支持他发动起义的意愿。两派都鼎力支持唐才常发动起义，这让唐才常感到十分兴奋。

案：对于此次保皇派和革命派的联合举义，当时革命党内部不少人没有信心。张难先就说："国父只赞助之，终不敢信其真能合作。"（《湖北革命知之录·庚子汉口之役》，《张难先集》，华中师范大学出版社2011年版，第28页）戢翼翚亦曾说："佛尘已与孙公秘密结盟，用保皇会出面，利用军费

耳。”（刘成禺《世载堂杂忆》，中华书局1960年版，第153页）

十一月初三日（12月5日），美国公使康格（E. H. Conger）照会清政府总理衙门，指名要求撤换山东巡抚毓贤。

十一月初四日（12月6日），朝命工部右侍郎袁世凯署理山东巡抚，并率军进入山东大肆镇压义和团。

十一月十九日（12月21日），山东义和团首领朱红灯被清军抓捕。

十一月二十一日（12月23日），山东义和团首领心诚和尚（又号“本明和尚”）被清军抓捕，并同朱红灯一起解送济南。

十一月二十二日（12月24日），毓贤在离开山东济南前，将义和团首领朱红灯、心诚和尚、于清水等人杀害。

同日，两江总督刘坤一奉命进京陛见，而以江苏巡抚鹿传霖署理两江总督。

十一月二十八日（12月30日），山东肥城民众痛恨英国传教士卜克斯（S. M. Brooks）唆使教民欺讹平民，将其打伤，次日毙命，史称“肥城教案”。英国以此为借口，肆意讹诈。山东巡抚袁世凯遂以处死二人，判一人无期徒刑、二人有期徒刑，赔款九千银两，为卜立“纪念碑”结案。

十一月间，梁启超曾在东京芝区红叶馆为唐才常、林圭、吴禄贞、傅慈祥等人设宴饯行，并请孙中山、陈少白①等人前来作陪②。宴席上，梁启超举杯豪言，预祝两派起事成功，会师北京！双方都力捧唐才常，一时间，革命党和保皇党亲密合作，气象一新。吴禄贞还曾举杯高唱《易水歌》助兴，以抒发其报国的豪情壮志。

案：梁启超是中国近代著名的政治家、思想家和文学家。梁启超

---

① 陈少白(1869—1934)，原名闻韶，又名白，号夔石，广东新会人。1888年入广州格致书院学习。1890年入香港西医书院，与孙中山结拜为兄弟。1895年加入兴中会。参与策划广州起义，事泄后逃往日本，成立横滨兴中会分会。1897年在台湾设立兴中会分会。戊戌政变后，曾代表孙中山与康有为、梁启超谈判，劝其改变保皇立场。1900年受孙中山之托，在香港创办兴中会机关报《中国日报》，任主编，与保皇的《商报》论战，宣传革命思想；并积极协助孙中山策划、组织惠州起义。1905年香港同盟会分会成立，任会长。1911年武昌起义爆发，在广东组织响应，广州光复后，出任广东都督府外交司长。不久辞职，创设粤航公司。1921年孙中山在广州任非常大总统，被聘为总统府顾问。晚年，致力于家乡建设。著有《兴中会革命史要》《兴中会革命史别录》等。

② 陈少白：《兴中会革命史要》，中国史学会主编《辛亥革命》第1册，上海人民出版社1957年版，第62页。

(1873—1929)，字卓如，号任公，别号沧江，又别署饮冰室主人。广东新会人。1889 年中举。1890 年入万木草堂，拜康有为为师。1895 年赴京会试，与康有为发动"公车上书"。同年 8 月，参加强学会，任书记员。1896 年在上海主编《时务报》，宣传维新变法思想。1897 年 11 月，受聘为长沙时务学堂中文总教习，鼓吹变法，培养变法人才。1898 年春，入京协助康有为组织保国会。戊戌变法期间，受光绪帝召见，以六品衔专办京师大学堂译书局。戊戌政变发生，逃往日本、南洋等地发展保皇会组织。先后创办《清议报》《新民丛报》，与革命派论战，宣传保皇思想。辛亥革命后回国，参与组织进步党，出任袁世凯政府司法总长、币制局总裁。袁世凯复辟帝制，梁策动蔡锷组织护国军反袁。后曾出任段祺瑞政府财政总长。五四运动时，反对尊孔复古，复辟帝制。曾倡导文体改良的"诗界革命"和"小说界革命"。晚年入清华学校，以讲学、著述终老。著作宏富，编为《饮冰室合集》。

张难先在其《湖北革命知之录・庚子汉口之役》中说："梁启超悉其事，亦意态活动，于祖饯唐才常、林圭、吴禄贞、傅慈祥等之日，特请国父及陈少白陪宴，以示彼此一致之决心；然国父只赞助之，终不敢信其真能合作。"（见《张难先集》，第 28 页）

同月，在梁启超、孙中山的支持下，唐才常、吴禄贞、傅慈祥等人在东京发起成立富有票会，为发动勤王起义作准备。

吴禄贞在《致孙武函》中曾说："特在东京组织'富有票会'，分布会员多名。"（见《吴禄贞集・函电》第 217 页）

武昌起义时孙武的私人秘书高筹观在其《孙武传》中也说："时吴、傅与唐才常在海外组织'富有票会'，相与回国，暗布党羽，联络各界同志乘时举事。"（见高筹观原著、刘望龄辑校《湖北起义首领孙武传》，《辛亥革命史丛刊》编辑组编《辛亥革命史丛刊》第 7 辑，中华书局 1987 年版，第 93 页）

十二月二十四日（1900 年 1 月 24 日），慈禧太后懿旨，立端王载漪之子为大阿哥（即"太子"），准备废掉光绪皇帝。

十二月二十七日（1900 年 1 月 27 日），英、美、法、德、意驻华公使一致要求清政府速下剿灭义和拳的上谕。

光绪二十六年庚子(1900 年)　二十一岁

年初，吴禄贞、傅慈祥等人仍在东京成城学校学习。

正月二十日（2 月 19 日），朝命直隶、山东督抚出示晓谕，严行禁止义和拳会，若仍执迷不悟，即行从严惩办。

二月十四日（3 月 14 日），朝廷擢升袁世凯为山东巡抚，调毓贤为山西巡抚，原安徽巡抚邓华熙为贵州巡抚。

二月间，唐才常自日本回到国内，与友朋在上海成立正气会，作为起兵勤王的领导机关。

春，在东京留学的戢翼翚、沈翔云、吴禄贞、章宗祥①、吴振麟②、傅慈祥等人以“联络情感，策励志节”为宗旨，在留学生中发起组织励志会（亦称励志社）。励志会是中国留日学生创立的第一个爱国团体。

冯自由、唐才质曾经指出：“庚子七月汉口一役殉义之黎科、傅慈祥、蔡丞煜、郑葆晟及脱险之戢元丞、秦力山、吴禄贞诸人，皆此会会员也。”（见冯自由《革命逸史》初集，中华书局 1981 年版，第 99 页；唐才质《自立会庚子革命记》，杜迈之等编《自立会史料》，岳麓书社 2009 年版，第 66 页）

三月初七日（4 月 6 日），英、美、德、法四国照会清政府总理衙门，请于两月“剿灭”义和团，否则将出兵“代剿”。

三月十三日（4 月 12 日），朝廷以山东部分义和团主力转入直隶境内，会威胁到朝廷安全，命直隶总督裕禄认真查禁。

四月二十四日（5 月 22 日），义和团在直隶涞水县大败清军，杀死副将杨福同，取得“涞水大捷”。

四月二十九日（5 月 27 日），英、俄驻华公使通知清政府总理各国事务衙门，拟派兵来京。义和团毁琉璃河、长辛店铁路；次日，又毁丰台铁路。

五月初四日（5 月 31 日），英、美、法、俄、日、意水兵三百余人进入京城使馆区。湖广总督张之洞致电总理衙门及军机大臣荣禄，请速剿拳

---

① 章宗祥（1879—1962），字仲和，浙江吴兴人。早年留学日本东京帝国大学，归国后在清政府民政部任职。1912 年任袁世凯总统府秘书。1914 年任司法总长。1916 年出任驻日公使，在段祺瑞指使下，多次与日本政府签订秘密协定，出卖国家主权，取得大量借款，激起全国人民的愤怒。1919 年五四运动中，与曹汝霖、陆宗舆被斥为卖国贼，北洋政府被迫将三人免职。1920 年出任中日合办的中华汇业银行总经理。1925 年任北京通商银行总经理。1928 年后，寓居青岛。1942 年任伪华北政务委员会谘询委员。抗日战争胜利后，迁居上海。1962 年病逝上海。著有《东京三年记》《日本留学指南》《任阙斋东游漫录》等。

② 吴振麟，生卒年不详，字止欺，浙江嘉兴人。1898 年自费赴日留学，入东京帝国大学法科；后通过汪康年、钱恂等人协助，转为浙江官费。毕业后归国，在清政府商部、外务部任职。曾任清政府驻日本代理公使。民国初，曾任驻秘鲁代办等外交职务。

匪，保护铁路。

五月上中旬，吴禄贞在成城学校毕业，进入东京陆军士官学校骑兵科学习。

五月十二日（6 月 8 日），两江总督刘坤一亦电请剿灭义和团。

五月十三日（6 月 9 日），义和团蜂聚北京附近，捣毁京津铁路。

五月十四日（6 月 10 日），英、德、俄、法、美、日、意、奥等八国组成二千多人的联军，由英国海军中将西摩尔率领，从天津向北京进发，抵达杨村（位于今天津市武清区东南部）。

五月十五日（6 月 11 日），日本驻华使馆书记杉山彬在北京永定门外为董福祥的部下所害。 各国联军与义和团在直隶廊坊（今河北省廊坊市）接战。

五月十六日（6 月 12 日），义和团开始在北京焚烧外国教堂。 总署大臣启秀传太后懿旨，慰问各国驻华使馆。

五月十九日（6 月 15 日），朝命京城步兵统领衙门、神机营、虎神营、武卫中军会同弹压“拳匪”；又命两广总督李鸿章迅速来京，而两广总督由广东巡抚德寿兼署。

同时，朝廷任命兵部侍郎李端遇、国子监祭酒王懿荣为京师团练大臣，办理京师团练事宜，督率兵勇，抗击联军，以保京师安定。

五月二十日（6 月 16 日），清廷召集王大臣、六部九卿会议，商阻洋兵进京事宜。 两江总督刘坤一、湖广总督张之洞均电军机大臣荣禄，请速剿匪。

五月二十一日（6 月 17 日），八国联军开始攻打天津大沽口炮台；义和团进攻天津紫竹林租界。 慈禧太后召见王大臣等议事。 有人伪造了各国驻华公使要求太后归政的照会，太后见之大怒，声言要与联军决战。

五月二十四日（6 月 20 日），德国驻华公使克林德在京城被杀。 董福祥率甘军与义和团开始围攻北京东交民巷使馆。

五月二十五日（6 月 21 日），太后下旨，与各国宣战。 两江总督刘坤一、湖广总督张之洞、巡阅长江水师大臣李秉衡等疆吏仍致电总署，请力剿邪匪。 顷奉谕旨：“各督抚勿再迟疑观望，迅速筹兵筹饷，力保疆土。”

五月二十九日（6 月 25 日），慈禧太后颁下懿旨，停攻外国驻华使馆并派兵保护。

五月三十日（6 月 26 日），两江总督刘坤一、湖广总督张之洞等疆吏派代表与各国驻华领事会订《东南保护约款》。

五月下旬，吴禄贞从东京成城学校毕业，进入陆军士官学校后，遂趁暑假期间自日本回到上海参加唐才常组织的武装勤王活动。

吴禄贞一到上海，便立即给他武备学堂时的挚友孙武写信，告诉他自己已“回国联络义士，溉植同志，期图大举，俾出斯民于水火，而复汉族之故物”，希望他能摈弃前嫌，速“至汉皋与唐才常、傅慈祥二君，商量大计，速兴义师，殄彼丑虏”①。

在上海期间，吴禄贞与时在上海南洋公学译书院任职的张元济结识。通过张元济又与时在上海南洋公学任数学教习的陈锦焘②和时在天津海关道任翻译的温宗尧③结识。在唐才常的自立军组织系统中，陈锦涛和温宗尧是自立军的驻沪代表，具体负责上海的外交事务（见唐才质《自立会庚子革命记》，杜迈之等编《自立会史料》，岳麓书社 2009 年版，第 78 页）。

一日，张元济邀请吴禄贞和陈锦涛、温宗尧等友朋至其在虹口隆庆里的寓所聚会，谈起时事，皆忧心忡忡。尤其是吴禄贞“解衣磅礴，意气激壮，发语悲愤，尝以手抵案不止”（见张元济《吴烈士遗诗序》，《吴禄贞集》第 254 页）。

吴禄贞在潜居上海期间，还与江浙维新派的代表人物汪康年和叶瀚结识，时相往还，并得到过他们的帮助（详见后面吴致汪的函札）。

---

① 吴禄贞:《致孙武函》,《吴禄贞集》,华中师范大学出版社 2011 年版,第 217 页。

② 陈锦涛(1871—1939),广东南海人。幼时就读于香港皇仁书院,1897 年任北洋大学堂教习,曾组织王宠惠等翻译西方数学教科书交汪康年出版。1901 年赴美,入哥伦比亚大学、耶鲁大学攻读,获博士学位。1906 年归国参加学部考试,获第一名,授法政科进士。后历任度支部预算司长、统计局局长、币制改良委员会会长、大清银行副监督、度支部副大臣。1912 年 1 月出任南京临时政府财政部总长,1916 年 6 月任北洋政府财政总长,兼任外交总长。1917 年 4 月因受贿罪入狱,1918 年获赦免。1920 年 5 月任广东护法军政府财政部部长。1925 年再任北洋政府财政总长。1930 年任清华大学经济系教授。抗战爆发后,投靠日本,沦为汉奸,出任伪维新政府财政部部长兼伪兴华银行总裁。1939 年病死于上海。

③ 温宗尧(1876—1947),字钦甫,广东新宁(今台山)人。幼入香港中央书院(后改皇仁书院)读书,1892 年加入杨衢云创办的辅仁文社。后留学英国,入剑桥大学。1897 年任北洋大学堂教习。1900 年唐才常组织自立军,以温宗尧为驻沪外交代表。1906 年入两广总督岑春煊幕府,任广东将弁学堂总办。1908 年,授驻藏帮办大臣。1911 年 11 月,任南北议和南方参赞,协助伍廷芳工作。1912 年参与将同盟会改组为国民党。1916 年讨袁军兴,任两广护国军都司令部外交局长。1918 年 5 月,任广东军政府总裁。1938 年投敌,1940 年任汪伪司法院长,抗战胜利后被国民政府逮捕,判处无期徒刑。1947 年病死狱中。

案：叶瀚不仅是清末民初江浙的著名维新派人物，而且是中国近代教育的先驱。叶瀚（1861—1936），字浩吾，浙江仁和（今杭州市余杭区）人。早年取秀才，入上海格致书院学习，并赴日本留学，学习师范教育。张之洞督湖广，入其幕。1893 年聘为湖北自强学堂教员。1895 年与汪康年创办《蒙学报》，1897 年又发起成立蒙学公会，1898 年在上海创设速成教习学堂。1900 年，在上海参加保皇活动，是“中国国会”（后改“自立会”）的重要成员。1901 年在浔溪公学担任校务主任，主持校务。1902 年，与蔡元培、章太炎等发起成立中国教育会，在爱国女学和爱国学社担任教员。次年，积极参加拒俄运动。1905 年，与蔡元培、杜亚泉等创办理科通学所。民国成立后，出任北京大学历史系教授兼研究所国学门导师，又被蔡元培校长聘为北京大学国史编纂处纂辑股纂辑员。1923 年加入北大考古学会。著作颇多，均收入其《晚学庐丛稿》。另有自传《块余生自记》。

六月初三日（6 月 29 日），清政府命我驻外国公使向所在国政府解释清政府的宣战乃是出于被迫。

六月初五日（7 月 1 日），奉天义和团烧毁城内法、英教堂和东清铁路公司。

同日，湖广总督张之洞奏请展缓本年乡试，并派湖南布政使锡良统帅湖北、湖南军北上护驾。

同日，唐才常以“保国保种”为号召，邀集容闳、严复、章太炎、文廷式等社会名流与正气会会员在上海张园召开会议，号称“中国国会”（后改为“中国议会”），将原来的“正气会”改名为“自立会”，容闳被推为议长，严复为副议长，唐才常任总干事，总会设在上海。此外，又正式将“勤王军”改为“自立军”。

当时，社会上甚至出现了“讨贼勤王”的布告：

> 中国自立会会长以讨贼勤王事，照得戊戌政变以来，权臣秉国，逆后当朝，祸变之生，惨无天日。至己亥十二月二十四日，下立嗣伪诏，几欲蔑弃祖制，大逞私谋，更有义和团以扶清灭洋为名贼臣载漪、刚毅、荣禄等阴助军械，内图篡杀，不得，则公然与中立为难。用敢广集同志，大汇江淮，清君侧而谢万国。传檄远近，咸使闻知。
>
> （宗旨）一、保全中国自立之权。二、请光绪帝复辟。三、无论何人，凡系有心保全中国者，准其入会。四、会中人必当祸福相依，患难相救，且当一律以待会外良民。
>
> （法律）一、不准伤害人民生命财产。二、不准伤害西人生命财产。

三、不准烧毁教堂，杀害教民。四、不准扰害通商租界。五、不准奸淫。六、不准酗酒逞凶。七、不准用毒械残待仇敌。八、凡捉获顽固旧党，应照文明公法办理，不得妄行杀戮。九、保全善良，革除苛政，共进文明，而成一新政府①。

六月初七日（7月3日），奉天辽阳的民众焚毁俄国人在茨儿山所开办的煤矿。

六月初十日（7月6日），沙皇尼古拉二世趁机自任总司令，下动员令，先后调集近十八万军队，分六路入侵中国东北。

六月上旬，吴禄贞、傅慈祥与唐才常、林圭等人会议，并根据唐才常的建议，此次长江流域的起义定名为“自立军起义”，自立军共分为前、后、左、右、中五路，起义时间为农历七月十五日（8月9日）。会后，大家便各自分头加紧开展组织联络工作。

案：唐才常是谭嗣同的挚友，他热心奔走武装起义，在很大程度上是为了为谭嗣同报仇，故有一些想法、做法有些意气用事。吴禄贞、傅慈祥等人牢记临行前中山先生的叮嘱，此次跟唐合作，一定要以唐为主，且要“携手协力”“不要存着成见”，遂全力与之配合。

六月十二日（7月8日），清政府任命两广总督李鸿章为直隶总督兼北洋大臣，准备向八国联军乞和。

六月十三日（7月9日），武卫前军总统、直隶提督聂士成在天津战死。

六月十八日（7月14日），八国联军占领直隶天津，大肆劫掠。

同日，闽浙总督许应骙与俄、英、美等六国驻福州领事签订《福建互保协定》。

六月二十、二十一日（7月16—17日），沙俄侵略军在黑龙江先后制造了“海兰泡惨案”与“江东六十四屯血案”。

其间，自盛京（今沈阳市）北至开原（今铁岭市开原市），南至海城（今鞍山市海城市），俄国人所修建之铁路、桥梁均为当地群众拆毁。

七月初三日（7月28日），端郡王载漪矫旨逮杀反对围攻外国使馆和对外宣战的吏部左侍郎许景澄、太常寺卿袁昶。

七月初五日（7月30日），八国联军成立天津临时政府，即天津都统

① 此“讨贼勤王”布告，见于张难先《湖北革命知之录·庚子汉口之役》，《张难先集》，华中师范大学出版社2011年版，第30页。

衙门。

七月初六日（7 月 31 日），唐才常、林圭、秦力山等人正式组建勤王武装自立军。

七月初九、十日（8 月 4—5 日），沙俄侵略军先后占领哈尔滨、瑷珲、营口；八国联军占领北仓（今天津市北辰区北仓镇）。

七月上旬，为加紧武装起事的准备，林圭、傅慈祥、戢翼翚等人根据会商的意见，在汉口英租界宝顺里 4 号设立了自立军的机关总部，并将各地自立军的勤王武装分为前、后、左、右、中各军及总会亲军、先锋营，共 7 军，兵力约 2 万人。

案：吴禄贞曾强调："默相天下大势，自以生产楚地，悉江汉间情势，谓夏口兵冲要地，襟带江沔，依阻湖山，左控庐淝，右连襄汉，南北二途，有如绳直，一旦骤有变，则河洛震惊，南服均阻。"（见钱基博《吴禄贞传》，严昌洪等主编《张难先集》，华中师范大学出版社 2011 年 7 月版，第 45 页）同人皆赞成其看法。事实上，此时的汉口已具备了东西南北的交通优势，成为会党的聚集之地，故林圭等人将自立军组织的重心转向了湖北武汉，并将自立军的机关总部设在了汉口。

此外，傅慈祥又"联络（湖北）武备学堂同学而操兵柄者钮永建①、孙武、艾忠琦等数十人，以谋策应"（见张难先《湖北革命知之录·庚子汉口之役》，《张难先集》第 28 页）。

时正在两湖书院学习的黄兴闻知其事，亦积极协助自立军组织"运动清军中的湘籍军人不加阻碍"②。

---

① 钮永建(1870—1965)，字惕生，江苏上海人。早年就读江阴南菁书院。1894 年举人。1896 年考入湖北武备学堂。1898 年保送赴日留学，入东京陆军士官学校。1903 年参与组织拒俄义勇队。1904 年归国，赴广西，任龙州边防大营总文案兼边防教导团总理、桂林兵备道帮办兼筹办广西讲武堂及陆军小学总监等职。秘密加入同盟会。1911 年松江光复，军政分府成立，任都督。1912 年任南京临时政府陆军参谋次长，代行总长职务。"二次革命"失败，逃往日本。1914 年参加中华革命党。1917 年任广州大元帅府参谋次长兼兵工厂厂长。1926 年赴广州任中央政治会议秘书长。1930 年起，先后任内政部部长、立法院军委会委员长、考试院副院长等职。1947 年任总统府资政。1949 年任考试院代理院长。后病逝于美国。

② 周震麟：《关于黄兴、华兴会和辛亥革命后孙黄关系》，中国人民政治协商会议全国委员会文史资料委员会编《辛亥革命回忆录》第 1 集，文史资料出版社 1981 年版，第 331 页。

案：根据唐才常等人和孙中山的代表商定的结果，双方同意联合起事，并将自立军分为七军：前军在安徽大通，由秦力山、吴禄贞指挥；后军在安徽安庆，由田邦璿负责；左军在湖南常德，由陈犹龙统率；右军在湖北新堤（洪湖县城关），由沈荩统率；中军为自立军本部，设在武汉，由林圭、傅慈祥统领；总会亲军和先锋营亦在武汉，由唐才常亲自指挥，唐还负责节制诸军。起义原定于七月十五日（8月9日）在汉口发动，湘、鄂、皖各地五路兵马同时响应。但因康、梁等人允诺的汇款迟迟未到，自立军粮饷无着，起义日期只得后延。

其间，吴禄贞和秦力山等人按照会议分工来到安徽铜陵的大通镇作起义准备，并与当地会首符焕章、秦老耀联络好，共同组成了自立军前军。符焕章、秦老耀等哥老会首领则采用散发“富有票”的形式来发展组织。时间不长，南陵、青阳、裕溪等地的会党亦暗中组织起来，秘密向大通靠拢。随后，秦力山通过同年好友、哥老会会员，时在安徽抚署任管带的孙道义，获得了起义所用的军械。

案：安徽大通曾有“江南大通，靠山临江，上接两湖，下通苏杭”的民谣流传，表明大通具有长江下游交通枢纽的优势。自立军起义将前军设在大通，就是采用的以两湖为后盾，控御长江下游的方略。

七月十一日（8月5日），八国联军攻陷杨村（今天津市武清区杨村镇），已革职留任的前直隶总督裕禄自杀殉国。

七月十三日（8月7日），清廷授直隶总督李鸿章为全权大臣，即日电商各国停战。德皇宣布以瓦德西为联军统帅。

同日，自立军前军“以长江沿岸戒严，未得军报，仍进行不辍”①，命令各地起义兵马向江北原桐城县境内的周家团（现属枞阳县）、铁板洲、和悦洲（现属铜陵县）等地集结。清军长江水师驻大同的一营士兵（大多数人是哥老会会员），已经联络好，决定届时倒戈。起义前军的总指挥部就设在和悦洲的“生生庵”，而前线指挥部则设在和悦洲的大关口。

七月十四日（8月8日），吴禄贞、秦力山、符焕章、秦老耀等人率自立军起义前军在江北的桐城县郊祭旗明誓，宣布起义。随后，吴禄贞率领所部直奔大通，并于当晚乘船自大通南岸登陆。秦力山、符焕章、秦老耀则率所部为后应，负责联络南陵、青阳、裕溪的会党，向大通靠拢。

七月十五日（8月9日），在安徽铜陵大通镇的自立军前军还未得到延

① 冯自由：《革命逸史》第6集，中华书局1981年版，第21页。

迟起义的通知，且因事机不密，起义的消息已经泄露。秦力山、吴禄贞、符焕章、秦老耀等人不得不仍按原计划发动起义。当大通起义的第一枪打响后，倒戈的四艘水师炮艇，便一起调转炮口，轰击大通督销局、厘金局和药械局。

吴禄贞负责指挥攻打大通厘局，参与战斗的有“吴得胜、谢青山、古世春即古得标、徐得生、景志魁、夏得祥、周士长”等人①；攻占厘局后，缴获“钱店银五千”②。

督销局是专收盐务税的机构，厘金局是专门筹措军饷的机构，药械局则是驻军存放弹药、军械的要地。倒戈水师炮艇很快击沉督销局的平差轮，又俘获了厘金局哨卡的炮艇八艘。起义军迅速登岸，相继攻下督销、厘金、药械三局和一些仓库及官府衙门，进而占领整个大通镇。义军声势大振，大通附近的数万民众亦加入到起义的队伍中来。他们一鼓作气，又分兵攻占青阳、南陵、芜湖。

秦力山、吴禄贞率领自立军前军占领大通后，为迅速稳定地面社会秩序，建立根据地，当即便吩咐手下张贴安民告示（即《安徽大通勤王军布告文》）：

> 中国自立会会长，为讨贼勤王事：照得戊戌变法以来，权臣柄政，逆后当朝，祸变之生，惨无天日。至己亥十二月廿四，下立嗣伪诏，几欲蔑弃祖制，大逞私谋。更有义和团以扶清灭洋为名，贼臣载漪、刚毅、荣禄等阴助军械，内图篡弑，不得，则抗然与外人为难。用敢广集同志，大会江淮，以清君侧而谢万国。传檄远近，咸使听之。③

除此之外，他们还发布了《大通合埠商人出名布告》：

> 大通于七月十五日八点钟，省自立会义兵起事，大通、悦洲沿河两岸居民，秋毫无犯。其宗旨系为讨贼勤王，不比寻常土匪滋事。我等甚为感激，为此特行通知，免至他处居民纷纷逃避。④

---

① 王之春：《擒诛票匪首要并解散胁从请奖折》，《王之春集》第1集，岳麓书社2010年版，第61页。

② 王之春：《王抚台来电》，苑书义主编《张之洞全集》第10册，河北人民出版社1998年版，第8217页。

③ 康有为：《驳后党逆贼张之洞、于荫霖诬捏伪示》，姜义华、张荣华编校《康有为全集》第5集，中国人民大学出版社2007年版，第280页。

④ 康有为：《驳后党逆贼张之洞、于荫霖诬捏伪示》，姜义华、张荣华编校《康有为全集》第5集，中国人民大学出版社2007年版，第280页。

两江总督刘坤一、安徽巡抚王之春闻知大通起义消息，急调湖北、安徽两省清军全力进剿，另派3艘兵轮驶入大通江面进行堵截。长江水师提督黄少春亦迅速调来三营水师协助“会剿”。在敌军潮水般涌来之时，起义军只得边战边撤，向南陵方向退却。

自立军前军原打算退至南陵等待援军再作打算，哪知整个起义时间推迟，根本就没有援军！于是，起义前军便陷入了孤军作战的危险境地。秦力山、吴禄贞等人率领起义军且战且退，在横港、杨家山、汀家洲、南陵一带与清军激战。终因众寡悬殊，兵少不敌，他们在浴血奋战七昼夜后，终于将剩余人众解散。

大通起义失败后，秦力山、吴禄贞等人遭到通缉，只得各自潜伏，分散逃亡；后分别虎口脱险，潜回上海，避入法租界留日学生会馆。

吴忠亚曾回忆道：“先父（案：指祺贞）回忆当时情况说：大通事败时，我家方寄寓武昌，日夕均有人环伺家门，侦其行踪，全家为之惶恐不安者累月。鄂督张之洞曾派遣武装宪警，跟踪上海追捕，必欲得之而甘心。他数濒于危，均以镇静机敏得脱。据说有一次，捕者跟踪到了他所居住的旅社，适他正下楼外出，狭路相逢，不及回避，仍自昂首下楼，毫无惊惶之色。捕者不识，拉着问他：‘吴禄贞住在哪个房间里？’他从容不迫地随手指着楼上一个房门说：‘他就住在那间房子里。’说罢，扬长而去。等捕者发觉受骗时，他已走得不知去向了。”（见吴忠亚《吴禄贞的一生》）

案：大通起义是武昌起义的源头，也是吴禄贞踏上武力推翻清王朝、建立中华民国革命征程的开始，表现出大无畏的英雄气概，时年仅二十一岁（实岁二十）。对于大通起义，他日后与“同志谈及此事”，“常叹功败垂成，引为一生的憾恨”（见《吴禄贞》，《吴禄贞集》附录，第264页）。此次起义虽然失败了，但它却使资产阶级改良派开始分化，让民主革命派渐渐觉醒，对以后的革命斗争，尤其是武装斗争有着深远的影响。

七月十八日（8月12日），八国联军占领通州（今北京市通州区）。

七月十九日（8月13日），俄国侵略军攻占北京东便门。董福祥率军与义和拳一起连日猛攻各国驻华使馆。

七月二十日（8月14日），八国联军攻入北京城内，大肆掳掠。

七月二十一日（8月15日），慈禧太后挟持光绪皇帝仓皇离京西逃。

七月二十二日（8 月 16 日），清政府议和全权大臣李鸿章致电各国停战议和。

同日，甘肃布政使岑春煊迎护两宫于南口（今北京市昌平区南口镇）。

七月二十五日（8 月 19 日），诏命巡幸太原，命甘肃布政使岑春煊督理前路粮台，而以吴永、俞启元会办前路粮台。

七月二十六日（8 月 20 日），光绪皇帝于西逃途中发布《罪己诏》。

七月二十七日（8 月 21 日），由于参加起义士兵的“出首”，湖广总督张之洞勾结英国领事，在汉口破获自立军机关总部，唐才常、林圭、傅慈祥等二十余人被捕。于是，各地自立军溃散。

同日，吴禄贞的同乡好友戢翼翚化装为驿客由汉口逃往上海，与自大通逃亡而来的秦力山相遇，遂结伴亡命日本。

张难先在其《湖北革命知之录 · 庚子汉口之役》中记载：“前军既败，汉口总部即愈呈不稳之象。时主力在会党，而绿营、巡防督抚标各营弁卒，强半为彼之徒侣，而悉受其运动。乃因饷项无着，失信彼辈。其隶湘军统领黄忠浩（扎洪山）、巡防营统领方友升（扎汉阳）、督标统领吴元恺（扎草湖门外恺字营）部下者，同时出首，于是秘密全泄。”（见《张难先集》第 29 页）

七月二十八日（8 月 22 日），吴禄贞的同乡好友傅慈祥在武昌紫阳湖畔被杀害。

案：傅慈祥不仅是吴禄贞的同乡好友，而且是吴禄贞湖北武备学堂、日本陆军士官学校的同学。傅慈祥（1872—1900），名元臣、慈群，字良弼，湖北潜江人。幼聪慧，一目十行，10 岁即读毕四书五经，有大志。1894 年入两湖书院就读，后转入湖北武备学堂。不久，赴日入东京成城学校、陆军士官学校。曾会见孙中山，接受民主革命思想，加入兴中会，从事排满革命活动。旋与吴禄贞等在东京创立励志会。1900 年唐才常由日本归国，谋自立军起事。他与吴禄贞等受孙中山指示，参与长江流域的武装起事。回国后，他一面在新军中活动，一面联络武备学堂同学，以期大举，并从日本运回枪支一千多支，武装会党人员。又与林圭在汉口组建自立军，同林圭一起统领中军。同年 8 月，因经费短缺，起义时间一再延迟。8 月 20 日，与唐才常、林圭一起被张之洞逮捕。22 日被杀害。后葬于武昌洪山西北麓之庚子烈士陵园。擅武术，工诗文，著有《南斋诗文集》二卷。

同日，吴禄贞的自立军起义同志唐才常[①]、林圭[②]亦在武昌紫阳湖畔被杀害。

七月二十九日（8 月 23 日），朝命护理陕西巡抚端方在西安预备驻跸之所，准备迎驾。

七月三十日（8 月 24 日），朝旨准议和全权大臣李鸿章便宜行事，迅速处理善后事宜。李鸿章则电请派奕劻、荣禄、刘坤一、张之洞亦为全权大臣。

八月初五日（8 月 29 日），沙俄侵略军占领黑龙江齐齐哈尔（黑龙江将军驻地）。

八月初七日（8 月 31 日），朝廷加派两江总督刘坤一、湖广总督张之洞会同全权大臣李鸿章商办和议。

八月上旬，自立军右军统领沈荩得知唐才常、林圭、傅慈祥等同志被害的消息，甚是悲痛，依然以“中国国会自立军右军统领”的名义，单独发动起义，史称“新堤起义”。终因寡不敌众，起义很快失败了。随后潜赴上海、北京等地，继续从事反清革命活动。

张难先在《湖北革命知之录·庚子汉口之役》中说：“秦力山、吴禄贞发难大通不克。越旬日，唐才常等二十人均就义。新堤举事旋亦失败。鄂湘大兴党狱，以身殉者百数十人。躬与是役而未死者，其后皆卓然有所

① 唐才常(1867—1900)，字黻丞，又字伯平，号佛尘。湖南浏阳人。贡生出身。早年肄业岳麓书院和两湖书院。中日甲午战争后，恨政府腐败，致力变法图强。1897 年与谭嗣同在浏阳兴办算学馆，提倡新学。不久至长沙，参与创办时务学堂。与谭嗣同并称“浏阳二杰”。先后创办《湘学报》和《湘报》，宣传变法维新思想。1898 年准备赴京参与维新活动，行至汉口，政变发生，逃往日本，与康有为、梁启超等策划“勤王”。1900 年回国，发起成立自立会，组织自立军，自任总司令，设总机关与汉口，计划于同年 8 月 9 日同时在湖北、湖南、安徽等地起事。因等待康有为汇款接济，起义时间屡延。8 月 21 日，因湖广总督张之洞与英国领事勾结而被捕，次日遇害。遗著辑为《觉颠冥斋内言》《唐才常集》。

② 林圭(1875—1900)，又名锡圭，字述唐，号悟庵，化名林杰。湖南湘阴人。1898 年入湖南时务学堂，究心经世之学，犹醉心卢梭、孟德斯鸠诸学说，尝以美洲之共和，法国之革命相号召。戊戌政变后，与毕永年留学日本，入横滨大同学校，力戒空谈，以革命施行者自任。其间数次潜回上海、湖南、湖北等地，结交会党，招纳贤豪，图谋举事。1900 年与唐才常回国，在上海参与发起正气会，不久改为自立会，任会党中的总堂。旋与傅慈祥赴汉口，在汉口英租界李慎德堂设立自立军起义秘密机关，运动长江沿岸各省会当和防军，组成自立军七军，任中军统领，督办南部各省军务，定期起兵。后因事泄被捕，与唐才常、傅慈祥等人在紫阳湖同时遇害。

树立。”（见《张难先集》，第 32 页）

其间，吴禄贞从报纸上得知唐才常、林圭、傅慈祥等人已在武昌被捕并遇害的消息后，悲愤不已；他为大通起义的失败感到遗憾，并暗自发誓：以后一定要向敌人讨还这笔血债！吴禄贞见自立军已经溃散，短期内亦无法再起，遂决定仍回日本继续学业。于是，他躲过密探的多次盯梢，终于登上一艘赴日本客轮。

案：自立军起义的失败，促使革命党人认真总结其经验教训，清醒地认识到“党派复杂，康梁与吾党之臭味，素来差池，虽经毕永年之启发，才常偶有转变；然彼等经济命脉，仍操于康有为之手”，故“以革命大业，聚意志错杂者以图之，希有不偾事者”！并从中“获三大教训：一、不能专靠会党作主力；二、组织要严密，决不能取便一时，以容纳异党；三、绝对从士兵学生痛下功夫，而不与文武官吏为缘”。（见张难先《湖北革命知之录·庚子汉口之役》，《张难先集》，华中师范大学出版社 2011 年版，第 30 页）

八月上中旬，吴禄贞自上海辗转重返日本，随后根据自己即将进入陆军士官学校学习所选之科目，前往日本近卫军骑兵联队接受大约一个学期的入伍实习。

曹亚伯在《孙文革命之追忆》中说：“吴禄贞与秦力山借大通王文豹之兄所统巡防营之兵，与清兵一战而遁往上海租界，复返日本士官学校。”①

八月十六日（9 月 9 日），朝廷授权奕劻、李鸿章、荣禄为议和全权大臣；刘坤一、张之洞会办议和事宜，均准便宜行事。

八月二十九日（9 月 22 日），沙俄侵略军占领吉林（今吉林省吉林市）。

闰八月初二日（9 月 25 日），朝命惩处纵容包庇拳匪的王公大臣。庄亲王载勋、怡亲王溥静、贝勒载濂、载滢皆革去爵职，端亲王载漪撤去一切差事，交宗人府严加议处。辅国公载澜、左都御史英年均交宗人府严加议处。吏部尚书刚毅、刑部尚书赵舒翘则交部议处。

闰八月初五日（9 月 28 日），沙俄派军队占领辽阳（今辽宁省辽阳市）。

闰八月初八日（10 月 1 日），两宫离开山西太原前往陕西西安。

是日，议和全权大臣李鸿章接任直隶总督，沙俄派军队占领沈阳（今辽

① 曹亚伯:《武昌革命真史·前编》,《曹亚伯集》(上),华中师范大学出版社 2019 年版,第 131 页。

宁省沈阳市）。

闰八月二十四日（10 月 17 日），议和全权大臣奕劻、李鸿章照会各国使臣，和议开始。

九月初四日（10 月 26 日），两宫抵达陕西西安，以原陕甘总督府为行宫。

九月初五日（10 月 27 日），各国驻华公使一致通牒，要求惩处载漪、载勋、载澜、溥静、毓贤、李秉衡、董福祥、刚毅、赵舒翘等十一人。

九月初九日（10 月 31 日），沙俄派军队占领锦州（今辽宁省锦州市）。

九月十五日（11 月 6 日），八国联军在直隶保定杀害直隶布政使廷雍等六人。

九月十七日（11 月 8 日），沙俄强迫盛京将军增祺的代表签订《奉天交地暂且章程》。

九月十九日（11 月 10 日），两江总督刘坤一和湖广总督张之洞联名电奏：请速惩办诸祸首。

九月二十二日（11 月 13 日），朝旨革去载漪爵职，与载勋同交宗人府圈禁；溥静、载滢一并交宗人府圈禁；载濂已革爵职，命其思过；载澜、英年则降调，赵舒翘革职留任，毓贤充边。

是日，八国联军攻陷直隶保定后，开始进攻直隶张家口。

九月二十九日（11 月 20 日），议和全权大臣奕劻、李鸿章致电军机大臣荣禄，各国驻华公使坚持惩办甘肃提督董福祥。

十月初二日（11 月 23 日），两江总督刘坤一和湖广总督张之洞联名电奏：请速治毓贤、董福祥之罪。

十月十二日（12 月 3 日），朝命甘肃提督董福祥革职留任，即日带领所部回甘。

十月十九日（12 月 10 日），八国联军在京城设立“管理北京委员会”。

十一月初三日（12 月 24 日），各国驻华公使联合通牒，提出和约大纲十二条。

十一月初六日（12 月 27 日），清政府照允各国驻华公使所提十二条大纲。

十一月十二日（1901 年 1 月 2 日），湖广总督张之洞在镇压自立军起义的过程中，得知吴禄贞是大通起义的领导人后，甚是痛心，大为震怒，曾照会日本政府，“又吴禄贞一名，闻其托故潜行回华，并未回到湖北，曾在大通滋事，现又潜回日本学校”①，要求日本学校予以开除以示惩罚。

案：日本政府收到湖广总督张之洞的照会后，拒绝了他对留日学生的有关政治限制和惩罚的要求。不得已，张之洞乃通过湖北留日学生监督钱恂对吴禄贞进行了当面警告，明确告知：此后无论是归国当差，还是继续留学都将失去保障（详见孔祥吉《日本档案中的张之洞与革命党——以吴禄贞事件为中心》，《福建论坛》（人文社会科学版），2010 年第 5 期）。

十一月二十五日（1901 年 1 月 15 日），议和全权大臣奕劻、李鸿章遵旨在合约上签字。

十二月初十日（1901 年 1 月 29 日），朝旨下：各朝中大臣、地方督抚，可就现实情形，并参酌中西政治，踊跃建言献策。

十二月二十五日（1901 年 2 月 13 日），朝廷第三次下旨加重惩处祸首：载漪、载澜均发配新疆永远监禁，载勋赐自尽，毓贤正法，刚毅追夺原官，董福祥革职，英年、赵舒翘革职定斩监候，徐桐、李秉衡革职并撤销恤典；启秀、徐承煜先行革职，查明后从严惩办。开复徐用仪、立山、许景澄、联元、袁昶原官。

光绪二十七年辛丑（1901 年）　二十二岁

年初，吴禄贞结束在近卫骑兵联队的入伍实习，正式进入日本东京陆军士官学校学习。

其时，保皇派的势力仍然很大，不少兴中会的成员都跟着他们跑；吴禄贞乃挺身而出，以大通起义失败的教训来驳斥保皇派的论调，为巩固兴中会作出了贡献。

国民党中央党史史料编纂委员会所编之《吴禄贞》中说：其时“保皇会主张君主立宪，其反对革命和反对共和，比较清廷还要厉害。一时邪说乱兴，留日华侨和学生被诱盲从的很多。兴中会一部分的同志，也有被动摇的，独他（指吴禄贞）和戢翼（翚）、沈翔云、林奎、冯自由、郑贯一等，却坚信国父，不为所动。后来同志中的动摇者渐趋觉悟，兴中会的基础得以重固，不可不说是禄贞等诸中坚分子的力量”（见《吴禄贞集》附录，第 263 页）。

---

① 日本外交史料馆藏《在本邦清国留学生杂纂》“留学生监督等”，转引自孔祥吉《日本档案中的张之洞与革命党——以吴禄贞事件为中心》，《福建论坛》（人文社会科学版）2010 年第 5 期。

正月初三日（2月21日），朝廷再次下旨，加重惩处肇祸诸臣：载勋自尽，英年、赵舒翘自尽，毓贤正法；载漪、载澜斩监候，加恩发往新疆；照会各国交回启秀、徐承煜，即行正法；刚毅斩立决，徐桐、李秉衡斩监候，惟其已故，业经革职，撤销恤典，应免再议。

正月初十日（2月28日），湖广总督张之洞奉旨兼署湖北巡抚篆务。

正月二十一日（3月11日），两广总督陶模在听说张之洞曾照会日本驻汉领事濑川浅之进，要求从严处置吴禄贞、沈翔云等涉自立军起义案学生的消息，曾致电张之洞，比较婉转地为吴、沈等留学生求情。收到陶模电文后，张之洞曾回电对此事予以解释①。

正月二十三日（3月13日），山西巡抚锡良开缺，而以甘肃布政使岑春煊补调；因迎銮护驾有功，朝命河南布政使端方不必赴豫，仍留西安护理陕西巡抚。

二月间，吴禄贞与湖北同乡、兴中会会员，自香港来日本东京入成城陆军预备学校学习的刘成禺②结识，并成为挚友。

三月初五日（4月23日），德、法军队占领娘子关（位于今山西平定县东北）。

四月初八日（5月25日），议和全权大臣奕劻、李鸿章联名上奏，请照和议总纲的要求，将“总理各国事务衙门”改为外务部，冠于六部之首，管部大臣以近支王公充之，设尚书二人，侍郎二人；尚书中须有一人兼军机大臣，侍郎中必须有一人通西文、西语。

四月十二日（5月29日），给各国的赔款议定，以金价计算，共四万五千万两，四十年偿清，年息四厘。

---

①　苑书义等编：《张之洞全集》第10册，河北人民出版社1998年版，第8513页。

②　刘成禺(1875—1953)，本名问尧，字禺生，笔名壮夫、汉公等，人称刘麻哥。湖北江夏(今武汉市武昌区)人。出身官宦之家。早年曾入两湖书院、自强学堂肄业。1900年参加自立军起义，失败后逃往香港。不久赴日留学，入成城学校。与孙中山结识，往来密切。1904年，奉孙中山之命，赴美国旧金山重办《大同日报》，加入同盟会，与保皇派论战。辛亥革命爆发回国，被黎元洪委派为南北谈判代表、湖北军政府驻南京代表、参议院议员。1914年参加中华革命党。1917年赴广州襄助孙中山。1920年任广州大本营宣传局局长。1923年为孙中山的驻鄂豫代表。1927年后，出任国民党政府监察院监察委员。1946年出任两广监察使。1949年初，居重庆，就任国民党国史馆总纂修兼副馆长。1950年回鄂，任湖北省参事室参事、第一届省人大代表等职。工诗文。著有《太平天国战史》《洪宪纪事诗》《世载堂杂忆》等多种。

四月二十三日（6 月 9 日），朝廷授醇亲王载沣为头等专使大臣，赴德国谢罪。

五月二十一日（7 月 6 日），清政府发布上谕：“兹择于七月十九日由河南、直隶一带回京，着各衙门先期敬谨预备。”①

六月初九日（7 月 24 日），清政府正式改“总理各国事务衙门”为外务部，派奕劻总理部务。

七月初一日（8 月 14 日），朝廷再次下谕：改定两宫以八月二十四日回銮。

七月十六日（8 月 29 日），诏命自明年始，乡试、会试等皆不准用八股文程式，而改试策论；而自明年始，罢停武科考试。

七月二十五日（9 月 7 日），议和全权大臣奕劻、李鸿章与英、法、美、德、意、奥、比、西、荷、日、俄十一国代表签订和约（即《辛丑条约》），共十二款。

八月初二日（9 月 14 日），朝命将各省所有书院改设成大学堂，各府及直隶州改设成中学堂，并多设蒙养学堂。

八月初五日（9 月 17 日），八国联军根据《辛丑条约》规定，开始退出京城。

八月十九日（10 月 1 日），时奉命出使日本的户部右侍郎那桐，特地至东京陆军士官学校看望留学生：“自辰至申，遍览马队、步队、炮队、体操、击剑、光化各学，内有中国学生卅九人，学艺甚精。”②

案：中国留学日本东京陆军士官学校第一期学生本来是四十人，其中一名已病逝，故那桐看到的只有三十九名。

八月二十四日（10 月 6 日）上午，两宫自陕西西安起驾回銮。

九月二十七日（11 月 7 日），和议全权大臣李鸿章卒于任上，年七十九岁，追赠太傅，晋封一等侯爵，谥“文忠”，入祀贤良祠。朝命王文韶署理全权大臣，袁世凯署理直隶总督兼北洋大臣；又以张人骏为山东巡抚。

九月二十八日（11 月 8 日），两宫驻跸河南郑州。

十月初二日（11 月 12 日），两宫驻跸省城开封。

十月上旬，吴禄贞顺利完成东京陆军士官学校学业，被安排在近卫骑兵联队见习，训练自己模拟实战环境下所学的现代军事知识和技术，同时训练

---

① 吴永口述，刘治襄记，鄢琨标点：《庚子西狩丛谈》卷四，岳麓书社 1985 年版，第 93 页。

② 北京市档案馆编：《那桐日记》上，新华出版社 2006 年版，第 398 页。

日本新兵。

案：吴禄贞与同期炮兵科的张绍曾和第二期工兵科的蓝天蔚号称“士官三杰”，可见他们在校学习时学业之优异。亦有人说，吴禄贞与东京陆军士官学校第三期的蔡锷、蒋方震并称为“士官三杰”（见吴忠亚《吴禄贞的一生》）。

十月二十日（11月30日），奉懿旨，撤去溥儁“大阿哥”名号，立即出宫。

十月二十五日（12月5日），朝廷以共保东南疆土，尽心筹划，勋劳卓著，下旨赏加刘坤一太子太保衔，赏加张之洞、袁世凯太子少保衔。

十一月初四日（12月14日），两宫自河南开封行宫起驾回京。

十一月上中旬，吴祐贞、蓝天蔚、良弼、冯耿光等25名第二期留日武备学生自成城学校毕业后，进入东京陆军士官学校学习。

案：学校实行分科教学，所有中国留学日本东京陆军士官学校的学生，入校后，可在步兵科、骑兵科、炮兵科和工兵科四种兵科中任意自选一科学习。如吴禄贞选择了骑兵科，陈其采、吴祐贞、良弼、冯耿光选择了步兵科，张绍曾选择了炮兵科，蓝天蔚选择了工兵科等等。但所有学生“虽独精一门，然必兼通各术”（丁鸿臣：《四川派赴东瀛游历阅操日记》，王宝平主编《晚清东游日记汇编2·日本军事考察记》，上海古籍出版社2004年版，第337页）。

其间，吴禄贞与第二期士官生、清室贵族爱新觉罗·良弼一见如故，从此成为挚友。

十一月二十四日（1902年1月3日），两宫驻跸直隶保定府。

十一月二十八日（1902年1月7日），两宫圣驾自直隶保定启銮还京。

同日，朝廷以议和与共保东南疆土有功，下旨赏赐奕劻双俸，荣禄、王文韶、张之洞、刘坤一、袁世凯等双眼花翎，宫衔有差。

十一月间，吴禄贞自日本东京致函时在上海的汪康年（即《致汪穰卿函》）[①]，向这位前辈谈了几件事：其一，对自己去年旅沪时得到前辈的关照表示感谢；其二，向前辈报告了自己目前的学业情况；其三，报告自己的归国时间和打算；其四，指出《中外日报》（案：《中外日报》为汪康年集资所办）载有侮辱东游学生、伤害东游学生之感情的内容，请前辈转告；其

① 吴禄贞：《致汪穰卿函》，原载《汪康年师友书札》第一册，今收入《吴禄贞集》，华中师范大学出版社2011年版，第217—218页。

五，请转向叶瀚先生问好，其所托之事，自己一定会尽力去做。

十二月初五日（1902 年 1 月 14 日），吴禄贞的好友毕永年[①]在广东惠州病逝。

十二月初九日（1902 年 1 月 18 日），慈禧太后公开露面接见各国驻华使节。

十二月二十一日（1902 年 1 月 30 日），英、日缔结同盟条约。

十二月二十三日（1902 年 2 月 1 日），朝命满汉可以通婚，并劝汉人妇女除缠足积习。

十二月间，吴禄贞以优异的成绩毕业于日本东京陆军士官学校。按他本人的意思，当时就要回国；而同志们都劝他先不要急于回国，看看形势再说。

光绪二十八年壬寅(1902 年)　二十三岁

年初，吴禄贞听从朋友们的劝告，仍暂时留在东京，静观国内形势再作打算。

正月初一日（2 月 8 日），梁启超在日本横滨创办《新民丛报》（半月刊）。

正月初三日（2 月 10 日），清政府驻日公使蔡钧在东京九段坂之偕行社举行春节团拜会，宴请留日学生二百七十多人；留学生将“拟创办会馆意见书示之公使”[②]，蔡公使表示赞同。宴会即将结束时，“公使复督”吴禄贞“演说开办会馆之事”，“其后又有数人演说”，并推举了八名会馆章程起草员，吴禄贞是其中之一[③]。

正月二十四日（3 月 3 日），梅花拳宗师、武举人景廷宾率领直隶广宗、巨鹿、威县一带义和团余众举行反清起义。

---

① 毕永年(1869—1902)，字松甫，亦字松琥，湖南善化(今长沙)人。出身军人家庭。少读船山遗书，受民族思想影响。1897 年考取拔贡，与唐才常、谭嗣同交往密切，忧国忧民，从事联络会党活动，宣传维新变法。1898 年 8 月，随谭嗣同至北京观察政局，访康有为，语多不合；参与谋划“围园杀后”计划，指出袁世凯不可恃。变法失败后，东渡日本，会见孙中山，加入兴中会，走上革命道路。1900 年回国，参加自立会；唐才常在上海张园召开国会，他认为其主张自相矛盾，力劝其与康有为断绝关系，唐不从，两人不欢而散。随即南下参加惠州三洲田起义，失败后赴广州，入罗浮寺为僧。次年在惠州病逝。

② 《清国留学生会馆第一次报告》，《会馆纪事》，第 4 页。

③ 《清国留学生会馆第一次报告》，《会馆纪事》，第 7、21 页。

正月间，两江、湖广会商，在江宁设立江楚编译局。

二月初七日（3月16日），中国留日学生在东京神田区之锦辉馆举行清国留学生会馆的预备会议，“会议会馆章程并选举干事”：金邦平（伯屏）“首述开会辞”，通过了章程并选出十二名会馆干事，吴禄贞是其中之一，任招待干事①。

案：清国留学生会馆总长蔡钧，副长钱恂，书记干事范源濂、蔡锷、钱承志、吴振麟，会计干事陆世芬、王璟芳，庶务干事金邦平、章宗祥，书报干事曹汝霖、张绍曾（回国后由蓝天蔚接替），招待干事吴禄贞（回国后由冯阅模接替）、高逸。

二月二十一日（3月30日），中国留日学生在东京滚河台铃木町十八番地举行清国留学生会馆（亦称“中国留学生会馆”）的开馆仪式。首先由干事总代表范源濂（静生）致开馆辞，接着由接待干事吴禄贞和书报干事张绍曾（敬舆）作为来宾代表致祝辞，随后由湖北留日学生监督钱恂宣读驻日公使蔡钧的祝文，金邦平、陆仲芳（世芬）、刘赓云等相继报告了会馆开办及经费等方面的事务，又举行了“卒业归国告别辞”——吴禄贞和张绍曾作归国告别辞，最后推举冯阅模（历甫）和蓝天蔚（秀豪）接替吴禄贞和张绍曾为代理干事②。

吴禄贞在开馆仪式致词时，号召留学生们加强联络，团结奋进，为振兴中华而努力；最后，他宣称：“此会馆之于中国，无异美国之独立厅。”③而朋友们则称誉其为华盛顿。

清国留学生会馆成立后，各省留日学生得以“常常聚会，纵谈政治”。

三月初一日（4月8日），中、俄订立《交收东三省条约》，规定沙俄军队在十八个月内分三批撤出东北。

三月十六日（4月23日），景廷宾的起义军树起“官逼民反”“扫清灭洋”的大旗；邢台、内邱、新河、南宫、平乡等州县民众纷纷响应。

三月二十日（4月27日），蔡元培、蒋智由、黄炎培等在上海发起成立中国教育会，推蔡元培为事务长（即会长）。

三月（4月）间，吴禄贞见湖广地区暂时没有特别的举动，遂不顾个人

---

① 《清国留学生会馆第一次报告》，《会馆纪事》，第22页。

② 《清国留学生会馆第一次报告》，《会馆纪事》，第22页。

③ 冯自由：《革命逸史》第4集，中华书局1981年版，第99—100页。

安危，随其他留日毕业学生回到武昌①。然而，吴禄贞刚一到武昌，就因领导大通起义之事被湖广总督张之洞下令扣押起来了。

据吴禄贞的堂兄、时任湖北工程营哨官的吴祺贞后来回忆说：“绶卿刚从日本回来，还未见过张之洞的面，就被关进将弁学堂，一时举家惶然，全都为他的生命安全担忧。”（见吴忠亚：《吴禄贞与辛亥革命》，政协武汉市委员会文史学习委员会编《武汉文史资料文库第 7 卷（历史人物）》，武汉出版社 1999 年版，第 71 页）

吴禄贞一回到武昌就被关押，一家人心急如焚，堂兄、时任湖北工程营哨官的吴祺贞曾打通关节，悄悄到将弁学堂去探望吴禄贞。

吴忠亚曾回忆说：“按照当时规定，中国留日士官学生毕业后，皆须返回原籍，由当地政府委用。时张之洞仍任鄂督，预料先三叔将因大通之役，惧不敢回。不意回鄂报到的留日学生名单中，仍赫然有‘吴禄贞’三字。张一见之下，怒不可遏。竟于召见这批回国学生时，独拒不见他。并命将他禁闭于将弁学堂，等候另行发落。时先父在武昌工程营充任哨官（排长），方喜其学成归来，门户生辉。突闻此讯，惊惶失措。先叔祖母尤终日以泪洗面，忧伤不已。因为家里的人，对他领导的‘大通起义’一事，是都清楚知道的。这时，大家都害怕张之洞算这笔旧账，用对傅慈祥等人的毒辣手段，来对付他。而当时‘朝内无人’，不只想不出营救门路，就连一点真实的消息，也无从打听得到，一家人焦急不安的心情，自然是可想而知的。先父想方设法，打通关节，得潜于将弁学堂探视，却见他独坐禁闭室中，手捧书卷，凝神观看，显得神情泰然，若无其事。及见先父入室，照常亲切地叫了一声‘二哥’，便从容说道：‘我现在一切都很好，你不用害怕，也不用再来看我，回去告诉家里，都不要为我担心。这并没有什么了不起，过几天我就会回来的。’先父见旁边有人监视，不便多说多问，只好暗自心酸，无言而退。”（见吴忠亚《吴禄贞的一生》）

几天后，张总督思前想后，还是亲自在总督府审问了吴禄贞。岂料审问时，吴禄贞竟毫不畏惧，口若悬河，滔滔不绝，陈述天下大势和变革救国的道理；结果，张总督不仅没有怪罪他，反而被吴禄贞所说服。随后，张总督不仅称吴禄贞为“奇才”，将他释放；而且相继委任他为鄂军营务处会办、学务处帮办、将弁学堂总教习、护军全军总教习、湖北武备学堂会办等职。吴禄贞的被委以重任，且身兼数职，一时间轰动了武汉三镇。

① 《民国人物传》第二卷，中华书局 1980 年版，第 12 页。

吴忠亚曾回忆说："那天召见，他（案：指张之洞）满以为只会由他大开教训，严词斥责，而吴禄贞则只有俯首认罪的份儿，并打算禄贞认罪悔过后，再对他名正言顺地加以惩治，以为大逆不道者戒。哪知禄贞昂然进前，了无畏惧之色，只等张说了一句：'我派你去日本留学，你却胆大妄为，干得好事！'禄贞即侃侃痛陈世界大势，及列强必欲亡我的种种侵略阴谋与野心；日本明治维新后的各种重大改革与成就以及我国应锐意改革，方能救亡图存的道理。口若悬河，滔滔不绝，头头是道，理直气壮。张之洞越听越出神，不住点头称是，最后不禁失声叫好，连说：'奇才！奇才！'本是奉命坐在一旁的梁鼎芬，也不禁高声附和，连赞：'真是奇才！真是奇才！'便立身拱手，对张之洞大献殷勤说：'督帅提倡兴学，煞费苦心，今日得此奇才，请受卑职一贺。'……（在门口的张彪一见此情形）进入客厅，向着张之洞施礼讨好说：'标下军中，正是缺少人才，就请督帅把这位'奇才'，赏给标下使用！'张之洞含笑点头，表示同意。张彪称谢之后，就拉着禄贞一起，退了出来，并请他一起上马车，亲自把他送回了家。从第二天起，一份接着又一份的委扎，雪片似的向禄贞身边飞来，'将弁学堂总教习''护军全军总教习''武备学堂会办''学务处会办'等等头衔，旬日之内，加官不下十次。阶下囚一变而为座上客，一时轰动了武汉三镇，街头巷尾，传为美谈。"（见吴忠亚《吴禄贞的一生》）

张难先在《湖北革命知之录·庚子甲辰间鄂人思想之演进》中记载："吴禄贞回鄂，之洞以大通之事，禁锢于将弁学堂，历三日，招之严加训斥；岂料禄贞口如悬河，慷慨论天下事，为南皮倾倒，突失声曰：'奇才！奇才！'即派充学务处会办、营务处帮办，将弁学堂、护军全军总教习，武普通学堂会办。旬日之间，阶下囚忽变为席上珍。是当日之官吏，亦无形为之屈服矣。禄贞既恢复自由，寓水陆街十三号，学生志士，争愿一亲风采，而领取其新智识。江汉士风，为之一变。"（见《张难先集》，第50页）

案：湖广总督张之洞之所以未惩处吴禄贞，主要原因有二：其一，时过境迁，此时湖北编练新军急需现代军事人才，他希望吴禄贞能改过自新，知恩图报，为己所用。其二，此前，留日陆军士官生的学生监督、日本人福岛爱惜人才，曾向张之洞说情："禄贞练习成材，弃之可惜。公如不用，吾将留归日本籍。如用之，不得借故杀害。"（见刘体智《异辞录》卷4，中华书局1988年版，第245页）故张之洞宽免了吴禄贞，并予以重用。

于是，吴禄贞自此与梁鼎芬、张彪这些张之洞的心腹属下成为同僚。

吴禄贞先后执教于各学堂及各营队军官军士讲习班，并利用其职务上的便利，开始秘密在湖北军、学界开展民主思想的宣传，培养革命骨干。

吴忠亚曾回忆说："先三叔志不在官，但对于'总教习'之类的头衔，却大感兴趣，正好以此为护身符，深入各军事学校和军队，接触青年群众，开展革命宣传活动。这种合法身份，既为他广泛结交革命志士，大开了方便之门；也为一些青年知识分子，同他这个著名的'大通叛逆者'，公开往来联系，扫除了障碍，打破了顾虑。"（见吴忠亚《吴禄贞的一生》）

案：梁鼎芬和张彪可谓张之洞的左膀右臂。梁鼎芬（1859—1919），字星海，一字心海，又字伯烈，号节庵，又号夕庵，别号不回山民、藏山、夕厂、冬厂、病翁、葵霜、鹿翁、清士、痛夫等，室名有耻堂、葵霜阁、栖凤楼、抗愤堂等，世称"节庵先生"。光绪六年（1880年）进士，授翰林院编修，历官知州、知府、道员、按察使、布政使等。甲午战争时期，因弹劾李鸿章误国，被朝廷降五级调用，名震朝野。后受张之洞聘，先后主讲广雅书院、钟山书院和两湖书院。后重新起用，出任湖北汉阳、武昌知府、湖北按察使。辛亥革命后，以遗老自居，被废帝溥仪召为毓庆宫行走，成为帝师。1917年曾参与张勋复辟。卒后谥"文忠"。工诗词，善书法。著有《梁节庵先生诗》《欸红楼词》（一卷）等。

张彪（1861—1927），字虎臣，山西榆次人。少家贫，后投军入伍，因武功出众，办事踏实，被张之洞拔为随身侍卫，颇受宠信。后历任巡捕、巡防哨官、湖广督标中军副将等职。1906年升任四川松潘镇总兵。1908年授湖北提督，总办湖北讲武学。1911年升任为湖北新军第八镇统制。然甚贪腐，每逢生日嫁娶，必向属官索礼，又贪污军费百余万两。而以搜刮所得在武昌大东门外、保安门外、文昌门内等处广置房地产。曾残酷镇压革命党人和罢工工人。武昌起义后，他拥兵顽抗。在第八镇司令部被攻破后，又率残军在汉口刘家庙一带抗击民军。南北议和，卸职赴日本。次年回国，被政府聘为高等顾问，授陆军中将衔，从此居住天津，并在日租界地置田二十亩，修建花园住宅，取名"张园"。去世时，废帝溥仪曾前来祭奠。

四月初四日（5月11日），上海耶松船厂工人举行罢工，要求增加工资。

四月间，湖广改两湖书院为两湖大学堂，自强学堂为文普通中学堂，经心书院为勤成学堂；又改武备学堂、防营将弁学堂为武高等学堂，又设武普通中学堂；又创建湖北师范学堂及高等小学堂五所；又将农务学堂移至武胜门外，于工艺学堂增设工厂，增设方言学堂、仕学院等；另设立学务处管理全省学务。

同月，上海商人成立上海商业会议公所，后改称上海总商会。

同月，黄兴①、李书城②将赴日留学，偕好友周维桢、程家柽前来看望吴禄贞。吴禄贞遂建议他们：到日本后不仅要学文，而且要习武，以适应革命的需要。

五月初二日（6月7日），山西巡抚岑春煊在太原开办山西大学堂。

五月初四日（6月9日），朝廷实授袁世凯为直隶总督兼北洋大臣。

五月十七日（6月22日），中、英订立《上海会审公廨合同》。

五月间，湖北省城警察正式创立；湖广考选优秀学子五十人赴日留学（其中师范学生三十人，警察弁目二十人）。

五月间，在母亲彭老夫人的一再催促下，吴禄贞请假回乡与自幼订亲（即娃娃亲）的云梦县北乡老景村的名门淑女景静淑完婚。成婚后，吴禄贞遂将一家人接至省城，就寓居在武昌水陆街十三号。

吴禄贞凭借自己的身份，深入军、学界，积极开展革命活动。每天晚上，其居所也成为进步青年和革命党人秘密聚会的场所。

---

① 黄兴(1874—1916)，原名轸，字廑午，号杞园，又号克强，湖南善化人。早年入城南书院读书，曾中秀才。后保送进两湖书院学习。1902年赴日留学，入东京弘文学院。与杨笃生等创办《游学译编》杂志。次年参加拒俄义勇队，不久回国策动反清革命。1904年与陈天华、宋教仁等在长沙成立华兴会。同年发动长沙起义失败，复逃往日本。1905年协助孙中山创立中国同盟会。1907年起，参与领导或直接领导多次反清起义。武昌首义爆发后，赶赴武昌，被推为湘鄂革命军战时总司令，指挥对清军作战。南京临时政府成立，任陆军总长。临时政府北迁后，任南京留守。1913年协助孙中山发动“二次革命”，出任讨袁军总司令。失败后流亡日本。1914年与孙中山意见分歧，出走美国，揭露袁世凯帝制野心。1916年7月回国，与孙中山重新和好。同年10月31日在上海病逝。遗著编为《黄兴集》。

② 李书城(1882—1965)，字晓圆，又作小渊、筱垣，湖北潜江人。小随父读，少时中秀才。后入武昌经心书院深造。1902年赴日留学，先后入东京弘文学院、振武学校、陆军士官学校学习。参与创办《湖北学生界》，协助孙中山创立中国同盟会，积极宣传民主革命思想。1911年回国，任汉阳总司令部参谋长。民国成立，任总统府军事秘书。临时政府北迁后，任南京留守府总参议。袁世凯窃国后，随黄兴逃亡日本和美国。1916年回国。曾任北京摄政内阁陆军部总长，北伐军总司令部顾问，山西冯阎讨蒋军顾问。1932年先后任湖北省建设厅、民政厅长。抗战时期，出任湖北通志馆馆长。1948年始，奔走两湖和河南，呼吁停止内战，主张民主建国。1949年9月，赴京出席中国人民政治协商会议第一届全体会议。1949年后，曾任农业部部长、全国人大常委会委员、全国政协常委会委员。1965年8月6日在北京逝世。

吴忠亚曾回忆说：早在吴禄贞“回国之前，人们对大通起义，就已有了多种神话式的传说。简直被描绘成了三头六臂式的传奇人物，而为人们所向往。及至回国之后，又因‘将弁’之囚，‘奇才’之誉，而更加增添了他的传奇色彩。一些富于好奇心的年轻人，皆争欲一睹风采，听他讲述革命故事和救国道理。所以，当时他的武昌水陆街十三号寓所，就成了青年们衷心向往的地方，和经常聚会、畅谈革命的场所。湖北辛亥革命前辈李书城、耿伯钊、朱和中、刘静庵等人，就都是其中的积极分子”（见吴忠亚《吴禄贞的一生》）。

六月二十二日（7 月 26 日），上谕：“湖广总督张之洞着兼充督办商务大臣。”

七月十三日（8 月 16 日），各国会议议定中国关税税率。

八月十二日（9 月 13 日），日本设立湖南汽船会社，行驶于汉口至长沙、常德间。

八月二十八日（9 月 29 日），英国商人成立英美烟公司，相继在中国的上海、汉口、沈阳、哈尔滨等地设立烟厂。

九月初五日（10 月 6 日），两江总督刘坤一逝于任上，年七十三岁，追封一等男爵，赠太傅，谥“忠诚”。

九月初六日（10 月 7 日），上谕：“两江总督着张之洞署理，迅速赴任。”

九月十六日（10 月 17 日），朝廷下旨：各省须仿袁世凯制定警务章程，办理巡警。

九月二十一（10 月 22 日），湖广总督兼署两江总督张之洞上书奏保经济特科人才十六人（其中已服官者六人，由学堂出身者十人）。

十月初二日（11 月 1 日），张之洞交卸完湖广总督篆务后，即乘“楚材”轮船启行。

十月初六日（11 月 5 日），张之洞抵达江宁，暂以钟山书院为行馆。

十月初九日（11 月 8 日），张之洞接署两江总督篆务，循例兼署两淮盐政、钦差通商大臣篆务。

十月十七日（11 月 16 日），上海南洋公学学生发动学潮，二百余人退学；中国教育会在泥城桥福源里成立爱国学社，蔡元培为总理，章炳麟、黄炎培等为教员，专门接收从日本归来的留学生和上海、南京等地退学的学生。

十月二十五日（11 月 24 日），湖南留日学生杨笃生、黄兴、樊锥等在日本东京创办《游学译编》（月刊），鼓吹反清的民族主义思想。

十一月初九日（12 月 8 日），朝廷下旨：命云贵总督魏光焘为两江总督，署理两江总督张之洞仍回湖广总督本任。

十一月十八日（12 月 17 日），京师大学堂正式开学。

十一月间，吴祐贞、蓝天蔚、耿觐文、良弼等日本东京陆军士官学校第二期留学生毕业回到国内。

当第二期湖北留日武备学生毕业归国途经上海时，购置有幻灯机携带回武汉；吴禄贞等人遂借用现代传播技术，扩散时代思潮："时功璧管理机片，耿觐文（伯钊）说明，间参以讲解，吴禄贞、刘伯刚、金华祝、余德元等常往讲演者也。凡片中涉及世界民族运动与被压迫情事，必尽量发挥。此片在各处放演，往观者甚众，于激发思潮，亦颇有效。"①

是年内，吴禄贞在积极宣传民主革命思想、秘密联络革命同志的同时，特别注重和充分利用自己的身份，介绍那些具有革命思想的青年读书人进入军队当兵，以提高军人的整体文化素质，使得湖北"秀才当兵"成了一种风气。

吴忠亚曾回忆说："'好铁不打钉，好男不当兵'的传统旧说，在当时是颇为流行的。为了冲破这种思想障碍，他（案：指吴禄贞）一面现身说法，深入动员其身边的一些青年志士，如朱和中等人，为之多方物色人材；一面更利用其特殊地位，为知识分子入营，创造有利条件。当时，湖北新军中，自统制张彪以下的各级军官，咸皆震于张之洞的'奇才'之誉，争相望风承旨，对他敬若神明，奉若导师。只要他随便开张条子，介绍人入营，他们皆无不奉命惟谨，更无不另眼相看。如当时一些军官，对由他介绍入营当兵的知识分子，都尊称为'先生'，而不敢视同一般兵卒。甚至，连下操上课，也都悉听'尊便'，不加勉强。是以风声所播，一般青年知识分子，皆趋之若骛，争以能得他介绍，入营当兵为荣。一时，像这样不在招兵期间，而由他开张条子，得以破格入营者，达数十之众。由于他们这些人都是革命知识青年，入营后又受到各种优待，得以自由开展革命活动，扩大影响，所以很快就在湖北新军中，形成为革命骨干力量。后来，科学补习所、日和会等重要革命团体的组织者和领导者，如刘静庵、胡

① 李廉方:《辛亥武昌首义纪》,湖北通志馆编印,1947 年,第 4 页;耿觐文:《革命先烈吴禄贞先生略史及其遗笔》,辛亥首义同志会编《辛亥首义史迹》,武汉日报印务部 1946 年刊本,第 19 页。

瑛、张难先等人，就都是其中的著名人物。而更为重要的，则是他们的这种带头行动，有力地冲破了读书人鄙视当兵的旧传统。‘秀才当兵’蔚成风气。”（见吴忠亚《吴禄贞的一生》）

是年，在湖北新军中当兵的王保民与吴禄贞结识，成为好友，并受其思想影响而倾向革命。

王保民在《吴禄贞首先参加革命的见闻录记》中回忆说：“他在湖北教新军时，（我）曾经受其训练，并灌输革命思想。”①

光绪二十九年癸卯（1903年） 二十四岁

正月初一日（1月29日），湖北留日学生同乡会的刘成禺、李书城、张继煦、李廉方等人在日本东京创办《湖北学生界》（月刊，从第六期起改名《汉声》），以“输入东西之学说，唤起国民之精神”为宗旨，宣传民主革命思想。吴禄贞为湖北学生界社的名誉赞成员，并“捐洋二十元”；湖北学生界社曾发表启事致谢：“本社倡办伊始，荷蒙内地诸君热心赞助，惠寄多金，谨此志谢。”②

案：吴禄贞通过湖北同乡会创办的《湖北学生界》月刊，继续保持着与日本留学生群体的密切联系。

年初，为了进一步广泛地组织社会力量，吴禄贞又在武汉“组织德安府各属同乡会，自为会长”③，由耿觐文（伯钊）任文书。

二月二十二日（3月20日），张之洞交卸两江总督篆务，仍回湖广总督本任。

三月初一日（3月29日），张之洞一行抵达武昌湖广总督府。

三月十一日（4月8日），沙俄交还辽宁的营口到期，却拒不履约撤兵。

同日，中国女留学生胡彬夏等在日本东京成立共爱会，是中国第一个提倡“男女平权”的爱国妇女团体。

---

① 王保民：《吴禄贞首先参加革命的见闻录记》，《吴禄贞集》，华中师范大学出版社2011年版，第278页。

② 湖北学生界社：《本社名誉赞成员题名》，《湖北学生界》1903年第1期。

③ 耿觐文：《革命先烈吴禄贞先生略史及其遗笔》，辛亥首义同志会编《辛亥首义史迹》，武汉日报印务部1946年刊本，第19页。

三月二十一日（4月18日），沙俄驻华公使普拉嵩向清政府外务部提出七项新的要求，妄图永远控制中国东北三省，建立所谓“黄色俄罗斯”。

三月二十七日（4月24日），湖广总督张之洞奉旨北上觐见。

三月间，湖北留日学生李廉方①因参与创办《湖北学生界》月刊，宣传社会改革，被清政府勒令回国；回国后结识吴禄贞，并成为好友。

同月里，曹亚伯自日本返湖南新化，途经武昌时，曾特地前去看望、拜访好友吴禄贞及胡瑛。

四月初一日（4月27日），上海各界市民在张园召开拒俄大会，通电反对沙俄改约。

四月初三日（4月29日），日本东京的中国留学生五百余人集会，声讨沙俄侵占中国东北的罪行，并在会后组成拒俄义勇队。

四月初六日（5月2日），拒俄义勇队改名为“学生军”，参加者二百多人，主持人为蓝天蔚、黄兴等，准备回国抗击沙俄。

四月十五日（5月11日），留日学生黄兴、陈天华、钮永建、叶澜、秦毓鎏、蔡锷等人在东京成立军国民教育会。

四月中旬，吴禄贞见武昌水陆街十三号房子太小，且地处闹市，颇多不便，遂接受李廉方邀请，搬迁至武昌花园山孙森茂花园居住，仍时常邀集爱国知识青年至武昌花园山孙森茂花园（留日归国学生李廉方寓所）聚会，宣传民主革命思想。因吴禄贞留学较早，在日本时就加入了兴中会，现在又身任要职，自然成为众人所依的中心。于是，武昌花园山逐渐成为武昌革命党人的秘密机关。经吴禄贞的组织和宣传，“花园山聚会”的影响不断扩大，全国各地的仁人志士和留学归国的学生，也常慕名来到花园山聚会。主要成员有曹亚伯、冯特民、李书城、蓝天蔚、吕大森、朱和中、胡秉柯、时功壁、周维帧等人。

---

① 李廉方(1878—1959)，原名步青，字福廷，号莲舫，湖北京山人。幼聪慧，15岁中秀才。1896年入湖北经心书院读书。1902年5月赴日留学，入弘文学院师范部。1903年4月因参与创办《湖北学生界》，宣传社会改革，被清政府勒令回国。归国后，协助吴禄贞在其寓所秘密联络同志，宣传革命主张。同年底，被调任长沙明德学堂堂长等职。1906年调任两湖总师范学堂教员，因宣传革命思想，被调任安陆府初级师范学堂监督。武昌起义爆发，回武昌任都督府秘书。1912年出任襄阳卫戍司令。不久去职，任中华书局、商务印书馆编辑。1916年起，相继出任教育部视学主任、山西省教育厅厅长等职。抗战爆发，入川任国民参政会参政员。抗战胜利后回湖北，任湖北通志馆副馆长兼总纂。1949年后，历任中央文教委委员、中南教育部副部长、湖北省政府委员、湖北省政协副主席等职。

王保民曾回忆说：吴禄贞在公务之余，“联络武汉有志革命之士，在武昌花园山孙森茂花园李廉方（步青）寓所，与耿伯钊、方声扬、时功玖、刘道仁、王元烈、徐祝平、陈问淦等，经常秘密集会，宣传革命”（见王保民《吴禄贞首先参加革命的见闻录记》，《吴禄贞集》附录，第 276 页），培养革命骨干。

武昌花园山孙森茂花园的主人李廉方回忆说：“学界往来者颇多，凡以后留学东西各国者十之八九曾到是处。禄贞常由小朝街本寓至是处与朋友纵谈，尚无具体组织也。”①

武昌花园山聚会骨干成员之一的朱和中曾回忆说：花园山的聚会人员，“近至沪杭，远至东京，莫不与余等通声气”；“此外，各省志士之至武昌者，莫不赴花园山接洽，而各同志之在营校者，亦每星期来报告运动经过，及其发展之状况”②。

耿觐文是吴禄贞东京陆军士官学校的同学，又是德安府同乡，现在又都在武昌军界中任职，故过从甚密，成为挚友。吴禄贞组织的许多活动，他都积极参与了，对吴禄贞的为人处事非常敬佩，曾称其“气魄之雄伟，识见之高超，言论之透辟，态度之从容，胆量之巨大”，是癸卯年（1903 年）湖北唯一的革命领袖③。

案：耿觐文（1885—1957），字伯钊，湖北安陆人。早年至武昌求学，接受革命思想；后留学日本，入陆军士官学校骑兵科。1906 年加入同盟会，1908 年毕业回国，任南京讲武堂监督、北洋督练公所教练处帮办。1911 年参加辛亥革命。南京临时政府成立，任总统府军事秘书长兼陆军部顾问。“二次革命”失败后逃往日本，入早稻田大学攻读政治经济。1916 年回国任北京政府将军府将军。1926 年任国民革命军总司令部高等监督，参加北伐。1929 年 7 月任国民政府参军处参军，1932 年 6 月任鄂豫皖三省剿匪总部政务委员会委员兼政务处主任。1936 年 1 月任中将，抗战期间曾任军事委员会中将参议，抗战胜利后任武汉行辕中将参议。1949 年参与组织湖北人民和平促进会，维护武汉治安迎接武汉解放。1949 年后，任湖北省参事室主

① 李廉方:《辛亥武昌起义记》,湖北通志馆编印,1947 年,第 2 页。

② 朱和中:《革命思想在湖北的传播与党人活动》,武汉大学历史系中国近代史教研室编《辛亥革命在湖北史料选辑》,湖北人民出版社 1981 年版,第 532 页。

③ 耿觐文:《革命先烈吴禄贞先生略史及其遗笔》,辛亥首义同志会编《辛亥首义史迹》,武汉日报印务部 1946 年刊本,第 20 页。

任、民革湖北省委副主委、湖北省政协副主席等职。1957 年 8 月 26 日去世。

四月间，黄兴自日本归国，至花园山看望吴禄贞，向同仁们介绍了东京留学生成立“拒俄义勇队”的情况；并告诉各位同仁，他此次回国就是作为“运动员”，奉命和陈天华在国内开展革命活动的，今后可加强联系。

五月间，在吴禄贞等人支持下，黄兴在长沙创办日语学校——“东文讲习所”，作为宣传民主革命思想、联络同志的秘密机关之一。

同月里，根据革命活动的需要，“‘花园山聚会’进行粗略的分工：李步青、耿伯钊、万声扬常住机关，负责日常事务与对外联络，李书城秘密联系军队，孔庚主管革命书报的发行，李步青、朱和平、张荣楣等负责筹集经费”①。

闰五月二十日（7 月 14 日），东清铁路全线通车，正式开始营业。

闰五月二十五日（7 月 19 日），因在报刊上公布《中俄密约》的内容，揭露清政府卖国丑行，激起全国人民的反对；清政府十分恼火，在北京沈荩的寓所将其逮捕。

六月初八日（7 月 31 日），吴禄贞自立军起义时的战友沈荩在狱中被清廷杖毙。

案：沈荩（1872—1903），原名克诚，字愚溪，又作禹希，祖籍江苏吴县，随其祖到湖南，遂寄籍善化（今长沙县）。少好读书。1895 年参加“湘社”。1897 年，入湖北抚署任文案。戊戌变法时回湘，与谭嗣同、唐才常等相交，认为要革新湖南，非有一番破坏不能奏其功效。变法失败后，东渡日本留学。1900 年春，回到上海，与唐才常等共组正气会，后改名自立会，任干事，主持交通。不久至汉口，致力于自立军运动，被推为右军统领，驻湖北新堤。起义失败后，潜往上海、北京等地，继续从事反清活动。不久，任《天津日日新闻报》记者。1903 年因揭露《中俄密约》于报端，引发全国人民反对清政府卖国行为的斗争，被清政府逮捕，在刑部监狱折磨致死。

六月间，张之洞奉朝命会同张百熙、荣庆将现办大学堂章程一切事宜再行商订，并议订约束游学生、鼓励毕业生章程。

七月十六日（9 月 7 日），清政府设立商部，以载振为尚书，伍廷芳、陈璧为左、右侍郎。

---

① 王腊成：《吴禄贞与“武昌花园山聚会”》，《湖北文史资料》2001 年第 4 期。

八月十八日（10 月 8 日），《中美续议通商行船条约》在上海签字。

九月中旬，应长沙明德学堂监督胡元倓和主讲黄兴之邀，吴禄贞偕李书城、耿觐文一起前往湖南长沙小住。

在赴长沙之前，明德学堂监督胡元倓除聘黄兴主持明德学堂教务之外，“复聘吴绶卿禄贞教操”①；故吴禄贞此次来长沙，除参与黄兴的华兴会筹办事宜之外，还要到明德学堂进行教学活动。

胡元倓曾在《题黄克强先生遗墨》中说：黄兴主讲明德学堂，“邀张溥泉为历史教员，吴绶卿、李小原（书城）辈皆来湘小住”②。

案：胡元倓是中国近代著名的教育家。胡元倓（1872—1940），字子靖，号耐庵，晚年别署乐诚老人、磨血人。湖南湘潭人。出身书香世家，1897 年拔贡。1902 年赴日留学。入东京弘文学院速成师范科。次年归国，创办湖南明德学堂——近代湖南第一所私立新式学堂，培养人才甚众。1911 年东渡，任中国留日学生监督，同年底辞归。1912 年合明德、经正为一校。1913 年在北京设立明德大学，聘章士钊为校长，1916 年停办。1919 年复设明德大学于汉口。1920 年 5 月停办小学部，1926 年 8 月停办大学部，专办明德中学，成为全国名校。1929 年曾一度出任湖南大学校长。1938 年出任国民参政会参政员。同年因火灾烧毁校舍，遂将明德中学迁往湘乡县霞岭乡继续办学。抗战中，为发展教育而奔走于湘鄂川黔各地，后定居重庆。1940 年 11 月 24 日，病逝重庆寓所。著有《耐庵文集》4 卷。

九月十六日（11 月 4 日），吴禄贞、李书城、耿觐文会同黄兴、陈天华、宋教仁、刘揆一、章士钊、胡瑛、周震麟、张继、谭人凤等人在长沙保甲局巷举行秘密会议，商讨创建“华兴会”的相关事宜。

刘揆一后来曾在《黄兴传记》中回忆说：“公乃邀合吴禄贞、陈天华、杨守仁、龙璋、张继、宋教仁、秦毓鎏、周震麟、叶澜、徐佛苏、翁巩、章士钊、胡瑛、柳大任、张通典、谭人凤、王延祉、彭渊恂、萧翼鲲、柳继贞、彭邦栋、陈方度、何陶、肖望、朱子陶、任震、陈其殷、吴超澂及予弟道一等，创立‘华兴会’省垣连升街机关部，公被举为会长。”③

---

① 胡元倓：《黄黔阳遗诗抄跋》，黄忠浩撰《黄黔阳遗诗抄》，北京师范大学图书馆编《稀见清人别集丛刊》第 33 册，据醒园 1917 年石印本影印，广西师范大学出版社 2007 年版，第 463 页。

② 胡元倓：《题黄克强先生遗墨》，朱有瓛主编《中国近代学制史料》第 2 辑（上册），华东师范大学出版社 1987 年版，第 448 页。

③ 刘揆一：《黄兴传记》，饶怀民编《刘揆一集》，湖南人民出版社 2008 年版，第 107 页。

案："已是孙中山之友"的吴禄贞（见费正清《剑桥中国晚清史》下卷，中国社会科学出版社1985年版，第570页），此次在长沙与湖南革命志士相聚期间，不仅积极协助黄兴、陈天华、宋教仁等人筹建华兴会，而且还借机向黄兴等人推崇孙中山及其政治主张，为后来湖南革命志士结识并全力支持孙中山，携手共图革命大业做了铺垫（参见赵宗颇《吴禄贞与两湖革命》，《上海师范大学学报》1987年第2期）。

在长沙期间，吴禄贞与时任湖南巡防营中路巡防统领、明德学堂校董黄忠浩结识，且黄兴、黄忠浩与吴禄贞"三人者久谋开讲武堂，湖南遇阻而止"①。

其间，通过黄忠浩的介绍，吴禄贞曾专程前往拜访湖南巡抚赵尔巽，向其提出采用官督民办的方式来"发展工业、农业、交通及普及教育等事项"，将湖南建设成为一个富强的省份，使湖南成为"中国复兴的一个重要堡垒"②。

耿觐文曾回忆吴、赵见面的情景说："（禄贞）纵谈满洲亲贵之误国，非革命必遭列强瓜分，中国必之。赵氏识见开通，虽闻所未闻，亦叹为救时之言。畅谈四小时辞出，辕门外已雪厚数寸。赵氏临别，执手依依言曰：'与君一夕话，胜读十年书。'犹竭力挽留吴先生明年来湘，开办随营学堂。"③

案：赵尔巽（1844—1927），字公镶，号次珊，一说字次珊，号无补，奉天铁岭（今辽宁铁岭市）人，一说山东莱州人，隶汉军正蓝旗。同治十三年（1874年）进士及第，授翰林院编修。后历任福建道、广东道监察御史，贵州石阡府、贵阳府知府，安徽、陕西省按察使，甘肃、新疆、山西布政使，护理陕西巡抚、湖南巡抚、民政部尚书、天京将军、江西总督、四川总督等职。宣统三年（1911年）出任东三省总督。武昌起义后，在奉天（今沈阳）成立保安会，阻扰辛亥革命。民国成立，任奉天都督，不久辞职。民国三年（1914年），出任清史馆总裁，主编《清史稿》。袁世凯称帝时，被

① 胡元倓：《黄黔阳遗诗抄跋》，黄忠浩撰《黄黔阳遗诗抄》，北京师范大学图书馆编《稀见清人别集丛刊》第33册，据醒园1917年石印本影印，广西师范大学出版社2007年版，第463页。

② 李书城：《我对吴禄贞的片段回忆》，中国人民政治协商会议全国委员会文史资料委员会编《辛亥革命回忆录》第5集，中华书局1953年版，第450页。

③ 耿觐文：《革命先烈吴禄贞先生略史及其遗笔》，辛亥首义同志会编《辛亥首义史迹》，武汉日报印务部1946年刊本，第20页。

尊为“嵩山四友”之一。民国十四年（1925年），段祺瑞执政期间，出任善后会议议长、临时参议院议长。时人尊其为“次帅”“赵次帅”“赵制军”。民国十六年（1927年）去世，享年83岁。著有《刑案新编》《赵留守攻略》等。

十月十六日（12月4日），清政府设立“总理练兵处”，任命庆亲王奕劻为总理大臣，袁世凯为会办大臣，铁良为帮办大臣。练兵处下设军政、军令、军学三司，负责考察、督练全国新军，统一制定有关规章法令。

案：军政司下辖考工、法律、医务、粮饷和器械等科，军令司下辖运筹、向导、测绘、储材等科，军学司下辖训练、教育、编译、水师等科。各省相应设置督练公所，督办一职多由各省督抚兼任。所属兵备处、参谋处、教练处各置总办一员，具体主持各项军务。

十月中下旬，吴禄贞告别诸位友朋，自湖南长沙回到湖北省城武昌。

十月二十二日（12月10日），英印政府派荣赫鹏和麦克唐纳（General Macdonald）率领三千侵略军进犯中国的西藏地区。

十月二十七日（12月15日），蔡元培、王小徐等人在上海组织“对俄同志会”，发行《俄事警闻》报纸，后改名为《警钟日报》，揭露俄国军队在东北的暴行。

十月下旬，黄兴弟子、长沙经正学堂学生胡瑛①，结党暗杀湖南乡绅王先谦未遂，被开除学籍，经黄兴介绍前来武昌吴禄贞处躲避，二人结识；不久，介绍其入工程营当兵。

张难先在《胡瑛传》中记载：“黄克强与胡元倓办经正学校，瑛肄业于其间，闻克强绪余，矢志革命。大吏将捕之，克强介避于武昌吴禄贞处，识难先，商组革命机关于多宝寺街，名曰‘科学补习所’。同入工程营运动军队。”（见《湖北革命知之录·胡瑛传》，《张难先集》，第59页）

其间，吴禄贞与自潜江来汉的革命志士刘大雄（即刘静庵）结识，听说

---

① 胡瑛（1886—1933），原名祖懋，字敬吾，后改名瑛，字经武，号宗琬。祖籍浙江绍兴，父候补湖南，遂迁居桃源。1898年赴长沙求学。1903年入经正学堂，黄兴弟子。同年冬刺杀劣绅王先谦未遂，逃避武昌，不久入工程营当兵。参与组建科学补习所。1904年与王汉等刺杀铁良未遂，赴日留学，入早稻田大学。1905年参加同盟会，被推为评议员。1906年奉命回国参加萍浏醴起义，至武昌，与张难先同时被捕。武昌起义爆发，获释。旋与詹大悲等组织汉口军政分府，任外事部部长。不久，以湖北军政府都督名义参加南北议和。1912年被任命为山东都督。袁世凯篡权，辞都督职。1915年与杨度等成立筹安会，为袁世凯复辟帝制效劳。后曾参加护法战争、北伐战争。1933年病逝南京。遗著编为《胡都督选集》。

他愿意投笔从戎，遂介绍他进入新军当兵。

十一月二十五日（1904 年 1 月 12 日），张之洞会同管学大臣奏进重订学堂章程，并请专设学务大臣，奖励职官游历、游学，酌定新进士入馆办法，试办递减科举。

十二月二十一日（1904 年 2 月 6 日），日本舰队袭击沙俄占领下的旅顺口，争夺中国东北的日俄战争爆发。

十二月二十五日（1904 年 2 月 10 日），日、俄双方正式宣战。

十二月二十七日（1904 年 2 月 12 日），清政府外务部宣布：日、俄开战，中国严守中立。

案：日本和沙俄两个帝国主义国家为争夺中国的地盘，在中国的土地上爆发战争，而清政府却出来宣称自己保持“中立”，可谓千古奇谈。由此亦可见出清政府的腐朽透顶。

十二月三十日（2 月 25 日），应黄兴等人邀请，吴禄贞再次来到长沙，出席了在明德学堂校董龙璋西园住宅召开的华兴会成立大会。

案：龙璋（1854—1918），字砚仙，号甓勤斋主人，晚号潜叟，湖南攸县人。出身世家，陶澍的孙女婿，左宗棠的外孙女婿，谭嗣同的亲家。父亲龙汝霖，举人出身，曾在山西、江西等地任知县，官至知州。叔父龙湛霖为晚清翰林，刑部侍郎。龙璋为光绪年间举人，历任江苏如皋、沭阳、上元、泰兴、江宁等地知县及候补道；其间结识黄兴、蔡锷、宋教仁、杨笃生、章士钊等辛亥革命志士，暗中资助革命，前后达 20 多万银元。1907 年在湖南办实业，曾任湖南总商会会长。参与领导湖南辛亥革命。民国成立，出任湖南第一任民政长、湖南西路巡按使、中国国民党湖南支部评议长。后参与二次革命、护国运动，遭袁世凯通缉，流亡沪上三年。1916 年回湘，参与领导驱逐汤芗铭活动，曾出任湖南省省长。1918 年军阀张敬尧寇湘，忧愤去世。

会后，吴禄贞又与黄兴等人共同制订了起义计划，决定于是年十月十日慈禧太后七十寿诞之日，在长沙、湘东等地同时起义，湖北负责做好策应工作。

其间，吴禄贞曾多次与时在湖南武备学堂任教的堂兄、同学吴祺贞①

---

① 吴祺贞(1878—1958)，湖北云梦人。吴禄贞堂兄。1896 年与吴禄贞同入湖北工程营当兵。后转入湖南新军陈其彩部任下级军官。1914 年退伍带全家回云梦老家居住。1921 年带全家寓居武汉。1938 年随儿子忠亚去四川，居万县。后因战事与家人辗转衡阳、长沙、武汉等地。1949 年回云梦居住。1951 年随儿子忠亚定居武汉。1958 年在武汉家中病逝。

相聚。

此时，由于时任练兵处军学司编译科监督、原日本东京陆军士官学校同学、旗人良弼的举荐，吴禄贞已接到朝廷来电征召，要调他去练兵处任职，但是去还是不去，他还没有拿定主意；他总觉得“为清廷练兵，无异助敌为力，赠盗以粮”。黄兴等人听说后，一致认为此事是好事，都劝说吴禄贞应该去：“不入虎穴，焉得虎子。君受当道器重，与其在外无所建树，不如投身其中，假与周旋，暗中结交志士，待机行动，将来如果成事，将不可估计。”（见《吴禄贞》，《吴禄贞集》附录，第265页）听友朋们如此一说，吴禄贞才下决心北上就职。

吴忠亚曾回忆说：“先父（案：指吴祺贞）曾对我追述这段情况说：他（指先三叔）应黄兴邀前往长沙时，我（先父自谓）已先期调长沙，任教于湖南武备学堂，得时至其住所探访。黄兴等人前来晤谈时，我亦每皆在座，彼等亦皆称我为‘二哥’，不稍回避。他得此北京征调电后，初时不欲应调。我则私心认为：此番突被征调，吉凶莫卜，亦以不去为然。而友人之劝其乘机入京者居多，尤以黄兴劝说为最力。那天黄兴来访，我适早在座中，听到黄反复强调，北京地位重要，势在必争，机不可失。并谓：‘今后湘、鄂之事，我自任之。北方之事，赖兄主之。来日南、北呼应，成功可期。兄此际决然投身虎穴之壮举，亦必将永为不朽！’言时意态庄重恳切，感人至深。”（见吴忠亚《吴禄贞的一生》）

于是，长沙的好友们又重新设宴欢聚，提前为吴禄贞北上饯行。

是年，以吴禄贞的关系，时在湖北工程营任哨官的堂兄吴祺贞，调至湖南武备学堂担任教官。

是年，吴禄贞在公务之余，又充分利用自己的身份，与“吕大森、朱和中等在武昌印行《猛回头》《革命军》《警世钟》《黄帝魂》等革命书籍，散发军学各界，播下革命种子，由是湖北的革命青年都深深地受到影响，倾向革命”（见王保民《吴禄贞首先参加革命的见闻录记》，《吴禄贞集》附录，第276页）。

国民党中央党史史料编纂委员会所编之《吴禄贞》中亦记载：吴禄贞“在武昌花园山天主教堂设秘密机关，联络各地同志，互通声气。此外则派遣同志投入清军，造成革命势力；运动会党造成各地社会力量；翻印《猛回头》《警世钟》《黄帝魂》各种书籍，易名为《寓言》《群学肄言》等名称，散布到军学各界，用作宣传。那时武昌学生，因受清廷对俄外交失败的刺激，都存排满革命的思想，因之陆续加入花园山组织的人，非常踊跃”

（见《吴禄贞集》附录，第 264 页）。

是年，吴禄贞与留学日本东京弘文书院的进步青年、湖北同乡、回国有事的程明超结交，并成为挚友。

王保民在《吴禄贞首先参加革命的见闻录记》中曾记载老同学程明超对他说："余以吴订交在 1903 年癸卯，以文字之介绍抵掌高谈，恨相知之晚也。"（见《吴禄贞集》附录，第 277 页）

光绪三十年甲辰(1904 年)　二十五岁

年初，吴禄贞仍在鄂担任学务处会办、营务处帮办、将弁学堂、护军全军总教习、武普通学堂会办等职。

正月十四日（2 月 29 日），四川总督锡良奏设川汉铁路公司。

正月中旬，吴禄贞处理完相关事宜，遂告别长沙诸位好友，又回到湖北省城武昌。

吴禄贞在返回武昌之前，堂兄吴祺贞又去看望他，还是为他去练兵处担心害怕，劝他再慎重考虑考虑；然吴禄贞心意已决，且已将生死置之度外。

吴祺贞后来回忆说："第二天，我再去看他时，他就断然对我说：'这两天，大家对我说的这些话，二哥都是听到了的。大义当前，我已决定就要只身入京了。武昌家中，请二哥就近照顾！'我听了心头一怔，埋藏在心底的话，也就冲口而出：'大通旧案，北京未必毫无所闻，此番召你入京，也未必全是好意。你应慎重考虑，三思而行！'他马上对我忿然作色说：'我早已许身革命，把个人生死利害置之度外。大家说得好，不入虎穴，焉得虎子？我今天就是明知山有虎，偏向虎山行。为了革命，投身虎穴，我觉完全应当，义无反顾，你就不用为我担心害怕了！'我不好再往下说，只得黯然走开。过了两天，他就离开长沙，经武昌束装入京了。"（见吴忠亚《吴禄贞的一生》）

吴禄贞回到武昌后，见好友李书城之弟李汉俊聪慧好学，年少志高，就积极鼓励他赴日留学；当赴日事情办好后，又慷慨解囊，"帮助他的旅费和学费"①。

案：李汉俊（1890—1927），原名书诗，又名人杰，号汉俊，湖北潜江人。1904 年赴日，入东京帝国大学，年仅 14 岁（虚岁 15）。留日期间受日

① 李书城：《我对吴禄贞的片段回忆》，中国人民政治协商会议全国委员会文史资料委员会编《辛亥革命回忆录》第 5 集，中华书局 1953 年版，第 451 页。

本著名马克思主义经济学家河上肇的影响，开始信仰马克思主义。其通晓日、德、英、法四国语言，十分勤奋地学习马克思原著，并用以指导解决中国的实际问题。1918 年回国，在从事翻译和撰写工作之余，积极参与中国共产党的创建活动，为中共一大代表。1927 年被反动军阀杀害。

二月三十日（4 月 15 日），吴禄贞的长女吴忠华在武昌寓所出生。

三月下旬，吴禄贞安顿好母亲、家小，遂奉调入京，就任署理练兵处军学司训练科马队监督。

临行那天，在武昌的刘静庵、吕大森①、宋教仁②等好友前来为他送行，大家都依依不舍；吴禄贞反复叮嘱大家：花园山的秘密联络点可能已被官府的暗哨盯梢，可以关闭它，大家可分散隐蔽，建立新的组织和秘密联络点；两湖有什么事，可多与黄兴商议，亦可继续与自己联系。

三月间，张之洞一行赴江宁与两江总督会商江南制造局移建新厂事宜。

同月，张之洞札令湖北学务处设立湖北师范传习所，以陈曾寿为监督，杜宗预、徐毓华为正、副提调。

四月二十二日（6 月 5 日），张之洞一行自江南返抵湖北省城武昌；因端方已调任署理两江总督，朝命湖广总督张之洞兼署湖北巡抚。

---

① 吕大森(1881—1930)，字槐廷，号怀天，土家族，湖北建始人。幼聪慧好学，1897 年考取秀才，同年入湖北武备学堂学习，受民主思潮影响，走上革命道路。得悉《中俄密约》签订，发动学生数百人集会，发表演讲，斥责清政府丧权辱国。1904 年与刘静庵等创设革命团体“科学补习所”，被推为所长。同年谋与黄兴同时起义，失败后逃匿深山，秘密从事反清活动。武昌起义后，赴烟台，协助山东都督胡瑛处理军务。1913 年赴上海发动反袁斗争，被捕入狱，袁死后方才出狱。1920 年因参加“靖国军”，又被捕入狱，后以服丧保释出狱。1922 年以参加驱逐军阀、湖北督军王占元活动再次被捕入狱，至王占元革职后始出狱。1927 年赴安庆养病。1930 年至浙江，同年病逝杭州西湖。

② 宋教仁(1882—1913)，字遁初，又作钝初，号渔父。湖南桃源人。1899 年入漳江书院学习，喜政治、法律、地理等学。1903 年入武昌文普通中学堂，受吴禄贞等人影响，倾向革命。1904 年起，先后与黄兴、刘揆一等发起成立“华兴会”，与吕大森、刘静庵等组织“科学补习所”。密谋在长沙发动武装起义失败后，逃亡日本，相继入东京法政大学和早稻田大学，钻研西方资产阶级政治学说。自 1905 年起，积极参加同盟会等革命团体，宣传革命思想，组织反清起义。1911 年与谭人凤、陈其美等人在上海同盟会中部总会。武昌起义爆发，赴武昌协助湖北军政府办理外交。南京临时政府成立，任法制院院长。临时政府北迁后，出任农林总长。旋辞职，协助孙中山将同盟会改为国民党，任代理理事长；主张成立责任内阁，反对袁世凯专权，并赴各地进行竞选演说。1913 年 3 月 20 日，被袁世凯派人暗杀，22 日逝世。遗著编为《宋教仁集》。

四月间，根据吴禄贞临行前的建议[①]，第八镇工程营的朱元成、陈从新、雷天壮、陈教懋、毛复旦、李胜美与学界的吕大森、欧阳瑞骅、曹亚伯、时功璧、康建唐等人，在武昌斗级营同庆酒楼宴集，商议筹组革命机关“科学补习所”的相关事宜，共推吕大森起草章程。

五月十八日（7月1日），湖南长沙正式对外开埠。

五月二十日（7月3日），吕大森、刘静庵、曹亚伯、胡瑛、张难先等人以“革命排满”为宗旨，在武昌多宝寺街（后迁至武昌魏家巷一号）正式成立科学补习所（后改名日知会）。推吕大森为所长（吕大森只肯任代理所长，而将所长之位留给吴禄贞），胡瑛为总干事，时功璧、宋教仁、曹亚伯、唐廷枢分任财政、文书、宣传、庶务等职；吴禄贞人在北京，未能出席，但寄赠有数十银两作为组织经费。

王保民在《吴禄贞首先参加革命的见闻录记》中记载说：“是年六月（案：78岁时回忆，时间稍误），成立科学补习所（即日知会前身），以多宝寺为所址，推吴禄贞为所长，并以吕大森为代所长，胡瑛为总干事，时功璧任财政，宋教仁任文书，曹亚伯任宣传，唐廷枢任庶务。”（见《吴禄贞集》附录，第276页）

李书城在《我对吴禄贞的片段回忆》中回忆说：吕大森、刘静庵、曹亚伯、胡瑛、张难先等“办科学补习所运动革命，吴禄贞曾捐银数十两作该所的经费”[②]。

五月二十三日（7月6日），英国侵略军攻占西藏江孜（今日喀则市江孜县）。

吴禄贞是怀着崇高理想和满腔热情北上入京就职的，可任职一段时间后，就感到极为无聊和悲愤。

吴忠亚曾回忆说：“他在初任监督时，也以为真能就此练得一支骑兵劲旅，为祖国保边疆，为革命效驰驱，故也颇为得意。但不料腐朽的清政府，徒尚练兵之名，不务练兵之实，更不愿假他以兵权。他们把他关在办公室里，要他整天埋首伏案，编审‘骑兵操典’之类的东西，而不让他有半点机会接触实际。他所一再提出的各种切实可行的练兵方案，皆被束之高阁，成为纸上谈兵。所谓‘全国骑兵监督’，竟是这样高高在上，两手空

① 王腊成：《吴禄贞与“武昌花园山聚会”》，《湖北文史资料》2001年第4期。

② 李书城：《我对吴禄贞的片段回忆》，中国人民政治协商会议全国委员会文史资料委员会编《辛亥革命回忆录》第5集，中华书局1953年版，第451页。

空，甚至连一兵一骑的影子也不能见到。要是一心只想做官的人，倒也落得清闲自在，养尊处优，而泰然引以为得计。但他是个满腔烈火，志切救国，特别是为了欲得虎子，才不惜投身虎穴而来的人，对此徒居高位，坐食厚禄，而不能实际有所作为的生活，就不能一日相安”；真可谓“壮怀莫展，咄咄书空”（见吴忠亚《吴禄贞的一生》）。

其间，吴禄贞曾写信给堂兄吴祺贞抒发其心中的愤懑说：“悔不听二哥之言，贸然北上。入京后，名居高位，实违初愿。日以宝贵光阴，虚掷于书牍之中，周旋于亲贵之间，酒酣耳热，每皆以不入耳之言，来相劝趋奉，亦实徒增感慨。盖人皆羡我用正所学，青云独步，我则视同处身囚笼，不可终日。三十功名尘土耳！髀肉已生，奈何奈何！翘首楚天，犹觉神驰，更不知何日始得插翅南飞也！”吴忠亚回忆说：“先父在世时，对他的这封亲笔信，视同拱璧，从不肯轻以示人，我更奉为家宝，什袭珍藏，从不敢等闲置之，八年离乱，行装尽弃，此宝独未尝一日或失。然终不能幸免于十年浩劫之一炬，追怀先泽，痛心曷极！”（见吴忠亚《吴禄贞的一生》）

案：此信函无头无尾，是凭作者记忆写出，其中颇多语句与已收入《吴禄贞集》中的《致戢卿二哥函》的语句类似。

六月二十二日（8月3日），英国侵略军攻占西藏拉萨，达赖十三世在俄国间谍德尔智的裹挟下，出走库伦（今蒙古都城乌兰巴托），意欲投奔沙俄，被清政府驻库伦大臣阻止。

六月间，黄兴自上海回湖南，途经湖北省城武昌，前来与科学补习所的同志相会；科学补习所的同志遂相聚开会欢迎黄兴，并向黄兴禀告了响应湖南长沙起义的组织准备情况。

七月二十八日（9月7日），英国侵略军头目荣赫鹏在布达拉宫强迫西藏三大寺的代表签署《拉萨条约》（又称《英藏条约》）。

七月间，吴禄贞在收到堂兄、同学吴祺贞的书函后，遂给他写了一封回函（即《致戢卿二哥函》）①。函中除叙述了兄弟半载的阔别之情外，还向兄长汇报了自己在“北方”每天“周旋于亲贵之间”的“如处囚笼，不可终日”的生活，最后劝慰兄长放弃“北上”的想法，“在湘安心供职”，“以待时机，手足相聚，终有日也”。

吴禄贞在京城练兵处的职位颇为清闲，要做的事情不多，故有大量时间

① 吴禄贞：《致吴戢卿二哥函》，《吴禄贞集》，华中师范大学出版社2011年版，第218—219页。

与亲朋好友欢聚宴集；而每次宴饮必醉，醉后则常常口不择言，以致常将“隐秘”之事泄露。一日又与好友良弼、姚锡光、廉泉等人在一起饮宴，酒酣之时，竟将庚子年自立军攻打大通之事说出，幸当时在座者均系好友，未向清廷告密追究之。

案：姚锡光（1857—1923），字石泉，号石荃，江苏丹徒人。1878年作为驻日大臣何如璋随员赴日。1885年取拔贡。1888年中举人。先后任内阁中书，安徽石埭、怀宁等县知县，莱州、直隶州知州，常与北洋将领考察天津、大沽等地海防，后为山东巡抚李秉衡幕僚；1895年去南京拜访两江总督张之洞，任督府幕僚。曾任湖北武备学堂总稽查。1904年任直隶发审公所监督，不久，改任练兵处军政司副使。1906年升为练兵处提调。1908年署理陆军部左侍郎。1909年任陆军部左丞、右侍郎。1911年任弼德院顾问大臣。1912年，任中华民国中央政府遣藏劝慰使；同年，参加国民党，被推举为参议。“五族国民合进会”成立，出任会长。1914年出任参政院参政。1920年，任为蒙藏事务局副总裁、北口宣抚使。1921年辞官归乡。1923年被授予“锡威将军”。同年逝于乡。著有《东方兵事纪略》《东瀛学校举概》《筹藏刍议》《筹蒙刍议》《姚锡光日记》《姚锡光文稿》等。

廉泉（1868—1931），字惠卿，号南湖，又号岫云，别署小万柳居士。江苏无锡人。早年入江阴南菁书院学习。16岁中秀才，19岁与安徽桐城古文大师吴汝纶的侄女吴芝瑛结婚。光绪甲午（1894年）举人。次年入京会试，参与康有为、梁启超组织的“公车上书”。1896年受尚书怀塔的赏识，任户部主事；次年荐举为户部郎中。在京期间，结识苏曼殊、徐锡麟、吴禄贞、李煜瀛、秋瑾等革命党人。1904年冬，因不满朝廷腐败，辞职南归，寓居上海，与海内名流往还。1906年集股创办文明书局。1907年秋瑾遇害，协助吴芝瑛将其遗骨葬于杭州西泠桥畔。1914年赴日暂居。1917年回国。1929年至北平寓居。后病逝北平。为人豪爽、重道义、讲义气，乐于助人；又以工诗文、善书画、喜金石名闻海内，家多珍藏。著有《南湖集》《潭柘集》《梦还集》《梦还遗集》等。

钱基博在《吴禄贞传》中记载：“曾忆甲辰在京师，（廉泉）偕禄贞饮酒，酒酣，禄贞倾座大言曰：‘若辈犹忘庚子夏皖盗劫大通厘局事乎？亦知盗为谁某乎？’声震四座，座客骇愕无应者。禄贞右手举酒满杯，挥左手自指鼻尖语曰：‘不敢欺，我也。’扬杯饮，一吸而空。时良弼、姚锡光在座，相视失色。”①

① 钱基博：《吴禄贞传》，《张难先集》，华中师范大学出版社2011年版，第46页。

九月十六日（10月24日），黄兴、马福益、刘揆一等策划的湖南长沙起义，因事泄失败，黄兴流亡日本。

九月二十日（10月28日），因湖南长沙起义事泄，牵涉到湖北；湖广总督张之洞接到禀报，派兵搜查科学补习所；幸此前已接黄兴电报，同志、枪械、文件等皆事先转移，致使官府“一无所获”，仅“逮其房主以去”（见《湖北革命知之录·科学补习所始末》，《张难先集》，第52页）。

案：后官府鞫讯房主得知：租赁此房屋者为文普通中学堂的学生欧阳瑞骅和宋教仁。时主持湖北学务者为梁鼎芬——张之洞的心腹，“见此案牵连学校”，如若“案情扩大，于己不利，乃缓颊张督前，只开除欧阳瑞骅及宋教仁二人学籍寝事”（见《湖北革命知之录·科学补习所始末》，《张难先集》，第52页）。

十月十四日（11月20日），陶成章、龚宝铨、蔡元培等人在上海发起成立光复会。

十一月初九日（12月15日），沙俄军舰“阿斯科”号水兵持利斧在上海南京路劈死行人周生有。

十一月二十二日（12月28日），户部侍郎铁良奉清廷之命假伪立宪名义至东南各地搜刮财富，抵汉口大智门，遭刘静庵、王汉、胡瑛截杀，未遂。

案：刘、王、胡三人计议在汉口大智门枪杀铁良，但他们到达时，铁良所乘之车已开出，故未遂。当得知“铁尚有事河南彰德”，王汉遂“跟踪追及。汉轰击，不中，杂人丛中逸。搜索急，汉以膏虏廷刃为羞，投井死”（见《湖北革命知之录·科学补习所始末》，《张难先集》，第52页）。

十一月二十七日（1905年1月2日），日本侵略军攻占旅顺（今大连市旅顺口区），日、俄“旅顺战役”结束，双方签订停战协议，俄军将领司都塞尔向日军投降。

十二月初九日（1905年1月14日），俄国共产党领袖列宁在《前进报》上发表《旅顺口的陷落》一文，揭露日、俄侵略中国东北的暴行。

十二月十九日（1905年1月24日），奉上谕：“云南、湖北巡抚两缺即行裁撤，湖广总督、云贵总督均着兼管巡抚事。”

是年，吴禄贞以署理练兵处军学司训练科马队监督、“参谋班领官”（案：相当于今天的班主任）的身份，时常到直隶保定北洋陆军将弁学堂（后改名为“北洋陆军武备学堂”“北洋通国陆军学堂”“陆军随营学堂”和“陆军大学堂”）看望学生，了解教学情况，并在学校学生中秘密发展华兴会会员。张璧[①]就是其中的一人。

其时，好友王保民[②]亦在北洋陆军将弁学堂“参谋班”学习，吴禄贞每次前往，两人必定相聚畅谈。

王保民曾回忆说：“他在北京陆军大学参谋班当领官时，又受其教育。敬佩其为人激昂慷慨，正气凛然。”（见王保民《吴禄贞首先参加革命的见闻录记》，《吴禄贞集》第 278 页）

案：北京陆军大学的前身为保定陆军大学堂，于 1903 年在保定北洋陆军将弁学堂的基础上筹建，1912 年才迁至北京，直辖于参谋本部。

光绪三十一年乙巳(1905 年)　二十六岁

是年初，朝廷实授吴禄贞为练兵处军学司训练科马队监督。

正月间，沙俄侵占中国新疆巴尔鲁支山地区，并继续进兵喀什噶尔。

二月初六日（3 月 11 日），日本军队已将俄国军队驱逐出奉天（今沈阳）城。

二月二十七日（4 月 1 日），卢汉铁路（又称“京汉铁路”）正式建成通车。

四月初七日（5 月 10 日），上海工商界召开商务总会会议，决定发起反对美国迫害华工、抵制美货运动，全国各地纷纷响应。

四月十八日（5 月 21 日），浙江士绅集议：拒绝美商培次承办“浙赣铁路”。

四月二十四日（5 月 27 日），俄、日两国在朝鲜半岛和日本本州之间的对马海峡爆发“对马海战”。

---

① 张璧(1882—1946)，原名炳衡、炳巩，字玉衡。河北霸州人。幼在家念私塾，少时赴天津上中学。1902 年中学毕业后报名加入北洋新军。1903 年考入北洋陆军将弁学堂。加入华兴会。1907 年赴东北戍边。1910 年随吴禄贞进入第六镇任参谋官。吴禄贞被刺杀后，潜入东北组织光复军。1912 年率光复军至烟台，支持山东都督胡瑛宣布山东“独立”。“二次革命”失败，逃亡至云南。1915 年参加护国军讨袁。1917 年后，先后出任北方招讨使、河东盐运使、北洋政府财政部税务处会办等职。1923 年，出任首都警察总监。1924 年，协助冯玉祥发动“北京政变”，逼迫曹锟下野，驱逐溥仪出宫。1931 年因“天津事件”遭到国民政府通缉。1938 年曾任北平市公用局局长，为京津地区青帮老大。日本投降后被国民党逮捕，病死狱中。

② 王保民(1880—1962)，湖北江夏(今武汉市武昌区)人。早年投笔从戎，至湖北新军当兵。与吴禄贞结识，亦师亦友。后考入保定陆军军官学堂。1911 年参加武昌起义。

五月初一日（6 月 3 日），广州士商集会：抵制美约。

五月十六日（6 月 18 日），天津、南京、汕头、潮州、杭州、福州以及新加坡等地绅商集议：抵制美约。

五月三十日（7 月 2 日），袁世凯、张之洞、周馥等大臣联衔奏请于十二年后实行立宪政体。

六月十四日（7 月 16 日），清政府派载泽、戴鸿慈、徐世昌、端方出洋考察宪政。

六月十八日（7 月 20 日），上海各帮商董大会决议不定美货，商学会并召开实行抵制美约大会。

七月十四日（8 月 14 日），清政府又增派绍英出洋考察。

七月二十日（8 月 20 日），在孙中山的倡导下，以兴中会和华兴会为基础，联络光复会等团体成员在日本东京组成中国同盟会，举孙中山为总理，下设执行、评议、司法三部。执行部又设庶务、内务、外务、书记、会计、经理等六科（一说分为八科）；评议部设评议长及评议员若干人；司法部设判事长、判事及检事等职，并采用三权分立制。以黄兴为执行部庶务长，辅助总理计划一切。其余职务则由朱炳麟、程家柽、廖仲恺、田桐、谢延誉、谷思慎、汪兆铭、邓家彦、张继、宋教仁等分别担任，成为全国性的革命组织。同盟会确定以“驱除鞑虏，恢复中华，建立民国，平均地权”为革命纲领，提出了“民族、民权、民生”的三民主义学说，又制订了《军政府宣言》、《中国同盟会总章》、《略地规则》、革命军和军政府的建制、对外宣言和对内布告等一系列文件，并决定从即日起，积极宣传，在全国各省区设立分会，广泛联络革命力量，开展武装起义，以推翻清朝统治。

七月二十一日（8 月 21 日），清政府发出旨令，以禁用美货“有碍邦交”，命各省督抚“从严查究，以弭隐患”。

七月间，清政府赎回粤汉铁路，改由鄂、湘、粤三省筹款分段修建。

同月里，朝廷任命吴禄贞署理练兵处军学司训练科科长；因工作需要，编写了教材《骑兵操典》一书。

其间，好友程明超自东北前来京城，与吴禄贞相聚，并同吴禄贞一道出京南下回鄂。

吴禄贞曾请假回云梦老家埋葬父亲灵柩；安葬完父亲灵柩，处理完相关事宜，吴禄贞遂带领家人来到京城寓居。

王保民在《吴禄贞首先参加革命的见闻录记》中曾记载老同学程明超对他说：“1905 年乙巳，吴在北京练兵处，与良弼同寓；余自满韩入燕，适吴将归葬父，自京汉同归鄂。车中三日，皆言应付良弼之苦衷，吴谓‘满人可畏者惟良弼，日（汉）人能敌者唯吾。良弼私德，孝亲爱友，皆与吾相似，私交又复甚笃。而近日排汉之策，皆良为之谋主。余处虎穴中，旦夕思败其谋，良弼尚未之觉也。此时良弼与铁良相恶，正操同室之戈（良弼与铁良皆为清宗室），是即余之小成功’云。”（见《吴禄贞集》附录，第277页）

八月初四日（9月2日），清政府诏令自明年之“丙午科”始，停科举。

八月初七日（9月5日），日、俄签订《朴茨茅斯条约》，俄国承认日本在朝鲜的特殊权益，并将在中国辽东半岛的租借权转让给日本，割库页岛南部和千岛群岛与日本，“日俄战争”结束。

八月二十六日（9月24日），革命党人吴樾在北京正阳门车站使用炸弹刺杀出洋考察的“五大臣”，吴樾当场死难。

八月二十七日（9月25日），张謇、汤寿潜等奏准创设上海—大连轮船有限公司。

八月间，湖广总督张之洞与直隶总督袁世凯会奏：请立停科举，推广学校，并筹切要办法数端。

九月二十八日（10月26日），清政府改派载泽、戴鸿慈、端方、尚其亨、李盛铎出洋考察宪政。

九月间，张之洞奉旨督办粤汉铁路，并在武昌设立粤汉铁路总局。

十月初六日（11月2日），日本政府文部省公布《取缔清韩留学生规则》。

十月十七日（11月13日），张之洞出席卢汉铁路通车典礼，随又奏请将卢汉铁路改名为京汉铁路，旨下准行。

十月二十一日（11月17日），韩国外务大臣朴齐茂与日本特命全权公使林权助在韩城签订《日韩保护条约》（亦称《乙巳条约》），韩国彻底丧失外交权。

十月三十日（11月26日），中国同盟会机关报《民报》在日本东京创刊，孙中山在《发刊辞》中首次揭示了“三民主义”。

十月间，为方便筹款自办川汉铁路，清廷在武昌设立川汉铁路总局。

十一月初八日（12月4日），中国留日学生八千余人，为抗议日本政府取缔中、韩留学生实行罢课，二百余人愤而回国。

十一月十二日（12月8日），为抗议日本政府颁布的《取缔清国留日学生规则》，吴禄贞的好友陈天华①在日本东京大森海湾愤而蹈海殉国。

十一月二十六日（12月22日），《中日会议东三省事宜条约》签订，日本强迫清政府将沙俄侵占的中国东北南部的全部权益转让给日本。

吴禄贞在练兵处的这两年，“徒有虚名，殊无实权”，要做的事情不多；“他的职务，不过阅操和编辑军事训练的教材而已。主管上司兵部尚书满人铁良，素知禄贞志大才长，平时防范特严，遇事每加挫折”；“他的种种意见，均不采用，同事满人凤山，对他猜忌尤深”（见《吴禄贞》，《吴禄贞集》附录，第265页）；因而，吴禄贞的生活环境甚为恶劣，革命活动的开展极其艰难，他常为此事而感到苦恼。

光绪三十二年丙午（1906年）　二十七岁

是年，吴禄贞仍在京城署理练兵处军学司训练科科长。

正月十三日（2月6日），醇亲王载沣的长子溥仪（1906—1967）出生于京城府邸。

正月二十九日（2月22日），江西南昌县知县江召棠被法国传教士王安之行凶刺死。

正月间，经过近一年时间的筹备，由刘静庵、曹亚伯等人组织发起的日知会在武昌正式成立。吴禄贞列名其中，因人不在武汉未能出席，但他却寄来了五十两白银作为开办经费。

同月里，好友程家柽自日本归国，前来看望吴禄贞，向吴禄贞简要地报告了中国同盟会成立的基本情况，转告了孙中山先生对他前段时间在湖北卓有成效工作的肯定；又向他介绍了关于“中央革命”的设想与策略。最后告诉好友：他此次是奉命回国，除了担任北京大学农学院的教授之外，还应肃亲王、民政部尚书善耆的邀请，担任他的幕僚，以此为掩护开展民主革命

① 陈天华（1875—1905），字星台，又字过庭，号思黄，湖南新化人。早年入资江书院、新化求实学堂学习。1903年赴日留学，入东京弘文学院师范科。先后参与创刊《游学译编》《新湖南》；参加发起拒俄义勇队（后改名“军国民教育会”），被推为“运动员”。同年12月回湖南，策动反清革命。1904年与黄兴等创立华兴会，策划长沙起义，失败后逃往日本。1905年与宋教仁等创办《二十世纪之支那》杂志，积极协助孙中山、黄兴创立中国同盟会，参与编辑《民报》。同年11月，因日本政府歧视中国学生，颁布《取缔清国留日学生规则》，他奋起反对，并于12月8日在日本东京大森海湾投海自杀，留下绝命书，鼓励同志誓死救国。所著《猛回头》《警世钟》，用通俗语言宣传革命思想，影响甚大。遗著编为《陈天华集》。

活动。吴禄贞正为自己一人在戒备森严的京城开展工作孤掌难鸣而发愁，听到这一消息，感到分外高兴。

二月初三日（2月25日），南昌民众捣毁外国教堂，击毙法国传教士王安之等六人、英国传教士三人，酿成“南昌教案”。教案发生后，英法两国军舰齐集鄱阳湖，两国驻华公使馆又出面要挟清政府，最后以将龚栋等六人正法，十三人监禁，十二人罚做苦工，赔款白银四十五万两而结案。

二月间，吴禄贞公务之余，时常与程家柽①往还，暗中联络同志。又经程家柽的引荐，开始与肃亲王、民政部尚书善耆往来，并颇得善耆的赏识。

同月里，日本侵略头目伊藤博文抵达朝鲜，出任第一任统监，统管朝鲜外交，指挥在朝鲜的日本官吏活动，制定和颁布“统监府令”。伊藤博文成了朝鲜的“太上皇”，并开始密谋以朝鲜为跳板，侵占我东北，其统监府则成为策划、部署侵华活动的大本营。

三月初八日（4月1日），连接北京与汉口的全长1214.49公里的卢汉铁路全线通车。经湖广总督张之洞和直隶总督袁世凯一起验收后，改名京汉铁路。

三月十八日（4月11日），应肃亲王、民政部尚书兼藩理院大臣善耆②之邀，吴禄贞和姚锡光陪同善耆与东蒙古卓索图盟喀喇沁右翼旗札萨克兼郡王贡桑诺尔布前往巡阅、考察了东蒙古的卓尔图、昭乌达、哲里木、锡林郭勒东四盟的各旗。在巡阅、考察的日子里，吴禄贞与贡桑诺尔布一见如

---

① 程家柽（1874—1914），字韵荪，一字下斋。安徽休宁人。早年入武昌两湖书院学习。1899年赴日留学，入东京帝国大学农科。结识孙中山，接受革命思想。1903年组织发起拒俄义勇队。1905年与宋教仁等创办《二十世纪之支那》杂志。中国同盟会成立，被推为外交部部长。1906年归国，任北京大学教授和肃亲王善耆幕僚，营救同志多人。1909年任陆军部陆军中小学教科书编辑，秘密从事革命宣传。武昌起义后，与吴禄贞密谋发动北方新军攻取北京，因吴被刺未果。1912年1月参与谋炸袁世凯，未果，逃亡南京。后任安徽军政府高等顾问。宋教仁被刺后，举起反袁大旗，在其主办的《国风日报》上发文揭露袁氏阴谋和卖国行经。1914年潜至北京，密谋反袁活动，事泄被捕，于9月23日遇害。

② 爱新觉罗·善耆（1866—1922），字艾堂，号偶遂亭主人。满洲镶白旗人。清太宗皇太极长子肃武亲王豪格后代，内大臣隆勤之子，女间谍川岛芳子生父。初封二等辅国将军，光绪二十五年（1899年）其父隆勤逝世后，善耆袭封肃亲王爵位。后历任乾清门头等侍卫、副都统、统领、民政部尚书、民政大臣、理藩大臣。赞成立宪运动，并免除刺杀监国摄政王汪兆铭的死刑。辛亥革命后，为宗社党骨干，拒绝在清帝退位诏书上签字。后逃至日本占领的旅顺，两次发起满蒙独立运动，均以失败告终。民国十一年（1922年）病死于旅顺，遗体运回北京肃亲王墓地安葬。溥仪追谥“忠”，全称“肃忠亲王”。

故，相见恨晚，结下了深厚的友谊。

案：肃亲王善耆的妹妹善坤是贡桑诺尔布的福晋（善坤于1887年与贡桑诺尔布成婚），肃亲王善耆乃是贡桑诺尔布郡王的内兄，而贡桑诺尔布则是肃亲王善耆的妹婿，可谓至亲。巡阅、考察期间，善耆等一行在喀喇沁右翼旗就驻扎了十九天。

其间，肃亲王、民政部尚书兼藩理院大臣善耆和姚锡光、吴禄贞一行，曾应邀至东蒙古卓索图盟喀喇沁旗札萨克兼郡王贡桑诺尔布的府邸作客，贡桑诺尔布则盛宴款待大家。因肃亲王善耆急于去看望多年未见的妹妹善坤，很早就离席了；而姚锡光与贡桑诺尔布素不相偕，见肃亲王善耆离席，自己亦感无聊，乃离席回房休息。剩下吴禄贞和贡桑诺尔布两人酒逢知己、彻夜长谈、豪饮达旦，以致于吴禄贞喝得酩酊大醉，倒在王府的东台阶长睡不醒——后来，贡桑诺尔布在台阶的侧石上题刻了“吴绶卿醉卧处”几个字，至今犹在，成为吸引旅游者络绎不绝、流连忘返的著名景点。

案：贡桑诺尔布是蒙古民族近代史上重要的开拓者，是漠南地区睁眼看世界的第一人。贡桑诺尔布（1872—1931），姓乌梁海（元良哈）氏，字乐亭，号夔盦，系成吉思汗勋臣者勒篾的第二十四世后裔，喀喇沁右翼亲王第十三任札萨克旺都特那木济勒之子。自幼受到良好的文武教育。1887年与清宗室肃亲王善耆之妹善坤成婚。1898年承袭爵位，成为第十四任札萨克和第十二任郡王。1900年，鉴于内忧外患的形势，开始在本旗内除旧布新，改革秕政。1901年，选拔青壮年和王府卫兵编练成正规军。1902年始，相继创办崇正文学堂、毓正女学堂、守正武学堂。又潜赴日本考察，归来后相继开办农、工、商业和邮电。还创办《婴报》、图书馆，培养警察。1905—1906年，先后派遣青年学生赴日留学。1906年，奉命偕善耆、姚锡光、吴禄贞至蒙古各盟巡阅考察。辛亥革命爆发，率蒙古王公联合会“赞同共和”。1912年民国成立，出任蒙藏事务局总裁；加入国民党，成为九位理事之一。同年晋封为亲王。1913年在北京创办蒙藏学堂（后改名“蒙藏学校”，即中央民大附中前身），培养甚众。1914年蒙藏事务局改为蒙藏院，仍任总裁至1928年。1931年病逝北京。贡桑诺尔布好诗文，喜吟咏，工书法，善绘画，通蒙、满、汉、藏文字，著有《竹友斋诗集》等。

三月二十一日（4月14日），上海华新纱厂工人为反对将工厂售予日本资本家，举行罢工。

四月初四日（4月27日），《中英续订藏印条约》在北京签订。

四月间，余诚奉中国同盟会总部之命回湖北组织分会，日知会全体会员加盟，推举刘静庵为总务干事。

闰四月十六日（6月7日），日本设立南满洲铁道株式会社。

五月十九日（7月10日），吴禄贞和姚锡光随善耆、贡桑诺尔布一行结束对东蒙古各盟旗的巡阅、考察，回到京城。

此次随肃亲王善耆等人巡阅、考察东蒙古的收获很大，吴禄贞了解到：日本和沙俄都垂涎蒙古已久，并不断派人前去活动。吴禄贞甚为蒙古的安全感到担忧，认为经营蒙古已刻不容缓。于是，他将自己巡阅、考察蒙古所看到、所想到的情况经过认真归纳整理，赶写了一篇长篇报告——《经营蒙古条议》（此报告为吴氏家藏抄本，今收入《吴禄贞集》）呈递给善耆，受到善耆的高度评价。

紧接着，吴禄贞又完成了他的另一篇重要报告——《东四盟蒙古实纪》（此报告为吴氏家藏抄本，今收入《吴禄贞集》）。

案：其《经营蒙古条议》，包括"经营蒙古之意见""政治之改革""兵事之必要""移民之政策""宗教之改革""教育之必要""设立银行之必要""银行之计划""铁路之计划""交通之计划""工艺之振兴""牧畜之改良""森林之培育""沙陀之改良""矿产之开采""马贼之安置""盐法之改良"等十七节，计三万七千余字。他主要是强调蒙古所处位置之重要，为清政府或新的民主共和国全面建设、治理蒙古提供咨询建议。

其《东四盟蒙古实纪》，包括"蒙古之制度""蒙古之宗教""蒙古之人民""蒙古之风俗""蒙人之生计""蒙人之牧畜""蒙人之交易""蒙人之愚顽""蒙人之性质""蒙古之医术""蒙古之兵队""蒙古之家庭并嗜好""蒙古王公及官员对于人民之虐政""蒙汉之畛域""蒙古之富""蒙古之贫""蒙古之外感""蒙古之道路""蒙古之钱法""蒙古之沙陀""蒙古之草甸""蒙古之森林"等二十二节，计二万三千余字。它涉及蒙古的政治、历史、宗教、经济、军事、文化、自然环境以及风土民情等方方面面，既全面，又细致，为清政府或新的民主共和国全面建设、治理蒙古提供了详实的资料。

五月二十四日（7月15日），中国留日学生在东京锦辉馆举行欢迎章炳麟大会，日本友人宫崎寅藏发表支持中国人民正义斗争的演说。

七月十四日（9月2日），湖南巡抚端方擢升两江总督兼南洋大臣。

七月十七日（9月5日），朝命于式枚总理广西铁路，以梁鼎芬为湖北按察使。

九月初一日（10月18日），日本人中岛真雄在辽宁沈阳创办《盛京时报》。

八月初三日（9月20日），湖广总督张之洞七十寿诞，蒙恩赏御笔“望重耆贤”匾额。

八月二十四日（10月11日），吴禄贞自立军起义时的战友秦力山①在云南干崖病逝。

九月十一日（10月17日），清政府下旨各省筹设谘议局，并预筹设立各府、州、县议事会。

九月上中旬，吴禄贞在完成考察蒙古的相关事宜之后，“就决心改变做法，另辟途径”，前去“西北各省，观察边疆形势”和风土人情，以结交有进步思想的人物，为日后的革命打基础，作准备，从而借机“脱离练兵处”；便主动上书兵部尚书、军机大臣铁良，表示自己“愿单独去到陕甘新疆、蒙古各地调查，川资一项，请军机处饬令沿途藩库供给”（引文见《吴禄贞》，《吴禄贞集》附录，第265页）；正好铁良也想了解、掌握西北边省训练新军等情况，遂批准了他的报告。于是，吴禄贞遂邀革命同志与亲信秘书周维桢结伴，一起赴西北考察边务，并立即出京南下。

九月中下旬，吴禄贞与好友周维桢结伴出京，遂乘火车南下，经直隶，至河南郑州下车，稍作停留后遂继续前行。

从郑州开始，吴禄贞和周维桢便骑马向西行进。两人途经荥阳（今郑州市荥阳市）时，曾去“楚汉古战场”凭吊盖世英雄项羽，吴禄贞作有《过荥阳观楚汉战迹吊项羽》一诗纪其行踪（见《吴禄贞集》第239页）：

> 征途跃马走荥阳，东京西索水茫茫。形胜巍然多绝壁，楚汉纷争古战场。秦皇雄图并六国，遽使英雄成霸业。漫笑风云争竖子，项王毕竟人中杰。书不读、剑不学，只凭豪气凌霄汉，汉高闻名胆为落。鸿门会上何其雄，八千子弟气如虹。七十二战无不利，天下无敢撄其锋。荥阳城外楚歌激，不信汉军环四壁。大声狂呼战无罪，英雄独立乌江泣。呜呼！堪叹项王失败处，万人何足称劲敌。潇潇京索水声悲，土晕苔花殷战迹。愿率中原强健儿，为君一扫伤心迹。

---

① 秦力山(1877—1906)，原名鼎彝，别名遁公、巩黄，字力三。湖南长沙人。1897年入长沙时务学堂，从谭嗣同学习，并参加南学会。戊戌政变后流亡日本，分任《清议报》笔政。1900年回国，先赴天津联系义和团不果；乃至武汉参加自立军，被任为前军统领。大通起义失败，赴新加坡，知康有为贪污公款劣迹，乃与之绝交。复至日本，往见孙中山，投身民主革命。1901年与戢翼翚等人在东京创办《国民报》，宣传革命思想。1902年与章太炎等人组织发起支那亡国二百四十二年纪念会。1905年至缅甸仰光，在华侨中从事革命宣传；不久，自仰光进入云南干崖，任军国民学堂校长。次年病逝。遗著辑为《秦力山集》。

吴禄贞在凭吊完楚汉古战场、写作《过荥阳观楚汉战迹吊项羽》一诗之后，尚觉不尽意，遂再作《戏步项王〈垓下歌〉韵》一诗（见《吴禄贞集》第 239—240 页），以表达其革命理想和坚定意志：

人生三万六千日兮为一世，拔刀断水兮勿令东流逝！海枯石烂兮奈我何，我兮我兮奈此天地何？

在途经金墉城（在今洛阳市东 15 公里处的孟津县金村一带）参观了为纪念佛教传入中国而建立的第一座寺院——白马寺后，吴禄贞突然心有所感，遂作《过金墉城白马寺口占》一诗（见《吴禄贞集》第 240 页）纪其事：

道经白马寺，入寺拜佛像。金身高丈余，是否来西藏？

很快，他们来到了虎牢关。这虎牢关又称“汜水关”，亦称“武牢关”，在洛阳市以东，今河南省荥阳市市区西北部 16 公里的汜水镇境内。作为洛阳市东边的门户和重要关隘，因西周穆王在此牢虎而得名。它南连嵩岳，北濒黄河，山岭交错，自成天险。大有“一夫当关，万夫莫开”之势，是历代兵家必争之地。站在雄奇险要的虎牢关上，一种自豪感油然而生，不禁诗情涌动，高声吟诵道：

山峰耸翠接云寰，传闻此是虎牢关。北倚黄河南汜水，有如一线环其间。晋人城北事郑国，几次戍兵称要厄。中原逐鹿古战场，悲风十里余腥血。战死鬼雄何足慨，茫茫白骨今犹在。默祝忠魂古健者，同我再上龙沙塞。①

不久，吴禄贞和周维桢来到了历史文化名城——洛阳。洛阳，古称“雒阳”“豫州”，位于河南西部、黄河中游，因地处洛河之阳而得名，乃周之洛邑，东汉都城，古代著名都会。其东枕嵩山，南临伊洛，西控崤阪，北带黄河，四塞险固，虎踞龙盘，形势雄胜，昔凡中原有事，皆以此地为枢纽。在游览了洛阳后，吴禄贞写了《洛阳行》一诗纪其行踪（见《吴禄贞集》第 240 页）：

洛阳伟业不复见，夕阳停马生悲叹。东廛西涧南洛北伊河，几朝官阙于此建。歌舞楼台今若何，可怜荆棘埋铜驼。空余青山青史在，美人豪杰双蹉跎。北邙之上悲风起，沧海桑田变不已。繁华如梦竟成空，我来唯怨东流水。

自洛阳往前行，便来到了古代著名的雄关要塞——函谷关。这函谷关

① 吴禄贞：《虎牢关》，《吴禄贞集》，华中师范大学出版社 2011 年版，第 240 页。

在洛阳市新安县，地处“两京古道”，紧靠黄河岸边，距三门峡市约 75 公里，因关在山谷之中，深险如函，故称“函谷关”。只要提到函谷关，人们自然而然地就会想到战国时孟尝君“鸡鸣狗盗”的典故。吴禄贞伫立关上，身临其境，自然不会忘记这位杰出的古人，乃作《函谷关咏孟尝君》一诗（见《吴禄贞集》第 242 页）以抒发其胸怀：

鸟不白头兮马不生角，君为质于秦兮何时脱？国不得归兮负壮志，夜走函关空胆落。地形险绝如张罗，巍然秦岭绝黄河。谷道盘蛇廿余里，可怜天险无由过。谷风夜半萧萧起，疑是追兵将至矣。可恨鸡人未报筹，雄关铁牡何能启。一客引吭作鸡鸣，鸡声万户报天明。扬鞭跃马出函谷，曙云朝日争欢迎。鸣呼！养客三千自足豪，荆公何妄生讥诮？能急患难即侠士，何论鸡鸣和狗盗！吁嗟乎！战国任侠不复见，风起云飞日色变。独立关头赋孟尝，慷慨长吟舞长剑。

过了函谷关，再往前走就到了山西晋城的硖石山（在今晋城市的东南，以两山拱峙壁立若门得名）。吴禄贞见此处异常险峻，不禁诗兴大发，乃作《过硖石山狂吟》一诗（见《吴禄贞集》第 240—241 页）纪其行踪：

硖石山上秋风起，西征壮志何时已？道路崎岖限戎马，缩地神方思费子。昂头西望玉门关，班超事业何足齿！誓将蹈遍中央亚细亚，乌拉山头树界址。回马再上喜玛峰，大阐释迦牟尼之禅宗。东方大陆起蛟龙，请看亚雨压欧风。漫笑狂吟无足道，从来时势英雄造。雄图争说铁木真，我何人斯发长啸？

出硖石山不久，即进入陕州地界。陕州，又称“陕县”，即今之三门峡市陕州区。其东据崤山，关连中原腹地；西接潼关、秦川，扼东西交通之要道；南承两湖，北对晋地，锁南北通商之咽喉，是古来兵家的战略要地。崤山、函谷、雁岭分守三门峡市的东、西、南三面，北面一道天然屏障——黄河蜿蜒东行，晋、陕、豫三地依陕州为界居河而治。吴禄贞曾作有《陕州道寄怀》一诗（见《吴禄贞集》第 241 页）纪其行踪：

十年落拓江湖梦，曾赋峨眉惜誓文。红粉竟成知己恨，秋山空断侠儿魂。塞垣萧瑟悲荒草，京国繁华障暮云。万里长征兴壮志，伤心泣别问从军。

一日，抵达三门峡市的渑池县。渑池县在河南省的西北部，北濒黄河与山西省的垣曲、夏县、平陆隔河相望，南与洛宁、宜阳相连，东与义马、新安为邻，西界崤函与陕县接壤。县城距省会郑州 170 公里，距西安 300

公里。战国时期，秦昭襄王和赵惠文王曾在此“友好”会见，后人曾在其会见之地建有“古秦赵会盟台”和“秦赵会宴纪念碑”。吴禄贞在游览“秦赵会宴纪念碑”后，深深为蔺相如那种临危不惧、誓死捍卫国家尊严的崇高精神所感动，乃作《渑池观秦赵会宴纪念碑有感》一诗（见《吴禄贞集》第 241 页）以抒发其感慨：

秦并六国启雄图，虎视关中何逐逐。兵如刺蜚言循环，诸侯无敢不宾服。秦赵争冲酣战久，忽报渑池会杯酒。大开函谷置高宴，巩固邦交是耶否？呜呼！秦人虎狼不可知，会中裹甲将何为？怀王入关不得归，遗民三户楚人悲。相如会上佩长剑，受辱恐为君国玷。忽闻赵王为鼓瑟，怒发冲冠赤浮面。座上瑟声尚未已，相如进缶秦王耻。请为吾君鼓一曲，两国原来称敌体。呜呼！赵瑟秦缶今何在？土台石碑留故址。爱国须如蔺相如，恨未躬逢拔剑起。

出了渑池县，再往西南走就到了陕州观音堂（今河南省三门峡市陕州区观音堂镇，此镇地处渑池、宜阳、洛宁三县结合部）。抵达观音堂时，天色已晚，乃留此住宿；吴禄贞见住处的墙壁上别人题写有诗作，阅后引发诗兴，亦步其韵赋《宿陕州观音堂步题壁原韵》一诗纪其行踪（见《吴禄贞集》第 240 页）：

不畏风尘苦，生涯伴马骡。十年心血罄，万里足踪多。汉畤瞻云气，秋风发浩歌。西陲边事急，前路竟如何。

过了陕州观音堂，再往西南走，就到了灵宝（今三门峡市灵宝市）。在灵宝时，吴禄贞又见行人在壁上题诗，不免心动，乃步其韵作《过灵宝又步题壁原韵》一首（见《吴禄贞集》第 241 页）纪其行：

塞外征途远，盐车困疲骡。黄河秋气肃，秦岭白云多。北顾游人梦，西行壮士歌。龙鸣匣内剑，又应斩谁何。

出了灵宝，两人再往西进发，便进入了陕西的关中地区。望着奔腾的黄河，吴禄贞情不自禁地吟诵道：

秦关日暮旅愁多，无限相思感逝波。托付秋风烦寄语，卷帘曾否望黄河。①

吴禄贞吟诵完此诗，尚觉不尽意，乃步古诗十九首第八首之韵再作《秦关道步古诗十九首之第八首韵》一诗（见《吴禄贞集》第 242 页）以抒

① 吴禄贞：《秦关道望黄河寄怀》，《吴禄贞集》，华中师范大学出版社 2011 年版，第 242 页。

其怀：

滔滔黄河水，崎岖秦关道。西征心事急，马蹄蹈秋草。功名立异域，何用叹衰老。桑榆图补救，为计恨不早。班张通西域，史迹犹可考。羌虏破胆否？长剑是吾宝。

一日，吴禄贞和周维桢到达历史悠久、遐迩闻名的潼关。潼关（陕西省渭南市潼关县）位于秦、晋、豫三省交界的黄河三角地带，黄河、渭河、洛河三河交汇，北濒黄河，南依秦岭，西连华山，东接河南灵宝，是陕西的东大门，也是连接西北、华北、中原的咽喉要道，其地理位置具有战略意义。站在雄奇险峻的潼关，放眼奔腾的黄河，吴禄贞大声吟诵道：

走马潼关四扇开，黄河万里逼城来。西连太华成天险，东望中原有劫灰。夜烛凄凉数知己，秋风激烈感雄才。伤心独话兴亡事，怕听南飞塞雁哀。①

过了潼关，再往前走，就可以望见华山了。华山，古称“西岳”，雅称“太华山”，为五岳之一，位于陕西省渭南市华阴市，在省会西安市以东120公里处。其南接秦岭，北瞰黄渭，自古以来就有“奇险天下第一山”的说法。在经过华山时，吴禄贞作有《过华岳狂吟》一诗（见《吴禄贞集》第243页）抒其怀：

策马过华岳，我气何熊熊。手把三尺剑，砍断仙人峰。问我何为者，恨汝无神功。西陲正多事，汝独如痴聋。不能诞英灵，为国平西戎。累我天山路，长征雁寒风。既辜生灵望，未免负苍穹。待我奏凯旋，再拜告天公。

吴禄贞偕周维桢行进在华阴道上，放眼四望，满眼都是深秋景色，不禁勾起其愁怀，遂作有《华阴道咏秋柳二首》（见《吴禄贞集》第243页）纪其事：

秋柳成行似晚烟，残黄落叶实堪怜。无情莫怨西风起，恨未相逢二月天。

西出潼关道，青青柳似烟。迎风时起舞，媚态有谁怜？

吴禄贞由近处路边舞动的秋柳，看着远处纷纷飘落的红叶，思绪翻飞，又作《咏落叶》（见《吴禄贞集》第243页）一诗云：

---

① 吴禄贞：《潼关望黄河》，《吴禄贞集》，华中师范大学出版社2011年版，第242—243页。

秋风何无情，满地飞红叶。无语怨飘零，与树长离别。不具岁寒心，那有冬青节。回首艳阳天，争说好艳色。

一日，吴禄贞和周维桢因急着赶路，错过了宿营之地，只好继续前行，打算赶到华州（今渭南市华州区）去宿营。这华州前据华山，后临泾渭，左控潼关，右阻蓝田关，历来为关中军事重地，时属陕西潼商道同州府（治所在今大荔县）管辖。两人紧赶慢赶，已是入夜时分，才远远望见华州城的灯光。吴禄贞一阵兴奋，遂口占一诗①纪其事：

晚烟漠漠已深秋，暮鸟喧鸣声带愁。策马不知前路远，灯光数点望城楼。

吴禄贞和周维桢一路风餐露宿，艰苦跋涉，很快就要抵达西安了。一日，他们赶到华清池住宿。华清池，又名“华清宫”，位于今陕西省西安市临潼区的骊山北麓，西距西安 30 公里，南依骊山，北临渭水，是以温泉汤池著称的中国古代离宫。周、秦、汉、隋、唐历代的统治者，都视这块风水宝地为他们游宴享乐的行宫别苑，或砌石起宇，兴建骊山汤，或周筑罗城，大兴温泉宫。白居易、杜牧等诗人的诗作在一千多年前就使其扬名四海，尤其是唐明皇与杨贵妃的爱情故事，更是家喻户晓。吴禄贞一到此地，只见到处都是断壁废馆，一片荒凉，不禁感叹万千，当即写了《宿华清宫咏杨贵妃二首》（见《吴禄贞集》第 244 页），以抒发其感慨：

废馆斜阳暮鸟鸣，春寒赐浴忆华清。玲珑细听温泉水，似话当年恩爱情。

秋风摧残叶半黄，不堪废馆对斜阳。当年赐宠凝妆浴，千载温泉剩国香。

在游览了贵妃庙后，吴禄贞又写了《题贵妃庙》一诗（见《吴禄贞集》第 244 页）以抒其慨：

辉煌庙貌俯香池，士女春秋祝护持。白傅长吟何太误，六军未必怨蛾眉。

游览完华清池回到住所，吴禄贞仍然抑制不住内心的激动，遂填了一首《浪淘沙·咏贵妃》的词（见《吴禄贞集》第 244 页），抒发其感慨：

醉舞笑飞鸿，云鬓蓬松。温泉水滑带香浓。浴罢霓裳新度曲，春色

① 吴禄贞：《夜望华州口占》，《吴禄贞集》，华中师范大学出版社 2011 年版，第 244 页。

葱葱。　　寂寞华清宫，雨打梧桐。一声孤雁叫当空。萧瑟空余千古恨，怨然秋风。

次日起来，看昨日所填之词，尚觉不太尽意，遂依原调、步前韵再填《浪淘沙·宿华清宫次日又续前调寄怀》一词（见《吴禄贞集》第 244 页）云：

征马歇临潼，唐代离宫。贵妃几度浴春风。遥忆沉香看夜月，花影朦胧。　　皓月照庭中，睡梦溟濛。悲鸣寒夜怨秋鸿。想到美人离别恨，身世飞蓬。

九月二十三日（11 月 9 日），清政府改督办政务处为会议政务处。

九月二十七日（11 月 13 日），郭布罗·婉容（1906—1946）出生于满洲正白旗一个书香官僚家庭。

九月下旬，吴禄贞和周维桢终于抵达西安并稍作停留。西安，古称“长安”“镐京”，著名古都，也是陕西省的省会，更是中国西部地区重要的中心城市。其地处关中平原中部，北濒渭河，南依秦岭，八水润长安。这西安拥有着 5000 多年的文明史，3100 多年的建城史，1100 多年的建都史，是中国的四大古都之一，中华文明和中华民族重要发祥地之一，丝绸之路的起点。丰镐都城，秦咸阳宫、兵马俑，汉未央宫、长乐宫，隋大兴城，唐大明宫、兴庆宫等都是享誉中外的著名景点。

在西安停留期间，吴禄贞与周维桢曾前往拜访了湖北同乡、前辈诗人、时任陕西布政使的樊增祥①。因为都是张之洞弟子的关系，两人一见如故，谈诗论文，甚是融洽。樊增祥乃为他们设宴洗尘，盛情款待。吴禄贞亦以师礼待樊山，尊敬有加。

九月二十九日（11 月 15 日），吴禄贞和周维桢拜别同乡前辈樊增祥，自西安一路继续西行，抵达西安府咸阳县（今陕西省咸阳市）。

十月初一日（11 月 16 日），吴禄贞、周维桢一行自咸阳县出发，抵达

① 樊增祥(1846—1931)，原名樊嘉，又名樊增；字嘉父，一字云山；号云门，亦号樊山，又号天琴；别署天琴居士、身云居士、东溪居士、鹅溪老渔、天琴道人、天琴老人、武威樊嘉等。湖北恩施人。同治六年(1867 年)举人。光绪三年(1877 年)进士，选庶吉士。散馆后历官陕西宜川知县、陕西按察使、陕西布政使等职。三十二年(1906 年)十月被免官。三十四年(1908 年)八月，开复原官，授江宁布政使兼署两江总督。辛亥革命爆发，隐居上海，以遗老自居。入民国，曾出任总统府顾问、参政院参政、清史馆总纂等职。卒于北平。工诗、词、古文、骈文，善书画。著述丰富，有《樊山集》《樊山续集》《樊山集外》等，今人辑有《樊樊山诗集》(上、中、下)。

醴泉县（今咸阳市礼泉县）。

十月初二日（11 月 17 日），吴禄贞、周维桢一行自醴泉县出发，抵达乾州（今咸阳市乾县）住宿。

《沿途日记》记载：

十月初二日　阴。九下钟醴泉起程。城内商务不旺，西关内有土税统捐分局一所。西关外即属乾州地，出城里余地势高亢，驻此可控扼一切。此外大势平衍，麦苗广而秀。本地瓦窑甚多，销行本处及外县。油榨房以甘河为最多，然出油之区为造油之地，油成后外贩而去，亦商业大宗也。向北望之山势特起，矗立高原之上，询之有唐王陵在焉，远约四五十里，途次未克往游。

十一下钟过西陵寨，居民约三数十家，平原旷野，皆系产麦之区，亦膏腴地。过风章，由醴而乾适中之地也。出产麦之外，棉花为多，粮食以玉米、小谷为大宗。玉米即南方所语苞谷是也。地方工价，长工每年约十余串文，短工日则七八十文左右，钱以整百计算，不用折扣。民情尚厚，惟食鸦片者多，读书人少。食盐每斤价卅文上下，均由县城官盐店零购，盐店则由咸阳总盐局分销，凡乾、醴、兴平、武功一带，均以咸局为总运之所。地中水井极多，灌溉称便，膏腴之所由来也。计今日共行四十里。

十月初三日（11 月 18 日），午饭后，吴禄贞、周维桢一行自乾州起程，晚上九点半抵达尖镇（今咸阳市永寿县属地）住宿。

《沿途日记》记载：

初三日　雪。半下钟乾州起程。城内市面不甚旺，较他县稍可。警察灯下用绿柱，上用玻璃罩，亦有仿南方办法之意。转北门行，遥望前面山起突凸，问之系古陵地，考州志，北门外十五里乾陵在焉，当即此也。食物以麦子、小米为尚，麦尤多，小米每斗价四百文上下，麦每斗价三百余文，斗计重三十余斤，价用制钱。棉花本地少出，每自高陵东南一带贩来，生花一斤价百四十文，熟花则在百六十文左右。车夫支差每日口食发钱百文，每生（牲）口一头发钱贰百文，若客人自僱，雇价倍之。北街有城守营衙门，又圣帝庙一座，内设官立初等小学堂，又福音堂一所。

两下钟过陵所，未知何陵，疑即乾陵，然距城无十五里之遥。三下刻五分至十八里铺，居民约二三十家，地势较前平衍，夹道杨树，不大而多，地中亦间有柿子果木等树。四下半钟过杨遇村，居民约十数户，零星杂处，树木参差，惜其不甚多也。道左标有“第六卡”字样，塘讯在此。计今日已行卅里。过村后天色已晚，经峡路行数里，水深泥阻，不良于行，耽延久之。再行则上不见天色，下不见人影，而狂风逼人，甚属可畏。但觉其路势渐低，未几到平地云。

九下半钟到尖镇，宿行台，无多食物，幸有红火一炉，稍可去其寒气。计今日共行五十里。

十月初四日（11 月 19 日），吴禄贞、周维桢一行自永寿县的尖镇出发，下午抵达双庙（今永寿县永坪乡双庙村）住宿。

《沿途日记》记载：

初四日　晴。八下钟早发，寒，廿五度。尖镇为永寿属地，人家约四五十户，钱布各铺俱有，大略为永属较旺之村镇。食物以麦馍锅盔为尚，亦有油茶。银价一串一百文左右。途中见纸货车数辆，询之由西安运销兰州者，亦秦陇贸易之大宗也。十一下半钟过好店，居民约六七十家，无市面，以种作为业，食物小米粥，每碗大钱五文，馍每斤大钱廿四文，早餐得此，甚可充饥。途见石炭数车，询由永寿城拉至乡下为炊爨之用，此炭本地不出，产自邠州属，距此在百里以外。

一下二刻过双庙，有古庙一所，距城五里。穴居野处沿山皆是，其闭门寐然之状，杳无声息，几入无人之境，而其荒陋情形亦大可知矣。夜深寐，二三更后……玎珰不已者，询系骡驼过境。缘驼行运货，每从夜间行，与别骡马行运货日间行者不同。从前两行争设兴讼，数年后始结以此等分别办法。至今上起兰州，下止荆子关，照章无异。计今日共行四十里。

十月初五日（11 月 20 日），吴禄贞、周维桢一行自永寿县的双庙村出发，下午五点半钟抵达陕西邠州（今咸阳市彬县）城。

《沿途日记》记载：

初五日　晴。七下钟早发，寒气较昨日稍减。沿城外斜坡上，路冻土坚，车不能走，上小岭时才五里，已八下钟矣。九下钟过罐罐河，上斜岭，路窄风狂，腹有饥意。土坎边有炊泥锅者煮豆腐，未熟不得食。昨日剩残馍少许，遂分而冷啖之。途见贩羊两群，黑白各二三百计。询由兰州运往西安，每只价银壹两余，羊头染以红色，自兰起行时须完本地厘金，此其记号也。每支完大钱十文左右。十下钟行十五里，上杨王岭，买豆腐食之，和以辣子盐，甚可疗饥。过杨王岭，下绝地沟，窄者四五尺，宽者两三丈，水不深而流急，乱石凌杂，不易行也。过寨门前，计岭上至此约三数里，已十一下三分钟矣。沟边古庙一座，左右老柏数株，下有民户二三家，似旅店状。两岸草木全无，惟有苞谷秆枯而未割。沿山窑户旷土甚多，倘于此沟求森林之业，定可获利。

一下钟行四十里，抵大峪，中尖，面食尚可口。店头石桥一座，能容一车行。三下二刻，行十里，上太白头，有初等小学堂一。又廿里，路势低下，至山麓则平原万顷，豁然开朗，望邠州城依山而立，地势甚佳。五下半入城，天色已晚。不复多见，惟电线在目。街上有电报局一所，余待查。计今日共行七十里。

十月初六日（11月21日），吴禄贞、周维桢一行自邠州城出发，晚六点半抵达陕西长武县城（位于咸阳市西北部，陕甘交界）住宿。

《沿途日记》记载：

初六日　晴。七下半钟邠州早发。城内市面尚好，有邮政分局一所。出北门城后小河一道，即泾水也。上由兰州来，下入渭河。水清而浅，宽二三丈不等，旁系小舟一，即来往过渡处，惟不能行上下船。邠地多平，纵约五六十里，横约七八里。道由左边行，对岸炊烟透起，古柳横堤中，有人家不少。有鸡声自天际来者，仰而望之，土山壁立，高不下数百丈。其间窑户洞开，有覆以瓦檐者，有堆以麦草者，若烟若雾。亦犬亦牛，均悬之壁间，如履平地，鸡则三五逐之其间。下面竖以板梯，计三数十级。盖穴居风景如是也。陶复陶穴，于此可想见遗风。途见骡载五泉棉烟，约百箱，记以晋省各商店字号，由兰州运销山西。询之运售南方各省者亦多，甘省商业烟为大宗，于此可见一斑。沿途小贩多柿、梨二物，每枚钱数文。其以小驴载麦者尤多，每头可载三四斗。驴、麦二项均此地出产较旺之物。九下半钟行十五里，又过枣树坪，周数十亩地，计树不下三万株。道旁卖枣者，取数粒食之，极可口。中有人家几户，业此当获利不少。途见驴载黄蜡数捆，兰州出产，由甘运陕，每斤值钱百余文。

十下半钟过大佛寺，石刻八丈神像巍峨，千百小佛罗列左右。外面楼台香火，壁立层层，其位置之地势几占去山麓之半。门首刊“觉路”二字，又“明镜台”三字，壁间镌以贞观年间建造记。光绪十三年大学士左文襄题其额曰“镜掩三千”，其余颂献题名不可胜数，实中国各寺观梵宇之所罕见，洵大观也。惟至今稍形剥蚀云。亭口镇街头过河，宽约三丈，水齐骡马腹。旁有古庙一，额曰“坐镇黑水”，盖即雍州之黑水也。乡人近名之曰“黑河”。

三下半钟过二塘，距长武城尚有二十里。由邠而武，地方平坦者多。麦原初绿，谷草残黄。村野人家或二三户，或十数户，系耕牛于树下，听吠犬于壁间，打豆挑草，自汲自炊，不顾行者来来往往之为谁何。偶以里名相问讯，不解所言，终以微笑不答而去。田家之乐殊可味也。即此可见民风之淳朴，土地之膏腴。

六下半钟入长武城，宿公馆，馆居县署之西偏。邑令李君绍予湘省同乡也，食用一切代为备置。晚间晤谈，语此去泾州即甘省属地，须雇长车由泾至甘。即代为函知前途请先备办，免致临时延误。计今日共行八十里。

十月初七日（11 月 22 日），吴禄贞、周维桢一行自陕西长武县城出发，抵达甘肃省泾州（今平凉市泾川县）瓦云驵住宿。

《沿途日记》记载：

初七日　晨阴　午晴。九下半钟，早餐。李令念切同乡，坚意相留，并谓前去瓦云驿即泾州属地，向来午尖之所，今则天时较短，宿之亦可。李令前从饶中丞（饶应祺）在新疆有年，情形较熟，因访询之。略语此去有六盘山地，车不易行。兰州前有乌稍岭地，时令不齐，寒暑阴晴无定，往往晴天有陡雪封山之事，最为畏途。惟幸自甘起程时，车轴改宽，中可容大箱四口，坐二三人甚属宽敞，兼之行此路者夜行昼宿，彻宵可闲谈，可酣睡。至嘉峪关外路尤平坦可行，似乎不觉其苦耳。到天山地方分二路，一北路，一南路。吐鲁番为北行要道，气候炎热，火风逼人。冬天稍减，暑天过此，须眉或为之不留。相传此地北百里有火焰山，未知确否。又十三间房地方，怪风常起，竟有吹走人马数百里外，不知去向之事。至坐车紧要，须避寒气。倘率尔下车，猛为冷气所扑，多致不测之虞。富户之多以吐鲁番、库城、温宿、喀喇沙尔为最，其房宇之宽阔，花圃之精致，每为汉人所不及。伊犁外前刘襄勤（刘锦棠）设有卡伦，历久俄人不敢内视。自陶方帅（陶模）误撤各卡后，遂俄之来也，防不胜防，计从前中俄界地，纯皇帝曾有御制碑文刊立其上，今则侵入内地千里有余，而碑亦久不知其所在矣。伊犁地方湖北人甚多，近谓之为“湖北码头”，大半前从金将军北行，遂尔落业营生，渐至繁众者。新伊一带民族约分六种，惟回子最狡黠。至新疆地方虽属危区，而富庶之盛，大可有为。苟得其人，转危为安，犹易之事也。以上所云，仓卒不能全记，略志之，以备考查。此地不产棉花，惟小米烟土尚多。间有大米，自凤翔来，每斗价大钱八九百文。麦每斗三百余文。斗计重四十斤。民俗食鸦片者十之二三，现经李令署事两年，诸务认真，民间多务正业。警察一项，闻办理尤为得法。

一下钟，至窑店镇，出长武境，交甘肃泾州地。镇上市面甚好，银钱、花布、酒饭各店均齐全。卖肉者每斤大钱八十文，卖麦者每斗二百四十文，馍则每斤仅大钱十四文，较之陕属市价便宜多矣。缘年岁收成尚好故也。镇民约百余户，为泾属较旺之区。大略货店各物，布由三原来，湖北所销行者。纸由蒲城来，洋广杂货则由西安省来。据铺民张姓，湖北人，言之甚详。并云此条大路每日有楚人小贩过甘凉一带，或十数人，或数十人不等。肩挑小货而来，买各样皮货而归。终日徒步行，食用甚俭。夜间尝无宿店，随地栖止。苦不堪言，故获利常加倍。而以汉阳、黄陂、孝感、武昌人为最多。

途见骆驼动以百计，大半运甘省棉烟至三原各字号分销，运布庄回甘。每头大者可载三百廿斤，小者可载二百四十斤。驼夫日用不过二三十文，麸料草又较骡马略减，计每头一日喂草四五斤可饱，外需盐二两，麸料并不常用，故驼行之利胜于骡马行。至买驼一头，亦有价银四五十两者。三下半钟，抵瓦云驷，宿行台。计今日共行四十五里。

十月初八日（11 月 23 日），吴禄贞、周维桢一行自泾州瓦云驷出发，抵达泾州城（今平凉市泾川县）住宿。

《沿途日记》记载：

初八日　半阴晴。一下钟，过廿里铺。无甚村落，有三数户人家。沿途杨树甚多，夹左右道，缘光绪初年……乱平后，左文襄（左宗棠）总制陕甘，饬由兰州栽至嘉峪关。魏午帅（魏光焘）督陇时，饬由兰栽至潼关。一东一西，绵长几三千里。留古迹而壮行色，二公之远虑深谋，正不徒武功彪炳昭示来许已也。惟间有剪伐，致多疏密不一，大小参差之处。后之来者须加意护惜，灌溉而培植之，甘棠遗爱，同为不朽也。官立小学堂一，乡间有蒙养学堂廿余所。设习艺所一，织蓝布、花布，尚佳。有马队一队，驻扎城内，由甘省派来者。旧有武卫二，一千总，一都司，教官二，吏目一。光绪二十年前，有瑞典女教士二人来此，建福音堂一座，为传教所。而十余年来无一人从教，女士二人尚驻此自如也。计今日共行五十五里。

十月初九日（11 月 24 日），吴禄贞、周维桢一行在泾州城休整，未记“日记”。

十月初十日（11 月 25 日），吴禄贞、周维桢一行仍在泾州城休整，未记“日记”。

十月十一日（11 月 26 日），吴禄贞、周维桢一行自甘肃泾州城出发，至泾州王村镇之营房住宿。

《沿途日记》记载：

十一日　晴。八下三刻钟，泾州早发。城内市面稍可，设有警察总局一。二里许高山一座，古庙层层。门首接官厅一。寺宇荒落，旁有石碑，文曰“古瑶池降王母处”，盖此山即回中山也。一下钟，行卅里，过王村镇。镇上武衙一，门首额以泾州营分汛，东至州城卅里，西至白水四十里，云云。民户约三十家。今日可赶集之期，市面上卖杂货及柿、梨、木勺、草席者多。镇后古庙一，立高山上，未知何名。五下钟，又十里，过营房，有古庙一座。夕阳在山，柳路影黯。闻犬吠声急，询此地多狼，向来居户稀少，尝有食人、马、牛、羊、驴、驼之事。如今人居较稠，狼患渐少。狼畏打枪，又畏犬，虽以小犬逐之，狼必逃而逸，此犬声即逐狼也。据车夫言，兰州棉烟发陕西三原，驮运每重三百四五十斤，脚价每百斤银六两左右；骡运每重二百斤，脚价七两左右；车运每重四五百斤，脚价五两左右。缘车行极慢，驼次之，骡则较速，可以赶站，得好行价也。计兰州每日出烟在二百箱以上。计今日共行七十里。

十月十二日（11 月 27 日），吴禄贞、周维桢一行自泾州王村镇的营房出发，于下午三时抵达平凉府城（今甘肃省平凉市）。

《沿途日记》记载：

十二日　晴。途见骡运药材甚多，询由甘省岷州、河州一带运销三原者，每载重二百四五十斤，脚价银九两余。一下钟行十五里，过甲积峪沟。平凉营房一座，上书东至洪沟堡十里，西至十里铺十里。人户参差，约廿余家。树木掩映，约千株左右，稻场扫洒，牛羊往来，颇有田家乐趣。三下钟，入平凉府城。由东门进城，门内小桥一，仅容一车。再进，有巡警总分局、邮政局、电报局。居民约三千家……市面甚旺，京洋川广杂货齐全。由陕入甘此为第一市镇，平凉洵甘肃东南重镇也。城中有大桥一，名“清平桥”。有福音堂大小各一，英教士二人，教民约数十人。计今日共行七十里。

十月十三日（11 月 28 日），吴禄贞、周维桢一行自平凉府城出发，抵达固原县瓦亭（今宁夏回族自治区固原市原州区瓦亭村）住宿。

《沿途日记》记载：

十三日　晴。三下一刻，过三关口。有关帝庙一座，势灵赫，魏午帅（魏光焘）题其额曰“福荫陇东”。门首有魏公修路碑文，系吴学使大澂督学甘陇时所作，甚佳。地势险绝，两岸山为之一聚。沟水自石崖下流，崖间镌八字，一“峭壁奔流”，一“山水清音”。沿溪行十数里，两山陡峻，一道中通，洵入甘要害也。此去瓦亭尚有二十里。途遇驼载上货甚多，均布茶、棉花之类，询由三原、泾阳运甘肃者。又有运盐而下者，询由固原运青盐至平凉销行者，与花盐销路甚宽广者有差。计今日共行九十里。

十月十四日（11 月 29 日），吴禄贞、周维桢一行自固原县瓦亭出发，于下午四时抵达平凉府隆德城（今宁夏回族自治区固原市隆德县）住宿。

《沿途日记》记载：

十四日　晴。九下三刻，行十五里，过河上铺。居民约廿余户，无市面，有饭店二三家。一下钟，上六盘山，路势陡峻，车不易行。车夫彼此换套，以两车之马拖一车而上。至岭上十里，磨数句钟之久。幸得天晴，路尚易行。闻往时风雪无常，此处阻碍诸多，今仅有小风数阵而已。岭上两牌楼悬以“隆德县界隆德营”字样，一额曰“陇干锁钥”，前甘督陶模题。后有一小方，云“陇甘最险无双地，天下难游第一山”。是此山之不易过也。计此山高度出海面七百五十丈以上。二下半钟下坡，行十里过尹家店，小憩，居民不及十户。四下钟，抵隆德城，宿客店。计今日共行五十里。

十月十五日（11 月 30 日），吴禄贞、周维桢一行自平凉府隆德城出发，下午五时抵达静宁州城（今甘肃省平凉市静宁县）住宿。

《沿途日记》记载：

十五日　晴。有三骑马者，前后两男子着衣冠，不甚楚楚。中一少妇，面覆黑帕齐胸间，头梳新髻，如仰瓦形，如鞋底状，卧于发顶，长八寸许，询悉此新嫁娘也。本地新妇适人，无论贫富不乘轿不坐车，以一马送之，而妇将婚之前，男家给女家银十两二十两不等，备嫁奁衣物用，余无多耗，风俗可谓朴矣。两男子即送嫁人也。闻平凉地方尚有亲迎之礼，此处无之。

三下，过石嘴子，山作重门，路绕腰间，下有河，宽三四丈，无甚主名。水浅而浊，自六盘山下发源，由静宁州过，不远杂入溪流而去。静地水磨极多，即借此水流之便。五下，入静宁州城，宿公馆。城周九里三分，由东门进，巡警、邮局俱设，当铺、银钱各杂货店，市面均尚可观，街上摆摊小贸者以麻线、篾篓、木器为多。合城约二千家，初办学堂一所，学徒无多。外有福音堂一，无从教者，教士早向平凉去矣。其车栈、脚骡店、驼厂、盐店均齐全，食盐来自安定，即花马池盐也。民人呼曰“青盐”，未知孰是。合州约二万余户，民风朴质。出产以小麦、扁豆、豌豆为大宗。麦一斗磨上面可廿五斤，下面可卅斤，斗重卅二斤。扁豆能造粉条，销行固原、平凉一带。牲畜羊极多，以千万计。牛次之，驴又次之，骡更次之。静宁亦甘省旺区也。计今日共行九十里。

十月十七日（12 月 2 日），吴禄贞、周维桢一行自静宁州城（今平凉市静宁县）起程，经会宁（今白银市会宁县）县境去安定县（今定西市），沿途多“绣球白泡菜”，不禁引发思乡之情。

《沿途日记》记载：

午尖，有绣球白泡菜，味甚佳。此物惟鄂中襄、郧、宜、施一带有之，称绝品。今于此地得之，不禁有故乡蓴鲈之感矣。

案：“襄、郧、宜、施”系指湖北省的襄阳、郧阳、宜昌、恩施府。“蓴”，即“蓴菜”，又作“莼菜”，是一种睡莲科的水草，嫩茎叶作蔬菜，主要生长于湖北西部和江苏、浙江太湖流域。“鲈”，即“鲈鱼”。宋代陈景沂在其《全芳备祖后集》卷二十七之《蔬部》中云：“晋张翰，吴人，为大司马东曹掾，见秋风起，乃思吴中菰菜莼羹鲈鱼，曰：‘人生贵适志，何能羁官数千里以要名爵乎。’遂命驾而归。”此后，“蓴羹鲈脍”便简称“蓴鲈”，常用作辞官归乡的典故。

十月十九日（12 月 4 日），同盟会联合湘赣哥老会发动萍乡、浏阳、醴陵起义，萍乡矿工数千人加入。

十月二十日（12 月 5 日），吴禄贞、周维桢一行自会宁抵达甘肃省安定县（今定西市定安区）。

《沿途日记》记载：

日来大家疲惫倦，安定周君，湖北咸宁人，亦重乡谊。拟住一日，借纾旅困。

十月二十三日（12 月 8 日），吴禄贞、周维桢一行抵达兰州府榆中县（今兰州市榆中县），因前来拜访的官员众多，不胜其烦，故只好昼宿夜行。

《沿途日记》记载：

近日以来，沿途州县探知自东来办差，迎送拜谒纷纷，每力辞之不得。由此昼眠夜走，不按站行，庶免应酬杂沓之习。

十月二十四日（12月9日）下午，吴禄贞、周维桢一行抵达甘肃的省会兰州，“由东关进，宿客店”（《沿途日记》）。

同日，康有为在美国纽约《中国维新报》上发表公告，通知各地“保皇会”于1907年元旦改称“国民宪政会”，作为推动宪政的团体。

十月二十五日（12月10日），吴禄贞、周维桢一行仍在兰州旅店休整，并预约明天前往拜访陕甘总督升允；一行人住在旅店，前来拜访者络绎不绝。

《沿途日记》记载：

入店后，探访者纷纷，多不尽情，概谢绝。

十月二十六日（12月11日）上午，吴禄贞和周维桢如约前往拜访陕甘总督升允[①]。到后，升允却以疾推辞不见。无奈，一行人只得前去游览北塔山，然后回旅店等候召见。

《沿途日记》记载：

清晨，有候补县李显诚者来店索见。此人夙所知悉。本籍河南，原官陕西，前廿九年凤翔盐案，商受其害，民受其病，官场亦并受其殃，皆系该令一人所酿成。业经言者奏革，其操守难信，声名甚劣，人所共知共闻。彼时多有咎升抚之误用者。今闻来甘，升督尤信任无二，诚不解其何谓矣。未见而去。

辰后，往谒甘督，遽辞以疾不见……因兰州旅情出人意外，电京商办。

（兰州）北门外有北塔山，为甘省名胜，往游之。出城门过黄河，河横廿四舟以为浮桥，旁系巨缆，两岸以铁柱镇之。闻每年冬至后三九之三日，河冻即成冰桥。俟来春解冻后，浮桥如故，甚稳适可渡。

案：日记中提到李显诚在陕西时受“升抚之误用”，到甘肃后，“升督尤

① 升允（1858—1931），字吉甫，号素庵。蒙古镶蓝旗人。光绪八年（1882年）举人。二十六年（1900年），任山西按察使、布政使。次年调任陕西布政使。二十八年（1902年）擢升陕西巡抚。三十年（1904年）调任江西巡抚，不久，又调任察哈尔都统。次年四月调任闽浙总督，未任，改任陕甘总督。宣统元年（1909年）因反对君主立宪，被革职。宣统三年（1911年），武昌起义爆发，重新起用，任陕西巡抚，总理陕西军事。民国元年（1912年），极力反对清帝退位；曾率数十万兵马东进，冀迎奉溥仪至西北，建立偏安的小朝廷未果。次年，乘“二次革命”之机，又策动勤王复辟活动，未得逞，乃赴日本游历。民国五年（1916年）回国，侨居青岛。民国六年（1917年）张勋复辟时，被任为大学士，曾劝说旧部响应，以甘肃为复辟基地，未果。后以清遗老终。

信任无二”。此处之“升抚”“升督”，均指的是“升允”。升允于光绪二十七年至三十年（1901—1904）出任陕西巡抚（驻西安），又于光绪三十一年（1905年）三月，由署理闽浙总督擢升陕甘总督（驻兰州），故有“升抚”“升督”的称呼。

十月二十八日（12月13日），陕甘总督升允终于同意与吴禄贞和周维桢见面。在交谈过程中，吴禄贞和周维桢指出陕甘地区没有按照朝廷的要求编练新军，所统仍然为绿营兵；并谓沙俄早就窥视我国西北，一旦入侵，将如何应敌？希望他们尽快整改。升允本是旗人，是清王朝的铁杆守旧派；他曾听人说吴禄贞和周维桢在日本时都从事过反清革命活动，现在来此并未接到军机处的通知，且二人又未穿朝服，见面时亦未行大礼，实为目无长官，还要求供给他们所需之考察经费，遂恼羞成怒，电告军机处，参劾吴禄贞“冒充军官”，并沿途“需索供应”，要求将他们就地正法。于是将他们扣押起来，不准西行。

适此时“铁良已出军机，军机处各大臣，多半不知道这事的经过，就上奏西太后”。西太后当即召询陆军部大臣铁良，“铁良奏认是他任上所派。西太后就命铁良电复升允等”，确有其事，请求放人。升允“接到复电后，见禄贞诚系奉命前来，就加他沿途滋扰的罪，把他押解回京”（引文见《吴禄贞》，《吴禄贞集》附录，第265页）。

案：据《吴禄贞传》的记载①：是年11月，吴禄贞与好友周维桢“到了甘肃”，便前去“访晤巡抚樊增祥”。交谈之间，吴禄贞“陈词多主革新”；“樊系反对戊戌维新的守旧派”，听了吴的所说之话，“错疑他是康党”，且不见有军机处给各省藩库的行文，可能是“冒充钦差”，就禀明陕甘总督升允，请将吴禄贞就地正法。升允为慎重起见，曾电询军机处；此时铁良已出军机处，故其事惊动慈禧太后出面，方知确有其事。升允不肯就此罢手，遂加以“沿途滋扰”的罪名，将吴禄贞撤职查办，并于年底押解回京。

首先要指出的是，此时的樊增祥并不是“巡抚”，人也不在“甘肃”；他此时的任职为陕西布政使，人在西安。说樊增祥是“反对戊戌维新的守旧派”，过于武断，也与实际不符——樊增祥清末在陕西积极投身新政，为陕西的近代化贡献颇多，比如奏开铁路，开发延长油矿，自办工艺所、劝业场，振兴民族实业，筹建陕西大学堂、师范学堂及州县两级学堂，鼓励学生

① 见国民党中央党史史料编纂委员会《吴禄贞》，《吴禄贞集》，华中师范大学出版社2011年版，第265页。

出国留学，筹练陕西常备新军及巡警等等，并不“守旧”，只是他践行的是乃师“中学为体，西学为用”的主张罢了。

根据近些年新发现的史料来看①，吴禄贞和樊增祥之间的关系并不像《吴禄贞》中所说的那样，而是师生或朋友的关系（吴禄贞在次年上半年给樊增祥的几封信，都是以弟子的身份写的）。而吴禄贞、周维桢至陕甘考察期间，陕西布政使樊增祥与陕甘总督升允之间正发生了一场互控的尖锐的矛盾冲突，他自然不会为此事主动去找升允。既然如此，就不存在他向升允报告而抓捕吴禄贞之事；更不会在几个月后他自己已经被撤职之后，还委托吴禄贞在京城为他活动的事情了。

十月二十九日（12 月 14 日），慈禧太后在得知陕甘总督升允电报内容后，当即下旨：“谕军机大臣等。电寄升允，据电奏吴禄贞冒充钦差等语。着陆军部彻查究办。”②

同日，陕甘总督升允接到陆军部电报后，才将吴禄贞等人释放。今日未记“日记”。

十月三十日（12 月 15 日），周维桢早晨四点钟就单骑先行出城，先去打前站并调查沿途情况；同行其他诸人稍后亦都出城，继续西行。

《沿途日记》记载：

（周维桢）晨四下钟，单骑出兰，同行诸人随后西发。

出西关渡黄河，浮桥宽约三百米，下建廿四艘，旁系巨缆，两岸以铁柱镇之，系明代洪武时所造。闻每年冬至后三九之日，河冻即成冰桥。车马皆踏河而过，冰融后再敷设。现闻将建铁桥，聘外国工程师，估工需十万余两。

案：自此日起，《沿途日记》改由周维桢执笔（即第二册）；此前所记日记（即第一册），皆由吴禄贞执笔。

关于兰州建造黄河铁桥之事：光绪三十二年五月（1906 年 7 月），甘肃省与德国泰来洋行正式达成修建兰州黄河铁桥意向；同年九月二十一日（1906 年 10 月 28 日），中德双方达成一致意见，并签订了《总办甘肃全省洋务总局彭英甲等与德国泰来洋行喀佑斯拟定包修兰州黄河铁桥合同》。随之，修建兰州黄河铁桥的筹备工作全面展开，历时三年，至宣统元年七月初四日（1909 年 8 月 19 日）正式建成通车。该桥有 6 墩 5 孔，全长 234 米，

---

① 见曾伟希《清末吴禄贞致樊增祥信函》，《文献》（季刊）2011 年 7 月第 3 期。

② 《清德宗实录》卷 565，“光绪三十二年十月壬辰”条，中华书局 1987 年版。

宽 7.5 米，与济南道口铁桥、郑州铁桥同列为黄河上的“三大桥梁”。1928 年，为纪念孙中山先生，将此桥改名为“中山桥”，沿用至今。

十一月初一日（12 月 16 日），江浙绅商在上海组织“预备立宪公会”，举郑孝胥为会长，张謇、汤寿潜为副会长。

同日，周维桢途经平番县境的哈家嘴至徐家磨一带，只见“房屋均土筑，皆作广大之院落，行军时可得宿营之便也”（《沿途日记》）。

十一月初三日（12 月 18 日），吴禄贞和周维桢抵达甘肃平番的红城子（今兰州市永登县红城镇）。

《沿途日记》记载：

> （周维桢在红城子）候同行诸人及车辆。

十一月初四日（12 月 19 日），慈禧太后在召陆军部大臣铁良问明有关情况后，又下谕旨：“又谕。电寄升允，前据电奏，吴禄贞冒充钦差等语。当经谕令陆军部彻查究办。兹据陆军部奏称，吴禄贞系由练兵处派往，已将情形电复该督，究竟该员如何冒充实据，着升允详细电奏。寻奏上，得旨，着陆军部将该员撤回查办。寻部议，查明吴禄贞并无需索招摇情事，实因该员留学外洋，于中国礼节律例均未深悉，以致有轻率疏忽之处。请撤去监督差使，以示惩儆。从之。”①

同日，周维桢与吴禄贞等一行人在平番的红城子（今兰州市永登县红城镇）会合。

《沿途日记》记载：

> 午后，同行诸人始至，言及兰州城之事，则不禁悲喜交集矣。

十一月初五日（12 月 20 日），吴禄贞和周维桢一行自平番的红城子出发，抵达平番县城（今永登县）。

《沿途日记》记载：

> （平番城）据金羌河之北，地势平衍。东北通宁夏，西通甘凉，西南通西宁，诚甘省河西交通之枢纽也。
>
> 车辆可出五六百乘，小麦及杂粮每日可买十余石。

十一月初六日（12 月 21 日），吴禄贞等在凉州府的平番（今兰州市永登县）休息一天，并修理车辆。

《沿途日记》记载：

> 在平番修理车辆，且仅从（案：此指由西安出发时所带老仆）大

---

① 《清德宗实录》卷 566，“光绪三十二年十一月丁酉”条，中华书局 1987 年版。

病，在此休息一日。

十一月初七日（12 月 22 日），吴禄贞和周维桢一行抵达岔口（今甘肃省武威市天祝藏族自治县华藏寺镇岔口驿村）。

十一月初八日（12 月 23 日），吴禄贞和周维桢一行抵达龙沟铺（今甘肃省武威市古浪县黑松驿镇龙沟铺街）住宿。

《沿途日记》记载：

自昨宿之岔口及今日之龙沟铺，旅店愈形荒陋，饮食茶水皆须自饮自爨。店内棹（桌）几皆无，荒榻一具，浮尘寸许。无坐卧处，朝夕昏晨，趺坐车里，虽两膝麻木，亦徒唤奈何。以车为家，真苦人也。

十一月初九日（12 月 24 日），吴禄贞和周维桢一行抵达靖边驿（今甘肃省武威市凉州区黄羊镇）住宿。

《沿途日记》记载：

由古浪至靖边驿，南北两山渐次开阔，天畴平旷而成河西之大平原，惟路侧间多堑谷，队伍运动须留意。

车店四家，宿客拥挤，无栖息所，徘徊檐下。寒风逼人，层冰满道，重裘不暖，饥肠欲鸣，静候卅分钟之久，始觅得偏室一所，进店时已晚钟七下矣。自兰州西去后，旅店不备饭食，非自炊无以裹腹。西安雇仆二名，一被甘督扣留，一则中途遁去。老仆亦病，风寒旅行之困，莫此甚矣。

十一月初十日（12 月 25 日），吴禄贞和周维桢一行自靖边驿出发，下午抵达凉州府东关（今甘肃省武威市凉州区东关街道）住宿。

《沿途日记》记载：

寓东关泰来店，抵店时下午两点半钟也。

十一月十一日（12 月 26 日），吴禄贞和周维桢一行抵达凉州城（今甘肃省武威市凉州区），并接到由兰州转寄的京城电报，方才得知自己已被朝廷撤去练兵处军学司训练科马队监督的职务。

《沿途日记》记载：

（凉州）就现时军事上之观察，对内防外皆为要冲，何者？自兰州至古浪五六百里间，为长狭之谷地，至此则一望平原，正当谷道之口，实属兰州之门户。此地一失则山道崎岖，皆用兵之所，此对于兰州为保障之要地者。一也。凉州为河西中权，北可控制蒙古，南可防御青番两处，一有蠢动，则此处为必争之要地。若镇守得人，则足以制其死命，而不至糜烂甘省之全局。此对于蒙古、青海为防守之要地者。又一也。

凉州位置介兰、肃二州之间，地势平坦，人烟稠密，物产殷富，采买称便。新疆有事，则此地为转运之要区，而亦宁夏、兰州、固原等处兵队之好集合场也。此对于新疆为策应之要地者。又一也。有此三者，则此地为军界平时所亟宜研究也明矣。

（凉州）杨（洋）芋所产最盛，农民多食之，可买数十万斤……（小麦）每年约可买二万石……各种杂粮亦可数万石……煤炭每日可买万斤……马可买二千匹，驴可买四五千匹，骡可买五六百头，上者值百金。……（驼）上等约值四十两，可买五六百匹……牛产番地，价廿两，约可买千头。羊多而佳，每头需钱千文，数万不难致也……以上各物征发时皆不止此数。

是日住凉州，接京电，系由兰州转寄者，当即复电一封。

案：当时京城至甘肃的电报只能到兰州，电报到时，吴禄贞等人已不在兰州，而是到了平番的红城子。时凉州已设有电报分局，只得将京城的来电转发给凉州，在凉州截住吴禄贞一行，并将电报交给他们。至此，吴禄贞才知道自己已被朝廷撤去监督职务，并命其返回京城，故西北之行至此而止。

十一月十二日（12月27日），吴禄贞和周维桢在凉州（今甘肃省武威市凉州区）终止西行，被陕甘总督升允派人押解返京。

案：对于吴禄贞此次赴西北考察最远抵达何处的问题，已有的文献记载皆说法不一。《故晋联军参谋周君碑铭》中记载说：吴禄贞和周维桢“历山西、陕西入甘肃，遍览玉门、嘉峪形势……至肃州、奇台而返”①。按其中的说法，吴、周二人最远的行程是到了奇台（今新疆昌吉回族自治州奇台县）。而国民党中央党史史料编纂委员会在《吴禄贞》中却说：吴禄贞一行自西安抵达甘肃兰州后，就被陕甘总督升允以“沿途滋扰的罪”，将“他押解回京”②。按其中的说法，吴、周二人最远的行程只到达甘肃兰州。今据吴、周二人所写之《沿途日记》可知，他们二人此次西北考察的最远行程是抵达凉州府城（今甘肃省武威市凉州区）。由此可见，前二说均误，或者说均不准确。

十二月二十六日（1907年2月8日），日本内阁会议秘密决定：“间岛

① 《故晋联军参谋周君碑铭》，《吴禄贞史料集（石家庄文史资料第12辑）》，中国人民政治协商会议河北省石家庄市委员会文史资料委员会，1991年，第157页。

② 国民党中央党史史料编纂委员会：《吴禄贞》，《吴禄贞集》附录，华中师范大学出版社2011年版，第265页。

问题属于清韩两国多年之难题。今立即解决该地管属问题，尚难达到目的……先派遣相当的官宪前往该地，以不显眼之方法，逐渐确立我统治地位，是为上策。”①

十二月二十七日（1907年2月9日），中、日订立《扩展汉口租界专约》。

十二月下旬，吴禄贞被陕甘总督升允所派之人押解回到京城。“禄贞经此番挫辱，刺激更深，他的革命思想，益发尖锐化”（见《吴禄贞》，《吴禄贞集》附录，第265页）。

吴禄贞回到京城后，适湖北革命组织派人前来告诉吴禄贞说：因为响应湖南萍、浏、醴起义，日知会遭到严重破坏，有二十多位同志被捕入狱，刘静庵等9人已被判死刑，请其尽快在京设法救援。

吴禄贞得知这一重要情况，非常着急，虽然自己仍在接受朝廷的审查，还是设法前去与好友程家柽商议对策。接着，他们做通肃亲王善耆的工作，并以其名义，给湖广总督府发了一封电报，请张之洞对此案“和平办理”。于是，刘静庵等9人才转危为安，由死刑改判为终身监禁，得以保住性命，其他人亦都有减刑。这些同志在武昌首义后，又都获得了自由。

张难先《湖北革命知之录·胡瑛传》中记载：“……后得吴禄贞、程家柽等奔走，肃邸电张督对此案和平办理，而狱始缓。除夕，分禁九人于各监，始脱缧绁，能通信会客矣。”（见《张难先集》第59页）

年底，吴禄贞闲居无事，遂将自己赴西北考察途中所写诗作结集为《西征草》。

吴忠亚曾回忆说：“他所留下的宝贵诗篇《西征草》，即成于是时（案：指考察西北期间）。现存者二十五首，虽皆慷慨怀古、缠绵忆旧之作，然而，也正是他当时思想感情的自然流露和真实反映，自有其重大参考与研究价值。”（见吴忠亚《吴禄贞的一生》）

是年，中国第一所官办法律专门学校——“京师法律学堂”正式开学。

是年，日本人守田利远（1863—1936）编著《满洲地志》（上、中、下）一书，将中、韩界河“土门江”（图们江）译成“豆满江”，胡说其北岸向来属于我国奉天省延吉厅临江一带地方为“间岛”，是属于中、韩两国尚未解决的有争议的领土，为日本企图越江吞并其地作舆论准备。

---

①《日本外交文书》第40卷第2册，日本外务省外交史料馆1960年刊行，第84页。

光绪三十三年丁未(1907 年)　二十八岁

年初，吴禄贞仍在京城闲居，接受清廷的审查。

正月初一日（2 月 13 日），康有为、梁启超改保皇会为国民宪政会。

正月初五日（2 月 17 日），日本政府应清政府驻日公使杨枢的要求，下令早稻田大学和中央大学开除与同盟会有关系的中国留学生 39 人。

正月二十日（3 月 4 日），日本政府应清政府要求，迫令孙中山离境。

二月初十日（3 月 23 日）傍晚，宋教仁偕白逾桓、吴昆、古川清等人离开日本东京，前往东北开展革命活动。

二月三十日（4 月 12 日），朝旨川汉铁路改由商办。

三月初八日（4 月 20 日），清政府改盛京将军为东三省总督，并设奉天、吉林、黑龙江三省巡抚。

四月初七日（5 月 18 日），吴禄贞的长子吴忠黄（1907—　）在京城出生。

四月十一日（5 月 22 日），革命党人陈涌波、余既成等举行潮州“黄冈起义”，旋失败。

四月二十二日（6 月 2 日），革命党人邓子瑜等发动惠州七女湖起义，旋失败。

四月下旬，由于同学、好友良弼①的多方斡旋，加之陆军部尚书铁良确曾同意吴禄贞赴西北考察边务，故朝廷对吴禄贞、周维桢才未予追究、处分，只是暂时免去了吴禄贞骑兵监督之职。

案：吴禄贞“冒充钦差”一案，一直上奏到了慈禧太后那里。太后曾召见铁良询问过此事。铁良承认吴禄贞是他派去考察边务的。太后责令奕劻、铁良等人了解具体情况，认真办理。铁良不敢怠慢，立即电告升允，请其放人，并请转告吴禄贞暂停考察，先回京师再说。升允怒气难平，先不计较其

① 良弼(1877—1912)，字赉臣，爱新觉罗氏，满洲镶黄旗人。清太祖努尔哈赤幼弟贝勒巴雅喇八世孙。早年丧父，与母亲杭阿坦氏相依为命，待母极孝。1899 年赴日留学，先后入成城学校、陆军士官学校。毕业回国后，入练兵处，旋充陆军部军学司监督副使升司长。禁卫军成立，任第一协统领兼镶白旗都统。以知兵自诩，他参与清廷改军制，练新军，立军学，尤注意延揽军事人才，与铁良等被称为清季干将。1910 年随载涛赴日、美、英、法、德、意、奥、俄八国考察陆军。1911 年武昌起义爆发后，坚决主张镇压，反对起用袁世凯。1912 年 1 月与溥伟、铁良等皇族成员组织宗社党，被推为首领，反对与革命军议和，反对清帝退位。26 日被革命党彭家珍暗杀，抢救两日后去世。

“冒充钦差”之事，仍下命以新党嫌疑、“沿途滋扰”、“需索供应”的罪名，将吴禄贞和周维桢扣押，遣送回京查办。吴、周回京后，经奕劻等人查核，认定其“并未冒充钦差”；但又不便彻底得罪升允，便以“吴禄贞谒见地方大员，身穿便服，有失官场体统”；而“其轻率疏忽之处，自应量予惩，俾资儆惕”为由上奏，始开释无罪（详参故宫清军务人事档《奕劻等奏查复吴禄贞冒充钦差由》）。

五月初九日（6月19日），朝命解庆亲王奕劻军机大臣差，命醇亲王载沣在军机大臣上学习行走，而以鹿传霖为军机大臣。

五月十一日（6月21日），大学士王文韶因病乞休；谕下，以湖广总督张之洞为协办大学士。

五月中旬，第一任东三省总督、钦差大臣兼管三省将军事务徐世昌[①]奉命启程赴任。徐世昌曾在练兵处担任过提调、会办，对吴禄贞颇为了解，非常欣赏吴禄贞的精明强干，遂奏请朝廷允许其带吴禄贞同行入关。吴禄贞“既不得志于西北”（见《吴禄贞》，《吴禄贞集》附录，第265页），就颇希望能前去东北边关考察一番。

其间，好友王保民听说吴禄贞即将赴东北边关效力，前来为好友送行。吴禄贞甚感好友厚意，乃作《赠王保民》一诗（见《吴禄贞集》，第253页）赠谢：

东亚风云千万异，革命事业共同支。欲为同胞添臂助，只言良友不言师。

五月二十四日（7月4日），朝廷同意徐总督的奏请，任命吴禄贞为“军事参议”，随徐总督出发前往奉天（今沈阳市）任所。此次随吴禄贞同行的，尚有同乡好友周维桢。

五月二十六日（7月6日），光复会领袖徐锡麟枪杀安徽巡抚恩铭，率

① 徐世昌（1855—1939），字卜五，号菊人，晚号弢斋，别署水竹村人、石门山人。祖籍天津，生于河南汲县，幼时随家迁居开封。光绪十二年（1886年）进士，授翰林院编修。先后充国史馆协修、武英殿协修。二十一年（1895年），被袁世凯聘为小站新建陆军营务处参谋。后历任国子监司业、内阁学士兼练兵处提调、兵部左侍郎、巡警部尚书、邮船部尚书，累官至军机大臣、体仁阁大学士。辛亥革命爆发，力主起用袁世凯。民国三年（1914年），出任国务卿，人称“相国”。1918年由安福国会选为总统。1922年被直系军阀曹锟、吴佩孚赶下台。此后迁居天津租界，成立编书处，设晚晴簃诗社，以编书、赋诗、写字遣兴。工山水画、善书法，亦能诗。著有《水竹村人诗集》《归云楼题画诗集》等，另编有《清儒学案》《颜李丛书》《清诗汇》等。

巡警学堂学生在安庆举行起义，失败被杀。

六月初四日（7 月 13 日），女革命家秋瑾响应徐锡麟在浙江绍兴起义，事泄被捕，两天后，在绍兴被杀害。

六月上旬，在东三省总督府，吴禄贞与好友、日本东京陆军士官学校第二期校友、同盟会员蓝天蔚相聚，分外高兴。

初至奉天，事情不是太多，吴禄贞遂乘机广结“绿林中的朋友，以为将来之用”（见《吴禄贞》，《吴禄贞集》附录，第 266 页）。

其间，在东三省总督府署，吴禄贞与“胡匪”出身的张作霖、冯麟阁、汤玉麟等巡防营军官结识，并成为好友。

六月十四日（7 月 23 日），上谕：“张之洞着授为大学士，仍留湖广总督之任。”（见《张文襄公年谱》）

六月十八日（7 月 27 日），上谕：“张之洞着充体仁阁大学士。”（见《张文襄公年谱》）

六月中旬，吴禄贞深感不知边就无法筹边，只有掌握边疆实际情况才能应付可能发生的变化，乃自请于徐总督，允许他带员对延边等地进行实地考察。徐总督甚赞赏吴禄贞的看法，遂命其带领督练处科员周维桢、李恩荣①和六名测绘生，开始赴中朝边界的延吉、珲春一带勘测、调查边务。

六月二十一日（7 月 30 日），日、俄两国在圣彼得堡签订分赃的第一次《日俄协定》和《日俄密约》，它成为日、俄两个帝国主义国家在中国东北平分势力的开始。

六月间，几个月前已来东北组织武装反清起义和联络“义军”（“马贼”）准备响应南方起义的宋教仁，曾前来拜访吴禄贞，与其商议在东北地区建立同盟会支部的相关事宜；而且很快就成立了同盟会辽东支部，吴禄贞也成为该支部的主要负责人之一。

案：在东北工作的几年中，吴禄贞一直暗中支持着那里的革命活动，为革命同志传递消息，提供经费。他多次慷慨解囊，资助陷入困境的同志。如

---

① 李恩荣，生卒年月不详，直隶天津北塘（今宁河北塘）人。曾在东三省总督督署任职，后协助吴禄贞勘察边务，常常带领六名测绘员携着勘测工具，昼夜兼程，一路颠簸，深入到东部边陲的延吉边界、延边的长白山上、图们江畔进行实地考察、测量，收集整理了大量资料，画绘了许多地图草图，证明和确认中韩国境线，最后绘制了《延吉边务专图》。参与了吴禄贞主持编写的长达十余万字的《延吉边务报告》工作。为维护国家领土完整立下功劳。后一直在延边和吉林工作，官至统领。直到 20 世纪 30 年代初才回到老家天津，不久病逝家乡。

宋教仁被通缉时，他通过吴昆转送500银元，督促其赴日避难；对安庆起义失败后潜逃东北的熊成基，他曾筹集一千银元，托方培良转交。

其间，宋教仁在东北联络各方豪杰准备发动武装起义的过程中，侦知到日本参谋本部将发兵侵占我国延吉地区的消息，将其告知好友吴禄贞，请其注意防范。

案：宋教仁还在日本留学期间，就从报刊上不断读到日本人胡说图们江北岸沿江之延吉厅一带为“间岛”，是中韩尚未解决的领土的文章，遂开始广泛搜集资料，用大量确凿的证据来证明延吉地区自古以来就属于中国的领土，并将其写成了《间岛问题》一书。

七月初二日（8月10日），朝廷电召体仁阁大学士张之洞迅速赴京陛见。

七月初十日（8月18日），张伯祥、邓文翚、焦达峰、孙武、刘公等在日本东京成立革命团体共进会。

七月十一日（8月19日），吴禄贞正带领周维桢、李恩荣等一行人在珲春一带考察边务，突然发现多艘满载日本军警的舰船从韩国会宁出发，渡过图们江，在北岸强行登陆，侵入到中国延吉厅六道沟（不久迁至龙井镇）。

同日，日本驻中国代理公使阿部守太郎照会清政府外务部，声称：“为照会事，准本国政府训令内开：间岛究为清国领土，抑为韩国领土，此事悬案已久，迄未解决。然韩民之住于该处者不下十万余，往往受马贼及无赖凌虐，向韩政府之求保护。韩政府以事关边境，且涉外交，请日本政府派员至该处保护住民……拟由统监府迅速派员至间岛专以保护韩国居民为事……速电驻扎间岛之清国官员，免生误会。”①

正如吴忠亚在回忆中所说：“日本侵略者在制造所谓‘间岛问题’时，不是按照国际公法和外交惯例，向我提出交涉。而是采取了突然袭击的非常手段，照会未发，人马先行，以迅雷不及掩耳，使我猝不及防之势，武装进占我延边。这种恃强逞凶、蛮横无理的强盗行径，实为近代文明国家关系史上所罕见，也就越发增加了这个所谓‘间岛问题’的复杂性和严重性。”（见吴忠亚《吴禄贞的一生》）

日军突然入侵延边后，边境一时间“风声鹤唳，谣言四起，人心惶惶，莫知所措”，吴禄贞却能“从容镇定，临变不惊”（见吴忠亚《吴禄贞的一生》）。

---

① 吴禄贞：1908年4月《延吉边务报告书》第8章附录：《三十三年七月十六日外务部致日本阿部使照会》，《吴禄贞集》，华中师范大学出版社2011年版，第187页。

一连几天，吴禄贞一行便着意调查、了解此事，方才得知：日本人自称是“奉命越江”，将在这一带设立军政机构，以“保护韩民”，实则是要强行将此地占为己有。这就是后来轰动世界的“间岛问题”。

于是，他们一方面立即向徐总督报告了此事；徐总督亦及时向朝廷作了禀报，引起了朝廷的高度重视。另一方面，他们又以高度的责任感，想方设法，说服地方官吏，组织地方军民共同抵御日本强盗的入侵。

当时，吴禄贞一行的任务是调查边务，并没有督率军民抵抗入侵日军的职责。正如吴忠亚在回忆中所说：吴禄贞目睹其事后，“不仅毫无畏避之意，反更挺身而出，立即督率当地将吏，组织当地军民，对发动突然袭击之斋藤，进行了卓有成效的抵制”（见吴忠亚《吴禄贞的一生》）。

案：吉林的延吉地区，东临海参崴，南隔图们江，与朝鲜的钟城、会宁相望，西抵长白山脉，土地肥沃，物产丰富，被清王朝视为发祥地，一直封禁。乌拉总管和吉林将军按例每年在此采猎东珠、人参与貂狐、虎豹等物上贡朝廷。久而久之，关内农民相继流入此地，采矿伐木，垦荒种地。同治年间，韩国钟城大灾，大批饥民偷偷越江至此垦种，至光绪年间，来此定居的韩民逾万人。清廷有鉴于此，亦为加强边地开发，乃实行开禁移民实边政策，并在局子街（今延吉市）等地设立招垦局，招募、组织中韩移民垦荒实边；后又设立延吉厅负责此地区的军民政务与边防事宜，并在珲春正南七十里的和龙峪设有分防经历和巡检。于是，此地区便逐渐成为满、汉、韩各族人民的杂居之地。

“间岛”（又称“垦岛”）一词，最初仅流传于越垦韩民中间。它是指图们江北一侧的光霁峪（今龙井市光开乡）一带，由沙泥淤积而成的二千余亩滩地。汉人多称其为“夹江”“假江”或“滩地”“江通滩”。1882年，因越垦韩民在图们江北一侧私自开掘了一条水沟，将江水引出，遂使这块滩地介于一江一沟之间。清初属宁古塔辖地，光绪年间并入吉林省延吉厅。而“间岛”一词最早见于韩国管理使李范允于1903年写给清廷越垦局的行文中。1904年6月，在《中韩两国边吏会订善后章程》（共十二款）中就明确写道：“间岛即光霁峪假江地”，并在其中的第六款规定：“古间岛即光霁峪假江地，向准钟城韩民租种，今仍循旧办理”（见徐世昌主编《东三省政略·边务·延吉附件》）。直至此时，朝鲜仍确认“间岛”是中国的领土。

延吉地区具有重要的战略和经济地位，早就为日本人所垂涎。还在日俄战争时，他们就狂妄叫嚣：“长白山是东亚之阿尔卑斯山，谁成为该山的主人，后来必掌握东亚之霸权。”（东亚同文会编《对支回顾录》下卷，第117

页）日俄战争后，日本并吞朝鲜，便积极策划侵占中国东北。他们不仅曾先后派千余人潜入我延吉边境进行侦查、窃取情报、测绘地图等活动；还歪曲事实，捏造出一个“间岛问题”，胡说其属中属韩未定，并不断地扩大“间岛”的范围，最后竟将吉林省所属之延吉、汪清、和龙、珲春四县地区都说成是“间岛”。1907年（光绪三十三年）8月，日本竟派兵强占“间岛”，设立军政机构，并向清政府提出保有领事裁判权和警察权等无理要求，遭到全国各族人民的坚决反对。清政府予以否定，并派代表与日本政府进行交涉，以确凿的证据，据理力争。1909年（宣统元年）9月4日，中日双方代表在北京签订《图们江中韩界务条款》（即《间岛协约》），日本政府在铁证面前不得不承认“间岛”为中国固有的领土，并退出侵占地方（详见许与凯《日本帝国主义与东三省》）。

七月十三日（8月21日），慈禧太后下诏准备“仿行宪政”，清政府预备立宪正式开始；随后改“考察政治馆”为“宪政编查馆”，直属军机处，下设编制局、统计局、庶务处、译书处、图书处、官报局。

七月十五日（8月23日），日本政府以中朝国界未清，“间岛”归属未定为由，以保护朝鲜垦民为借口，在延边地区成立了非法的朝鲜统监府间岛派出所，从而控制了延边地区，随后又在延吉一带大肆进行侵略活动，并相继在新兴坪、头道沟、湖川浦、禹迹洞、朝阳川等14个地方，增设了分派所，派驻宪警270余人。他们还在延吉一带建立基层组织41个社，实行所谓“都社长制”，同我国的基层行政机构相对抗。

案：朝鲜统监府间岛派出所设立后，日本人俨然以主权政府自居，发号施令；其宪警则到处生事，或制造流血事件；又收买以韩奸金海龙为首的“一进会”为爪牙，鼓动韩民欺凌华人，拒交地租；时间不长，就使各地的民间纠纷“如麻而起”（见王芸生《六十年来中国和日本》第五卷，生活·读书·新知三联书店2005年版，第107页）。

七月十六日（8月24日），清政府外务部复照阿部守太郎，明确表示：“中韩边界向以图们江为天然界限……所谓间岛，实即延吉厅，属和龙峪、光霁峪等地，在图们江北境……此地为中国领土毫无疑义……嗣后自应仍由该地方官设法保护，以为治安。来照所称统监府派员一节，中国断难允认。”①

① 吴禄贞：1908年4月《延吉边务报告书》第8章附录：《三十三年七月十六日外务部致日本阿部使照会》，《吴禄贞集》，华中师范大学出版社2011年版，第188页。

其间，吴禄贞见边情紧急，立即会见延吉驻军吉强军统领胡殿甲，请其将部队暗中调至沿江布防。胡统领虽然没有当面拒绝，但看上去却面有难色。在吉强军中，吴禄贞了解到：胡统领的吉祥军有四个营，其中有三个营因为拖欠军饷随时可能发生哗变。于是，吴禄贞一边让周维桢前去向徐总督报告，多方筹措饷银；一边向胡统领承诺负责妥善处理此事，并单骑分别驰往三个营地，声称自己是东三省总督署的吴参赞，是奉命前来劳军的，怕发生误会，故一人先到，劳军的猪牛羊及银元随后就到。他对士兵们闹饷表示理解，并请大家放心，他已向总督府作了禀报，问题一定会妥善解决；而眼下已有一批日军过江，强占了中国的土地，对面尚有大批日军在集结待命，形势异常严峻，如果继续闹下去，那后果就严重了！士兵们都被吴禄贞的爱国诚意感动了，表示愿意听命，同仇敌忾，做好防务，保卫边疆。

几天后，拖欠军饷的事情完满解决，吴禄贞即请胡统领广贴告示，晓谕军民：斋藤此来，未得我政府同意；已请示督宪作主，任何人不可予以承认，查出必罚。“此为安定人心，端正视听之急务，亦以明示延边主权在我，与斋藤越境之非法。”（见吴忠亚《吴禄贞的一生》）

吴禄贞随又对胡统领反复叮嘱，一定要提高警惕，加强沿江各地防务，不能让日本人有机可乘。

临别之时，又将胡统领的部下柏文蔚①（兴中会会员）要到自己身边，协助巡查边务。

处理完吉强军的事情，吴禄贞又带部分吉强军和巡警来到和龙峪（今吉林省延边朝鲜族自治州和龙市）布防保护。在会见地方官张兆麟经历时，请其照常治理民事，不用惊慌；无论日人如何逼迫，切不可擅自离开任所。并对张经历强调说：斋藤率兵越境过来，目的就是要将其驱逐离职，并接管

---

① 柏文蔚(1876—1947)，字烈武，安徽寿县人。1899年入省垣求是学堂。1900年与赵声在南京组织强学会，事泄赴安庆，入安徽武备学堂。1904年任南京防营第二十三标管带。1905年加入同盟会，与孙毓筠谋刺两江总督端方，事败，亡命关外。1907年随吴禄贞在吉林办边务。1911年至南京策动第九镇统制徐绍桢率部起义。1912年任安徽都督兼民政长。“二次革命”时任安徽讨袁军总司令，失败后逃往日本。1917年归国，开展护国运动，任川鄂联军总指挥。1920年任鄂西靖国军总司令。1926年北伐战争开始后，任国民革命军三十三军军长。1928年改任北路宣慰使。1932年日军进攻上海，条陈抵抗意见，为时论所推崇。1945年国民党“六大”被选为中央执行委员兼国民政府委员。1947年4月病逝上海。

其地方行政职权，取代我之地方行政机关，切不可上当。“此在当时，实为敌我统治势力消长之重大关键，亦为我主权尚存之重要象征，万不可张皇撤离，故首须竭力保护。”（见吴忠亚《吴禄贞的一生》）

吴禄贞还特别安排部分吉强军和巡警到龙井村（日本“朝鲜统监府间岛派出所”所在地）驻防，名义上是保护斋藤季治郎，实则对其予以监控，以防不测。

吴忠亚曾回忆说：吴禄贞“派兵至其处，谓因其初来，恐生意外，特派兵保护。实则即以保护为名，行软禁之实，以限制其活动。”（见吴忠亚《吴禄贞的一生》）

七月中下旬，吴禄贞带领周维桢、李恩荣等开始做民团（即“马贼”）的说服工作，希望他们也能加入到反对日本侵略军的阵营中来。

原来，在长白山区夹皮沟（今吉林省吉林市桦甸市夹皮沟镇）附近的桦树林子（吉林市桦甸市桦树林子乡）里，生活着一支当地民团，队伍人强马壮，势力很大：东至安图的古洞河、娘娘库（今松江），南至抚松的柳垂沟，西至桦甸的那儿轰，北至蛟河、敦化，都是韩家的天下，被官府称之为“金匪”“淘金贼”——这里富有金矿，四方穷苦百姓，汇集此地挖矿淘金，平时靠民团武装保护矿区。民团的首领叫韩登举①，颇富爱国之心，在中日甲午战争时期，曾组织“敌忾军”，奉旨赴辽杀敌，守辽阳，攻海城，屡创敌锋，威震辽海，为朝廷作出过很大贡献，被朝廷授予都司。但他不愿受朝廷节制，遂弃官重返夹皮沟金矿。日俄战争后，累有日本人来夹皮沟劝说韩登举，均被其婉言拒绝了。

好友张作霖、冯麟阁、汤玉麟听说吴禄贞等人要去延吉做“马贼”首领韩登举的说服工作，便主动写信给韩登举，为他介绍。

国民党中央党史史料编纂委员会所编之《吴禄贞》中记载：“不久，延吉边务紧急，禄贞奉命出巡，他所结交的胡匪张作霖、汤玉麟、冯麟阁诸人，听见他要到延边去，就写信给盘踞延吉夹皮沟、光济禄（光霁峪）一带

---

① 韩登举(1869—1919)，号子升，又称韩边外，通称“韩统领”。祖籍山东登州，自幼习武，胆识过人，从20岁开始协助祖父管理家业，后成为吉林夹皮沟金矿流民首领，办理团练成效显著。中日甲午战争爆发，时常协助官军抗击日寇；所部民团，作战勇敢，不避艰险，屡挫日军，因功授守备职。1900年义和团运动兴起，沙俄乘机出兵侵入东北，其又率所部抗击俄军，保境安民。1907年统带练勇协助吴禄贞保境安民，后设巡警，委为教练长。1908年，因功累晋升为四品统领。1912年被任命为吉林营务处总办、吉林省公署顾问。1919年因感染霍乱病逝于吉林城。

的马贼韩登举，为他介绍。禄贞带了这封信，率领周维桢、李恩荣和测绘生十余人启程。到了夹皮沟，投信后，群匪争先招待，宴饮甚盛。”（见《吴禄贞集》附录，第266页）

案：此时的张作霖、冯麟阁、汤玉麟已经不是“胡匪”，早已被朝廷招安，而成为朝廷命官了。其时张作霖是奉天巡防营的前路统领（旅长），冯麟阁是奉天巡防营的左路统领（旅长），汤玉麟则是奉天巡防营马队管带（营长）。张、冯、汤后来都成为中国近代史上的著名人物。

张作霖（1875—1928），乳名老疙瘩，字雨亭，人称“张大帅”。奉天省海城县（今辽宁省海城市）人。张学良之父。土匪出身，后接受朝廷招安。1906年任奉天巡防营前路统领。辛亥革命爆发，率部入沈阳，屠杀革命党人，受到袁世凯信任，被任命为第二十七师中将师长；袁世凯称帝后，又被封为子爵、盛武将军，督理奉天军务兼巡按使；袁死后，张作霖被北京政府任命为奉天督军兼省长。1918年9月被任命为东三省巡阅使，利用日本的势力控制了奉、吉、黑三省，成为奉系首领。1921年兼任蒙疆经略使，节制热、察、绥三特区都统后，遂向关内扩张势力。1922年第一次直奉战争失败后，退守关外。1924年第二次直奉战争获胜后，控制北京政府。1926年出任安国军总司令。1927年在北京杀害李大钊等二十余人。同年6月，自任陆海军大元帅。1928年6月，被蒋介石打败，退回东北。因未满足日本侵略要求，在自北京回沈阳途经皇姑屯时，被日本关东军炸死。

冯麟阁（1868—1926），原名德麟，奉天（今辽宁省）海城人。早年为县衙役，因私通土匪，被解职。后投身绿林，因能“保境安民”，颇得民心，队伍不断壮大。1904年日俄战争爆发，依靠日本支持，组织“东亚义勇队”，抗击俄国军队，队伍发展到数千人。1906年受朝廷招安，充任巡防营左路统领。1907年，马龙潭、吴俊升、孙烈臣、张景惠、冯德麟、汤玉麟、张作霖、张作相8人结拜为盟兄弟。辛亥革命后，被任命为第28师师长。1916年，冯德麟与张作霖共同驱赶奉天督军段芝贵，东北大权却被张作霖把持，冯愤愤不平，两人矛盾遂深。同年，与汤玉麟联合逼张作霖下野。1917年，支持张勋复辟，被段祺瑞击败俘获。经张作霖运作获释。晚年投身创办实业，其子冯庸创办了东北高等学府冯庸大学。张作霖对失势后的冯麟阁及其子颇多关照。

汤玉麟（1871—1949），字阁臣，绰号二虎（亦称“大虎”），奉天（今辽宁省）义县人。早年家贫，为人放牧。后投奔绿林，当了土匪。曾救过张作霖的命，二人遂结为金兰。1906年受招安后任奉天巡防营马队管带。辛亥革命后，出任陆军第27师骑兵团团长。受到袁世凯信任，1914年，升陆军第53旅少将旅长，次年又迁升为中将旅长。1916年与张作霖矛盾尖锐，联合冯麟阁逼张作霖下野，失败后逃亡蒙古避祸。1918年经张景惠等从中斡旋，矛盾缓和，出任张作霖的中将顾问。第一次直奉战争后，任第7混成旅旅长兼奉天东边镇守使。第二次直奉战争后，升任东三省国防军第11师师长。郭松龄反奉时，汤作战勇敢，擢升第12军军长。不久出任热河都统。1928年“东北易帜”时，升任东北政务委员会委员、热河省主席。1933年10月，宋哲元收编汤部，委汤玉麟为29军总参议，从此失去了军权。晚年寓居天津，多次拒绝出任伪职。1949年2月卒于天津。

一日，吴、周、李三人穿上便装，带领测绘生一行人来到夹皮沟，以南方会党首领的身份拜访韩首领。见面后，吴禄贞递上张作霖、冯麟阁、汤玉麟写给他的信。韩登举看完信后，热情地接待了吴禄贞一行。但他一开始仍对吴禄贞等人存有戒备之心，便在校场聚集了数千人，要“试探”吴禄贞等人。

在校场上，韩登举让其马队作了展示，好不威风！又让团众射击，亦枪枪命中。吴禄贞亦应邀上场一显身手，他那娴熟的骑技、百发百中的枪法，刚健有力的拳术、剑法，令四周团众喝彩声不断。韩登举对吴禄贞亦甚是惊叹、折服，当即提出与吴禄贞结为金兰之好，并邀集各团练会会首设宴款待吴禄贞一行。

在宴席上，吴禄贞谈道：延吉一带土地肥沃，物产丰富，日本人垂涎已久，还称夹皮沟为“化外区”，企图吞并；目前日本人借口保护“韩民”，已命先头部队渡江，还在龙井村设立了派出所，张贴布告，想将此地据为己有，大家能目睹不管吗？即使身在绿林，也应该有爱国之心。大家听了都很气愤，大声说道：“既然吴大哥不怕日本的军队，难道我们还怕他们吗？”也有人担心地说：“我们现在抗击日本军队，惹出祸来，以后徐总督要是向日本赔罪，派兵来剿灭我们，那该怎么办呢？”吴禄贞听了这些话，便亮出自己的真实身份，诚恳地对大家说：“我就是徐总督的部下！我们保卫国家土地，立功边疆，徐总督是不会怪罪大家的？！只要大家能助我一臂之力，共同对付日本人，将他们赶过江去，我保证大家安然无事！”以韩登举为首的各位团练会首听吴禄贞如此一说，都颇受感动，表示愿意效命（详见《吴禄贞》，《吴禄贞集》附录，第266页）。

七月二十二日（8月30日），吴禄贞深知“日本侵略者当时所打的如意算盘，就是首先以武装入侵，完成其事实上之占领。然后，以既成事实，迫我签城下之盟，使其非法占领进而得到合法承认。所以，当时问题的重心，不在北京之外交谈判，而在延边现场之占领，与反占领之斗争。如果，侵略者取得胜利，占领计划完成了，外交谈判，势将无能为力。甚至，即使我在谈判中，始终坚不承认，亦绝不可改变其占领事实。而我延边国土，从此变色易主，将成为千古恨事”（见吴忠亚《吴禄贞的一生》）。于是，他在做好一系列准备工作之后，便本着“必示人以不可攻而后人不攻，必示人以不可欺而后人不欺”①的精神和“国家疆土，尺寸必严”的原则，正式与日本头目斋藤季治郎中佐开始交涉。

这天，吴禄贞与斋藤季治郎相约在桦树林子附近帽儿山的德圣观大庙（又称“老武庙”，在今延吉市河南街林机厂院内）当面交涉。两人一见面，吴禄贞就质问斋藤：“你们为什么要过江来侵占中国的领土？”斋藤回答说：“这个地方本来属于朝鲜管领，现在朝鲜是日本的保护国，所以我们要来保护朝鲜的百姓。你又为什么到这里来滋生事端呢？”吴禄贞严正地说：“我是中国的官员，向来就住在这个地方，应该保护中国这里的土地；你们要强占这个地方，怎么能说是我们滋生事端呢？！吴某性情刚直，不愿意多说废话，请贵军赶快退出这个地方；不然的话，那只好武力解决了！”斋藤继续狡辩说：“你要求我们退出此地，那就请将文书送到朝鲜统监处，如果有统监的命令，我们就退出去；不然，我们是不会退出去的！”吴禄贞回击道：“我不能同贵国谈判外交，我只知道保卫自己的国土！若要谈判外交，那有我国的外务部和贵国的外务省。再说，这里自古就是中国的领土，日本人必须尽快从这里退出去！”

经过一场激烈的舌战，斋藤季治郎理屈词穷，败下阵来。当斋藤季治郎走出山庙时，只见帽儿山下，布尔哈通河畔，龙旗飘扬，刀枪林立，漫山遍野都是韩登举精神抖擞的民团武装——从安图古洞河、娘娘库至延吉只隔一道岭，数十里路程，按照事前的约定，韩登举率领民团似从天而降，不禁吓出一身冷汗，灰溜溜地回到龙井村（以上详见《吴禄贞》，《吴禄贞集》附录，第267页）。在归途中，斋藤季治郎曾对部下说：“中国尚有人在，如吴禄贞者，不可欺也！”②

案：吴禄贞等人的出色工作，打击了日本人的嚣张气焰，使其有所顾

① 吴禄贞等:《延吉边务报告·叙言》,《吴禄贞集》,华中师范大学出版社2011年版,第71页。

② 罗正伟编:《滦州革命先烈事略·吴禄贞》,载《中国近代史资料丛刊·辛亥革命》,上海人民出版社1957年版,第361页。

忌，龟缩在龙井村，不敢再扩大事态，缓解了延吉地区的形势，为朝廷赢得了时间，对后来妥善解决“间岛问题”打下了坚实的基础。

在完成以上一系列工作后，吴禄贞给徐总督写了一封长信（即《致徐世昌函》）①，首先汇报了最近几个月来日本人“捏造谣言”，“蛮强无理”，威胁我国地方官，乘机非法过江侵占我国土地的情况：“日人斋藤季治郎奉韩国统监伊藤博文之命，驻扎延吉厅所属六道沟。现有日本兵队及朝鲜巡兵约三百人，乘马百余匹，尚有军队陆续渡江，由会宁运来之军需军械，每日车辆多至五六十乘，并预备建造房屋，购买木料，拟由六道沟至韩国咸镜道之钟城，安装电线，严禁韩民纳中国斗税，一切举动，大有强据延吉一带，视为韩国土地之势。”随后指出：“吉韩交界，以图们江为天然锁钥，江北之地，田土膏腴，物产丰富；而延吉厅又为珲春、吉林、宁古塔各处交通之孔道，为吉林南部之保障”，故“万不可许其越江驻兵”，并列举了不许其驻兵的四条理由，认为：如果许其驻兵，延吉一带丰富的森林矿藏将尽被其掠夺；将会丢失吉林东南之门户；将危及整个东北；沙俄也会随之要求驻兵，可谓“牵一发而动全身”。紧接着提出了五个方面的应对措施和建议。又列举了日本过境入侵“可虑”的三个方面，亦汇报了日本侵入江北后已经采取的措施。最后请求急电外务部，照会日本驻华公使馆，召回斋藤季治郎，勘定边界，订立条约，保卫边疆安宁。

案：吴禄贞不许日本在延吉驻兵的观点，对徐世昌和外务部的影响都很大，所以后来中国在对日交涉中始终坚持了要日本撤兵，进行勘界，以维护领土主权的立场。

七月二十四日（9月1日），革命党人王和顺等人在钦州、廉州、防城发动起义，历时半月后失败。

七月二十七日（9月4日），朝廷以袁世凯为外务部尚书兼会办大臣，并授张之洞、袁世凯为军机大臣。

八月初二日（9月9日），张之洞交卸湖广总督篆务，即渡江北上。

八月初三日（9月10日），因吴禄贞的奏请，清政府特赏吉林夹皮沟练总韩登举“参将衔”，令其率领部下防备日本的侵略。

同日，日本东京《报知新闻》载文云：“盖间岛之地方，于我国军事上、经济上，皆有重大之关系者也。军事上姑置不论，但就经济上观察

① 吴禄贞：《致徐世昌函》，原载《东三省政略·边务》，今收入《吴禄贞集》，华中师范大学出版社2011年版，第219—222页。

之，该地一带，不似北韩地方之硗确。其后方虽有长白山之深山大泽，而该地则土地平坦，金矿甚富，适于牧畜……且其地势东临海参崴，北近吉林，出北满洲最为便利，天下有事之日，其重要固不俟论，即在承平之际，运用满洲的经营政策时，亦于我国发展势力上有非常重要之位置也。此我国上下识者所由以一致之意见，而认此地为最占重要之位置也。”①其贪婪野心昭然若揭。

八月初，吴禄贞和周维桢、李恩荣带领六名测绘生，自吉林省城出发，途经敦化县、延吉厅、珲春城，沿图们江北岸东进，直达长白山顶，然后北至夹皮沟，再由那里返回省城。他们不畏艰险，冒着酷暑，跋山涉水，穿林越涧，风餐露宿，历时七十三天，行程二千六百余里，终于完成了对中朝边界的延吉、汪清、和龙、珲春等地的山山水水、村村寨寨的勘测、考察。同时，详尽地记载了二十一种图例，最终以五十万分之一的比例绘制成了《延吉边务专图》，后来还写出了十多万字的《调查延吉边务报告书》。此图及报告书后来转送外务部，成为中国对日谈判的有力证据，奠定了对日谈判获胜的基础。

其间，东三省总督徐世昌在听取了吴禄贞关于“间岛问题”和勘测、考察边界的详细汇报后，甚是赞赏其关于在延吉设立边务督办公署，专门负责办理延吉边务的想法和建议。

八月初五日（9 月 12 日），军机大臣、体仁阁大学士张之洞奉旨抵达京城，寓居畿辅先哲祠。

同日，钦差大臣、东三省总督兼管三省将军事务大臣徐世昌，见日兵越江强占边界，事机紧急，若不引起高度重视，及时解决，终为我国大患；遂与头品顶戴、副都统衔、奉天巡抚唐绍仪和副都统衔、署理吉林巡抚朱家宝联名上书，拟在延吉设立边务督办公署，专门负责处理边界事务，并建议派前邮传部右丞陈昭常督办吉林边务，军事参议吴禄贞帮办一切，恳请批示（详见中国第一历史档案馆陆军部档案《东三省总督徐世昌等奏驻韩日兵越界请派专员办理事》，今收入《吴禄贞集》第 192—193 页）。

八月十三日（9 月 20 日），清政府决定在中央设立资政院。

八月十五日（9 月 22 日），朝命张之洞以大学士兼管学部事务。

八月十七日（9 月 24 日），朝廷下发正式批文：同意在延吉设立边务督

① 宋教仁:《间岛问题》,《宋教仁集》上册,中华书局 1981 年版,第 67 页。

办公署，以前邮传部右丞陈昭常①为督办，赏副都统（正二品武官）衔；以“军事参议”吴禄贞为帮办，赏陆军正参领（正三品武官）并加陆军部协都统（从二品武官）衔。

八月中旬，宋教仁再次拜访吴禄贞商议有关事情时，得知其将全力以赴去处理“间岛问题”，非常支持，并将其所著之《间岛问题》一书初稿抄录一份交给吴禄贞作参考。

八月二十三日（9月30日），“延吉边务督办公署”——这个“以军事机关兼理地方行政”的机构（见徐世昌主编之《东三省政略》），在局子街（延吉的旧称）正式挂牌成立，陈昭常和吴禄贞带领三百名常备军赶赴延吉就任，管辖地方军队、巡警和一切裁判事项。吴禄贞除担任延吉边务督办公署的帮办之外，尚兼任有吉林营务处会办一职。他利用职务之便，将一些革命党人安排在自己身边工作：刘一清（兴中会会员）任公署左参赞，柏文蔚任二等参谋，周维桢则管理机要。

陈、吴到任后，立即将现有的四千余兵力派到各要隘驻守，使日人知我有所准备，不敢轻易寻衅。吴禄贞见日本在会宁聚集有数万兵力，随时可能派出大批军队过江，应早作预防，遂建议陈昭常向朝廷上奏，设法多增派兵力来延吉。陈谓这样会“贻人口实”，主张“稳妥”行事。吴禄贞见陈昭常如此态度，只好改建议采用屯田戍边（在三道湾创办屯田军一营）的方法，以备长远之需，为陈氏所采纳。

八月下旬，自日本留学回国的湖北同乡谢炳朴②来到奉天，被吴禄贞留在身边工作。

---

① 陈昭常（1868—1914），字简持，或字谏墀（又作简始、简穉），号平叔，广东新会潮连乡巷头村（今属江门市郊区）人。光绪十五年（1889年）举人，二十年（1894年）进士，选庶吉士。散馆授翰林院编修，改刑部主事。二十二年（1896年）与张元济发起成立京师通艺学堂。次年，随张荫桓出使英国，游历欧洲各国。二十六年（1900年），任长春知府、山海关道员。三十一年（1905年），任京张铁路总办，与詹天佑一起创办第一条由中国人设计施工的铁路。三十三年（1907年），任督办延吉边务兼吉林省各军翼长、署珲春副都统。宣统二年（1910年），署理吉林巡抚，次年实授。民国元年（1912年），被推为吉林都督。次年兼吉林民政长，同年冬以病辞官南归，途中被任为广东民政长。1914年10月15日病逝赴任途中。工诗文，著有《廿四花风馆诗词钞》《廿四花风馆文集》等。

② 谢炳朴，生卒年不详，字虎文，湖北潜江人。早年曾中秀才，后赴日留学，入法政速成科第一班学习。回国后被任命为延吉边务秘书兼延吉地方检察厅厅长。民国初年曾任均县知县，兴利除弊，有政声。1914年离任。工诗。

其间，已从直隶保定北洋陆军武备学堂毕业的华兴会会员张璧，也特地来奉天投奔老师，被吴禄贞安排在常备军中任职。

九月初五日（10 月 11 日），为了充实内政，加强边防，对军、政、民的关系及时进行协调，实行统一指挥，他们又在东盛涌街（今延边朝鲜族自治州龙井市东盛涌镇）、铜佛寺（今延边朝鲜族自治州龙井市铜佛寺镇）、光霁峪（今延边朝鲜族自治州龙井市开山屯镇光昭村）、和龙峪（今吉林省延边朝鲜族自治州和龙市）以及头道沟、六道沟、百草沟、珲春、凉水泉子、黑顶子等十六处设立派办处，分理地方民政。

他们还在日本人声称"归属未定"的地方修建了戍边楼，以便随时监视日本人的动向。在"戍边楼"落成之时，吴禄贞还赋诗（即《戍边楼落成登临有感》）抒怀：

筹边我亦起高楼，极目星关次第收。万里请缨歌出塞，十年磨剑笑封侯。鸿沟浪靖金瓯固，雁碛风高铁骑愁。西望白山云气渺，图们江水自悠悠。

他为戍边楼的建成感到自豪，并说自己守卫边疆不是为了封侯，而是为了保卫国土；他希望老百姓能早日过上和平安定的日子（诗见《吴禄贞集》第 246 页）。

随后，吴禄贞安排人员继续前往中韩、中俄边境勘测；又广泛收集资料，深入研究延边历史，并亲自主持编写《延吉边务报告书》。为了得到《大东舆地图》，吴禄贞还特派柏文蔚潜入韩国内地，以重金购买。

为了使新绘制的《延吉边务图》更加详细准确，吴禄贞不畏艰险，常独自去图们江边考察核实。

九月十三日（10 月 19 日），清政府命各省设立谘议局。

九月间，胞弟祐贞①赴奉天出差，不幸染病身亡，吴禄贞闻知噩耗，曾作有《哭亡弟用卿》一诗（见《吴禄贞集》第 246 页）以悼之：

乘风破浪雄何在，马革裹尸今已焉。月落楚江悲逝水，秋高辽海听啼鹃。连朝噩梦忧家国，终古浮云亘地天。七尺昂藏哀骼骨，挑动怕读脊令篇。

十月上旬，吴禄贞针对日本制造"间岛事件"的重要借口"保护韩

---

① 吴祐贞(1883—1907)，字用卿，湖北云梦人。吴禄贞胞弟。曾入两湖书院深造。1899 年选送赴日留学，入东京陆军士官学校第二期。同盟会员。毕业回国后，在湖北新军中任职。1907 年 10 月病逝于奉天。1912 年 12 月 30 日，被追授少将军衔。

民”，认为“欲与斋藤争衡，当以要结韩人为要务”（见吴禄贞《对日交涉情况报告》，《吴禄贞集》第210页）。于是，他一面严饬部属广贴布告，安抚韩民；并要求部属对韩民“务必善为劝导，详细解说”（见王芸生《六十年来中国与日本》第五卷，第114页），曾多次从日本宪警手中将被他们肆意抓捕的韩民抢夺回来，予以保护；号召中韩边民携起手来，共同反对日本侵略者。一面又严惩个别韩奸，比如对于“无端生事、广布浮词”，出卖同胞，为日本效力的韩奸金海龙（见王芸生《六十年来中国与日本》第五卷，第113页），就予以坚决镇压。于是，延吉韩民的情况大为改观。斋藤曾暴跳如雷地指责说：“中国官宪夺回了日本官宪押送出境的韩民，是侵犯行为！”吴禄贞则针锋相对地驳斥道：“将来再发生类似事件，我照样夺回。此地没有领事裁判权！”（见《延边文物资料汇编》，延边人民出版社1983年版）正如吴禄贞在给东三省总督徐世昌的报告中所说：“至韩民之感情，并非皆真心向日，其能知恩感德而愿易华装者，亦正不少。不过韩人性极柔弱，当斋藤初来，未免疑中国无保护之力，而又迫于日人及一进会之势，非强被胁从，则多存观望。自昭常等到此，民情大为感动。嗣经两次示谕，韩民颇为欣慰，虽尚不敢明与一进会为难，而来我派办处及厅署禀告，欲求见昭常等泣诉苦衷，并隐告日人及一进会之举动者已不乏人。”①

十月十一日（11月19日），吴禄贞应邀至局子街会见日本的所谓“朝鲜统监府派出所”所长斋藤季治郎。此次会见前，陈昭常和吴禄贞鉴于日本所设派出所唆使少数韩民组成“一进会”四出活动，欺压韩民，侵犯我国主权的事实，为安定民心，号召军民同结一心守卫领土，曾发布告示，重申图们江北一带为中国领土和边防重地，不容侵犯。

见面后，斋藤季治郎②拿出延吉边务督办公署发布的告示，“内摘多条，加以标识，意欲借此大开谈判，以增进其势力”；随后指出“图们江北应否属清属韩，两国政府正在交涉，不应遽为此决断之语，务请更改”。

① 吴禄贞:《对日交涉情况报告》,《吴禄贞集》,华中师范大学出版社2011年版,第210页。

② 斋藤季治郎,日本军国主义分子。早年为东京陆军士官学校教官。日俄战争期间,出任乃木希典军参谋。后又在安东(今丹东)、旅大等地任军政要职。参与策划“间岛事件”。曾以药店经理身份住局子街(今延吉市)搜集情报。1907年出任“统监府间岛派出所”所长。民国年间,曾任驻华公使馆少将武官。

吴禄贞义正词严地指出："图们江为清、韩天然国界，数百年有两国历史及旧时志书图说可证，各国无不周知。日俄战争以前，贵国之满韩地图地志，及韩国之国图，亦皆以图们江为界，历历可考，数百年来从未更变……至今日之交涉，乃贵国无端生事，非国界真有不明也。"

斋藤原是吴禄贞在日本陆军士官学校学习时的教官，对吴禄贞亦颇为器重，此时竟以老师的身份教训和威胁吴禄贞："今既起界务交涉，则不得自信太过，仍以更改为是！"吴禄贞针锋相对地说："此地为我国疆土，贵国、韩国亦皆信之，我何独不能自信也？"斋藤仍然狡辩说："我之以善意劝告，无非望彼此为和平之交际，似不宜为此过分之语。"吴禄贞强调指出："君之美意，我所深感，然断不能因彼此私交，而乱国家之疆土。我有土地，我自认之，何谓过分！？况无论我出示之过分与否，皆非贵中佐所得干预。君之来此，我政府并未承认，即据我外务部转示伊藤统监之电，亦仅谓贵中佐有保护韩民之责，界务之事非君权利所及，似无烦多此要求。"斋藤仍不死心，问道："督办公署所出之告示，系己意抑系督抚及政府之意？"吴禄贞十分自信地回答道："督抚奏派我等办理此地边务，我等即督抚之代表，亦即政府之代表，我等所言，即与政府所言无异。且此告示已呈督抚转达政府，我等亦不能擅自更改。贵中佐必谓未当，请贵国政府与敝国政府交涉可也！"吴禄贞既照顾了师生之谊，又以国家利益为重，有理有节，不卑不亢，驳得斋藤季治郎哑口无言，十分狼狈（以上内容详见吴禄贞《对日交涉情况报告》，《吴禄贞集》，第211页）。

王芸生在其《六十年来中国与日本》（第五卷）中就曾指出：其时，"每生一事，口舌之争论动至数十次；每出一案，公文之辩驳辄至数千言。彼则专恃强权。我惟折以公理，故虽百出诡计，日夕图谋，尚未能于实际有所进取"①。

十月二十一日（11月26日），为了维护神圣主权，吴禄贞奉陈昭常之命，带兵前往查封了日本人中野二郎非法插手经营的天宝山银矿（位于吉林省延边朝鲜族自治州龙井市西南方），迫使日本人不得不从天宝山撤走。同时，上奏朝廷，要求严惩藐视国法、为虎作伥的程光第。奏章中指出："程光第身为五品顶戴之县丞，而藐视国法，竟敢勾结日寇私订条约，引狼入室。日寇强占我天宝山，将来就会蚕食整个东北，这是莫大的潜伏之

① 王芸生：《六十年来中国与日本》第五卷，生活·读书·新知三联书店2005年版，第117页。

患。”（徐世昌主编：《东三省政略》）于是，程光第被革职查办。

案：天宝山原名“红石砬子”，曾是中国八大矿山之一，无论是有色金属的地质储量，还是矿山的开采历史，都闻名全国。1889 年，大清官员恩泽调任珲春副都统，为安置从关内和朝鲜来的灾民，他派下属程光第（时为五品顶戴）在延边调查土地资源时发现。经请示吉林将军和朝廷，将原矿主刘大宝、陈才等人招抚，使原矿改为官办，并逐渐改善条件，扩大生产规模。1891 年，又将珲春招垦总局迁到局子街（今延吉市），并从局中召用工人 200 余人，使天宝山银矿的矿工达到 500 余人。1893 年，吉林将军长顺带领程光第等官员谒见慈禧太后，献上白银二万四千两，并请为银矿赐名。慈禧太后将“红石砬子”改作“天宝山”，全称为“珲春天宝山矿务局”。1899 年，因官僚腐败，横征暴敛，致使矿工罢工，全矿几陷停顿。程光第因欠国库 5 万两白银被朝廷撤职。随后，程光第卖身投靠日本人，在日本官方的支持下，与日商中和公司经理中野二郎订立《天宝山采矿草约》。“草约”规定：“向朝鲜运出矿砂，中国官员不得干涉”，“将昔日提炼所弃矿渣全部交付中和公司”。延吉厅署一直坚决抵制，并宣布：程光第私订条约，我国不能承认。直到 1907 年，吉林边务督办才将此矿再次收归官有。日本人的狼子野心一直没有消失，1915 年，又以“天宝山合办开矿契约”的名义，将天宝山银矿强占，直到 1945 年日本无条件投降，才回归中国。

十月二十七日（12 月 2 日），同盟会员黄明堂等发动镇南关起义，孙中山亲临指挥，历时七天后失败。

十月间，东三省总督徐世昌创办奉天森林学堂，并调原长沙府中学堂监督郭宗熙为学堂监督。

同月里，同乡好友、同盟会员吴昆[①]再次来延吉，图谋发展；吴禄贞让柏文蔚出面，劝告吴昆暂去日本，并为其筹集了路费 500 银元[②]。

十一月初四日（12 月 8 日），邮传部奏设交通银行。

十一月间，吴禄贞严令所属官员，禁止日本人砍伐森林，对于此前已砍

---

① 吴昆（1882—1942），字寿田，号吼生，湖北黄冈人。1905 年参加日知会，随后赴日留学，加入同盟会。1906 年回国参加萍浏醴起义，失败后复至日本。1907 年偕宋教仁等赴东北创立辽东支部，推动起义；事泄，再亡日本。武昌起义爆发，任湖北军政府秘书。1912 年选为国会议员。曾参加“二次革命”。1917 年南下参加护法运动。1925 年厌倦政治，退隐。抗战爆发，被聘为湖北省银行董事。1938 年迁居恩施。1942 年卒于恩施。

② 柏文蔚：《柏文蔚自述》，人民日报出版社 2011 年版，第 19—20 页。

伐的木料，一律扣押。随后又查封了七道沟林场和松杉背一带的山林。

十二月初十日（1908 年 1 月 13 日），中、英、德签订《天津浦口铁路借款合同》。

年底，吴禄贞留在延吉度岁，回首这一年来自己所经历的事情，颇多感慨，乃作《岁暮杂感二首》（见《吴禄贞集》第 246 页）以抒其慨：

远戍图们岁又残，声声腊鼓鼓填然。长城九度饮征马，帝国频年泣杜鹃。西望玉门春未度，东来长白月重圆。倚楼把酒问身世，无奈风高塞外天。

乘槎直达沧溟东，家在潇湘云梦中。锦瑟年华同逝水，筹边事业等雕虫。剑横玉塞昆仑月，马渡阴山瀚海风。三十功名尘土耳，一江水雪笑渔翁。

十二月间，为了对付斋藤季治郎的不断骚扰和挑衅，吴禄贞在延吉设立了边务巡警总局和珲春分局；而为了解决巡警来源的困难，培养一批训练有素、独当一面的巡警人员，以便更好地维持地方治安，防止突发事变，又创办了警务学堂，并选录华民和韩民子弟同入学堂深造，使他们成为延边第一批自己培养的巡警。

其间，吴禄贞见延吉最早的公立北山中学堂（1901 年创办）校舍破旧，设备简陋，师资缺乏、经费不足，且教学质量、教学设施以及学生的实际水平都与中学不符，遂将其改为小学堂，分初、高等两个班，并从紧张的边务经费中拨出专款，责成部下负责修葺校舍，制定章程、购置设备，招募师资，很快就使北山小学堂的面貌焕然一新。吴禄贞曾多次到学校视察，关心学堂的发展。

与此同时，吴禄贞见越垦韩民李同春在光霁峪光昭村所创办的养正学堂不仅能够培养学生的民族正气，反对日本的武装侵略，而且能够诚心接受和归服清政府的管理，颇为赞赏，便在人力和物力等方面给予学堂许多关照。不久，又将学堂由私立改为公立，每月拨银 200 两，使办学经费得到保障，并派革命党人杨端甫去学堂讲授中文，主持教务。后来，吴禄贞还将李同春破格提拔到边务督办公署对外交涉科任职，进一步发挥他在造福地方和反日斗争中的聪明才智，成为越垦韩民归服中国的一个榜样。

光绪三十四年戊申(1908 年)　二十九岁

是年，吴禄贞继续担任延吉边务督办公署帮办兼吉林营务处会办之职。

正月初一日（2 月 2 日），朝廷授醇亲王载沣为军机大臣。

正月十七日（2月18日），东蒙古卓索图盟喀喇沁旗札萨克兼郡王贡桑诺尔布以好友吴禄贞的《经营蒙古条议》为基础，结合实际需要，向朝廷上奏，呈递其经营蒙古的八点管见，其主旨为：一、银行宜早为设立也（即“设立银行”）。二、铁路宜速修也（即“速修铁路”）。三、矿山宜速开采也（即“开采矿山”）。四、农工商宜速加整顿也（即“整顿农工商”）。五、外交宜亟预备也（即“预备外交”）。六、教育即宜普及也（即“普及教育”）。七、新军宜赶练也（即“赶练新军”）。八、巡警即宜创办也（即“创办巡警”）。

案：吴禄贞和贡桑诺尔布先后、分别呈奏朝廷的内容，在设立银行、速修铁路、开采矿山、整顿农工商、普及教育、赶练新军等方面都是相同、一致的，但由于二人家庭、地位和环境条件以及个人经历之不同，所奏内容又有明显不同，比如，贡桑诺尔布在奏章中提出的预备外交、创办巡警，吴禄贞就未涉及；吴禄贞提出的政治改革、宗教改革、马贼之安置、盐法之改革，贡桑诺尔布也未涉及。

正月间，斋藤季治郎派人偷偷将从韩国会宁起至六道沟止大约九十余里的地方，沿途钉上木桩，桩上将中国地名都换上“会宁驿间岛某某社”，企图暗地里将中国的领土划入韩国界内。吴禄贞侦知这一情况，怒不可遏，派人连夜将这些木桩拔去。日本驻华大使提出抗议，说吴禄贞用兵力毁坏里程标本。没想到，吴禄贞在下令各派办处拔去木桩的同时，已经重新钉立有华名及里数的标志，并拍照片为证，使得日人的阴谋破产。

至此，斋藤接连受到了“严重抵制和打击，惊知中国有备，再不敢任意胡为。南岸日军亦不敢冒险轻进。延边局势，乃得稍转安定”（见吴忠亚《吴禄贞的一生》）。

东三省总督徐世昌对吴禄贞的出色工作亦给予了充分的肯定：“当日人渡江时，适禄贞前往调查，猝与相遇，相机因应抵制，其谋卒不得逞。我始专派大员，从容筹划，是吴禄贞之首功，实有不能没者。”（见吴忠亚《吴禄贞的一生》）

二月初三日（3月5日），上海公共租界有轨电车通车。

二月二十四日（3月26日），邮传部右侍郎盛宣怀合并汉阳铁厂、大冶铁矿、萍乡煤矿，组建成汉冶萍煤铁厂矿有限公司（简称“汉冶萍公司”），正式在农工商部注册，改“官督商办”为完全商办。

二月二十五日（3月27日），黄兴率领华侨组成的中华国民军南路军发动钦廉上思起义，转战四十余日后失败。

三月二十九日（4月29日），革命党人黄明堂、王和顺等在云南发动河口起义，历时一月后失败。

三月间，经过半年多时间的辛劳，吴禄贞主持勘测考察、编写的《延吉边务报告》一书终于完成（此书原藏北京中国第一历史档案馆陆军部档案，今收入《吴禄贞集》），并附有详细图表。报告编撰完成后，吴禄贞的顶头上司、好友、吉林边务督办公署督办陈昭常应邀为其作序，给予了《延吉边务报告》高度评价。

案：吴禄贞的《延吉边务报告》，是光绪三十四年（1908年）三月针对日本政府提出的“间岛”为朝鲜领土，并“已派朝鲜统监带兵前往保护”的荒谬言行和险恶用心，向清政府提供的一部证明“间岛”自古以来就是中国领土的长篇报告书。该报告除《叙言》外，分为“延吉厅疆域之历史”“延吉厅建设之沿革”“延吉厅之地理”“韩民越垦之始末”“吉韩界务之始末”“日韩谬说之纠正”“日人经营延吉之原因”“日人经营延吉之政策”八章，共计三十八节，洋洋十三万言。该报告“调集官私书籍数十种，钩稽图志亦数十种”；又“上考史乘，中稽界碑，下采舆论”；更“旁考列国之舆图，翻译西人之记载，证以日韩之邦志，断以国史及诸名家之著录，荟萃成编”①。正因为该报告既是吴禄贞“聚官私书数十种”，“考证图史，钩稽册籍”，“旁征博采”而成；又是吴禄贞等人在“冒暑就道，跋涉山川，穷极边塞”，进行实地勘测、调查、考察，“躬所阅历，见闻尤确”的基础上完成；而且铁证如山，条分缕析，“持论严正，侃侃不挠”②。所以，日本政府在事实面前，也不得不低头，承认“间岛”为中国的领土。吴禄贞的好友钱作骧就曾说：“绶卿在日本，于朝鲜颇有研究，又新得宋教仁所著《间岛问题》一书，故能原原本本，详言其故，卒之折冲樽俎，使日人退让，而延吉厅约数县之疆土，得以保存，非伟男子而能若是乎？”③

此报告书既是清政府对日谈判的直接依据，又是解决“间岛问题”的主

---

① 吴禄贞：《延吉边务报告·叙言》，见《吴禄贞集》，华中师范大学出版社2011年版，第71—72页。

② 陈昭常：《延吉边务报告序》，见《吴禄贞集》，华中师范大学出版社2011年版，第70页。

③ 钱作骧：《跋吴禄贞延吉厅边务报告书三卷》，见《张难先集》，华中师范大学出版社2011年版，第48页。

要文献依据。

四月间，日本人在图们江北岸沿线各处添设渡口，吴禄贞得知后立即派宪兵前往制止；如此相持达三月之久，使日本人最后不得不放弃。

五月二十日（6 月 18 日），考察宪政大臣于式枚上奏，言宪法自在中国，无需求之外洋，定于一则无非分之想，散于众则有竞进之心。

五月间，吴禄贞处理完编写《延吉边务报告》①的相关事宜，回忆起自己带领部下在图们江流域勘测、考察时所见沿岸森林，完全可以安排人力物力进行采伐，予以利用，便起草了《采伐图们江森林条议》（此文原见《东三省政略》，今收入《吴禄贞集》第 193—195 页），呈送给徐总督。

案：吴禄贞在此“条议”中，详细地论列了开采图们江一带森林的办法及所需经费，既具体，又实用，便于操作。惜后因官方经费实在难以筹措，致使此计划落空。

同月里，鉴于当时延吉军民的实际需要，也是为了与斋藤季治郎相抗衡，吴禄贞从天津专门聘请了一位名叫李绍良的医官来到延吉，筹建延吉公立“边务医院”（后改名“延吉官医院”）。李绍良很快就起草了《边务医院章程》23 条，较为详细地规定了医院的性质、任务、诊疗、住院制度和医务人员职责等内容。不久，这座延吉有史以来由中国人自己创办的既有门诊部，又有 14 张病床住院部的公立西医院，就正式开张了。

案：斋藤季治郎率军侵占龙井村后，开办了一所有 3 名医生和 1 名护士的“龙井间岛慈惠医院”，以笼络人心。延吉“边务医院”创办后，在保障延边军民的身体健康，应付对日斗争中不断出现的伤病员的救治方面，发挥了重要作用，迫使斋藤开办的“龙井间岛慈惠医院”曾一度关闭。

六月初十日（7 月 8 日），资政院奏拟院章，颁布谘议局及议员选举章程。

六月二十日（7 月 18 日），奉上谕：“着派大学士张之洞兼充督办（粤汉）铁路大臣。”（见《张文襄公年谱》）

六月二十八日（7 月 26 日），湖北新军士兵杨王鹏等人在武昌成立军队同盟会，后改组为群治学社。

六月间，学部奏准在京师设立女子师范学堂。

---

① 吉林官书局将《延吉边务报告》铅印刊行，书名题作《调查延吉边务报告书》（三卷），署名“吴禄贞等编”（今国家图书馆有藏本）。

七月中旬，日本军队借工兵演习为名，在图们江上搭建浮桥，吴禄贞立即派人前往交涉，据理力争，使对方不得不拆掉已经搭建到江心的浮桥。

又一日，吴禄贞在光霁峪拿获了三名向当地韩民勒索钱财的日本走狗——日方委派的当地所谓“总社长”。斋藤季治郎前来边务督办公署交涉，吴禄贞只还给了他自称为韩国巡警的一人，另两人则交给了延吉厅治罪。斋藤季治郎气急败坏，来了个恶人先告状，捏造事实告到了日本驻华大使馆，说吴禄贞常用暴力妨碍日本官员保护韩民的行动。日本大使馆遂照会中国外务部，要求惩办中国官吏，并保证今后不再有此类事情发生。

案：对于日本宪警、浪人、商贾在延吉厅境内胡作非为、扰乱治安者，吴禄贞除了通过外交途径，向日本政府提出强烈抗议外，常常采取果断措施，予以有力回击。就连日本驻韩国总监伊藤博文也感叹道：“清国在此地实行地方行政之事实，究竟不能无视之”，并忧心忡忡地指令斋藤季治郎要“小心行事”（见王芸生《六十年来中国与日本》）。

清政府外务部迫于日方压力，当即致电东三省总督徐世昌，要他复查此事上奏。

案：吴禄贞当时在延吉的情况实际上是非常艰难的：既要想方设法地阻止和防范日本人的侵占，又要应付来自内部各方面的掣肘、阻碍和压力。其好友王保民在《吴禄贞首先参加革命的见闻录记》中就记载说：“日本军警横行境内，一夕而警报频至，一日而待理百端。禄贞常指挥折冲，眠食俱废；重以兵单饷绌，将伯无灵，函电交驰，笔舌空奋，往往起舞中宵，手持《熊廷弼集》一卷，呼幕中二三子，就灯下共读之。慷慨唏嘘，拔剑砍地；时或抵掌雄谈，上下千古，以抒郁塞。”（见《吴禄贞集》附录，第276页）

吴禄贞在延吉地区卓有成效的工作，遏制了日本侵略者的野心。但他们并不死心，明的不行，就来暗的。日本驻华公使时常照会清政府外务部，中伤吴禄贞，说他有意破坏中日邦交，甚至诬蔑说其“就任以来，其行动往往有故意激成事端之嫌”，对清政府施加压力，要求对吴“严加戒饬”（见《清宣统朝外交史料》第八卷）。而一贯惧怕日本的清政府，明知其险恶用心，却要自毁长城，仍然连连发出“稳慎妥协”“镇静维持”的指令（见《清宣统朝外交史料》第六卷、第七卷），以束缚吴禄贞的手脚。

七月二十二日（8月18日），清政府迫于日本的压力，下旨免去吴禄贞延吉边务督办公署帮办的职务——代之以陈昭常的亲信、东三省督练处总参议傅良佐①，吴禄贞暂时留在边务督办公署听用。

案：当时对吴禄贞的中伤，不仅有来自外部的，也有来自内部的：延吉边务督办公署督办陈昭常一直喜欢拉帮结派、走上层路线，朝中有不少后台；且此人又嫉贤妒能，对精明强干的吴禄贞颇是看不顺眼，遂经常在上官面前中伤他、排挤他。据时人记载：陈是一个昏聩狭隘、只图虚名，不干实事的人，“每于日人谈判，中坐不能置一辞；而禄贞辩论滔滔，日官颇折服”（费行简《近代名人小传》，崇文书局 1922 年版，第 318 页）。而此时陈昭常已经擢升为吉林巡抚兼边务督办，徐世昌不便也不愿得罪他。另一方面，徐世昌也担心吴禄贞对日本人过于严厉，容易使日本人节外生枝，带来麻烦。当陈昭常再次表示对吴禄贞不满时，徐世昌只得上奏朝廷暂时免去了吴禄贞的职务。

傅良佐与吴禄贞在东三省总督督署曾经是同僚，此人为人亦“精刻量小，任用私人”，自然不会为吴禄贞说好话（见柏文蔚《五十年经历》，《近代史资料》1979 年第 3 期）。

幸亏有其师、老上司、体仁阁大学士、军机大臣张之洞在京师暗中维护，才使他没有受到处分。吴禄贞的好友程明超曾回忆说：“余于 1907 年丁未入燕，以主张民权，为世所嫉。吴君时在延吉，与日人折冲，有中伤者，张之洞实调护之。”（见王保民《吴禄贞首先参加革命的见闻录记》，《吴禄贞集》附录，第 277 页）

七月下旬，吴禄贞被朝廷免职，壮志难酬，甚是苦闷，乃填《西江月·戊申秋延边偶题》一词（见《吴禄贞集》第 252 页）以抒发其愤慨：

报到金牌罢戍，空教壮志飞蓬。关心明月满簾栊，偏是嫦娥情重。

回首乡关何处？长空几阵飞鸿。凭将秋信寄江东，万里封侯一梦。

曾经跟随吴禄贞饮餐露宿、跋山涉水、昼夜奔忙、出生入死的那些老兵，听说朝廷罢免了吴禄贞的官职，都愤愤不平，前来看望他、安慰他，舍

① 傅良佐（1873—1924），字清节，湖南乾州厅（今吉首市）人。早年入时务学堂学习。戊戌政变后，弃文从戎，考入北洋武备学堂。1902 年赴日留学，入陆军士官学校第三期，与蔡锷、蒋方震等同学。归国后历任北洋督练处提调、兵备帮办等职。1907 年任东三省督练处总参议。1908 年任延吉边务公署帮办、护理督办。1909 年被袁世凯聘为军事参议。1912 年，任袁世凯的总统府军事处处长，升任中将。1913 年任察哈尔副都统。1916 年任陆军部次长。1917 年授冠威将军，晋陆军上将军衔。1918 年任湖南督军。1920 年直皖战争爆发，被拘捕。1922 年释放后，退出政界，隐居京津，念经拜佛。1924 年病逝于天津。

不得与他分离。吴禄贞亦舍不得与他们分开，遂填了《菩萨蛮·咏老兵》一词（见《吴禄贞集》第 252 页）表达其心情：

世人都道从军好，可怜塞上英雄老。莽莽海东天，征衫血汗斑。伤心关塞月，照彻人离别。何处是家乡，江流送夕阳。

七月间，学部奏定各学堂学生毕业发给执照章程。

八月初一日（8 月 27 日），清政府颁布《钦定宪法大纲》。

八月上旬，吴禄贞带人巡查至和龙峪时，正遇日本宪兵奉斋藤季治郎之命，押解两名韩民欲送对岸会宁审讯；他当即索回，称此地韩民应归中国管辖，如犯事情，应该转到延吉厅审讯。斋藤季治郎得知此事后，要求将韩民交还，被吴禄贞拒绝。

八月十二日（9 月 7 日），同乡好友周维桢的眷属千里迢迢到延吉来了，吴禄贞为他们的团聚感到高兴，遂填了《水调歌头·中秋前三日，干丞眷属到延戏赠》一词（见《吴禄贞集》第 252 页）相赠：

今夕是何夕？昂首望青天。仿佛月华桂府，偏对我重圆。回首乡关何处？长空几阵飞鸿。叹我频年戎马，飞梦度关山。且莫悲离别，携手话辛酸。　　剪不断柔情，一夜无眠。长途万里纵相逢，恨海难填。只说封侯夫婿，那识光阴似水。却有去无还，但愿长相聚，明月共婵娟。

八月中旬，吴禄贞因为没有具体职务和事情，故闲暇时间较多，常与前奉天森林学堂监督、时任署理珲春副都统（第 12 任，驻今延边一带）的好友郭宗熙[①]往来唱和。他曾写有《和侗伯自嘲原韵兼以写怀》一诗（见《吴禄贞集》第 247 页）赠好友：

十年侠气未销磨，愿祝龙沙拣蜀罗。秋色三边秦代月，寒云万里汉关河。春来玉塞羞巢燕，风疾胡天笑卧驼。八月洞庭波浪阔，不烦雷雨自飞梭。

八月二十日（9 月 17 日），东三省总督徐世昌为避免发生冲突，将吴禄

---

① 郭宗熙（1878—1934），字侗伯，一字桐伯，号臣庵，别号三焦山人，室名绠古楼。湖南长沙人。光绪十九年（1893 年）举人，二十九年（1903 年）进士。曾留学日本法政大学。归国后历任翰林院编修、长沙府中学堂监督、奉天森林学堂监督、署理珲春副都统、吉林东南路兵备道、西北路兵备道、滨江关监督等职。入民国后，历任吉林提学使、吉林教育司司长、吉长道尹、吉林巡按使、吉林省省长等职。1919 年退居天津。1925 年任江苏督办杨宇霆秘书长。后又曾出任中东铁路督办、国立京师图书馆馆长、山东督办署参政等职。伪满洲国成立，出任“满洲帝国”第一任尚书府大臣。卒于任。仪态雍雅，工诗词，善书法，富藏书。编撰有《绠古楼行箧书目》三册。

贞调离延吉边务督办公署，暂回总督督署。

八月二十二日（9月19日），吴禄贞接到朝廷电令，回陆军部军学司训练科任职。遂告别徐总督及诸好友，作回京城的准备。

案：1906年11月清廷正式成立陆军部，并将原练兵处并入。

好友郭宗熙得知吴禄贞即将离奉天返回京城，特地前来为其送行，临别之际曾有诗相赠；吴禄贞亦作有《叠留别郭侗伯观察韵》一诗（见《吴禄贞集》第246—247页）赠好友：

> 冰天夜静镜新磨，阵阵寒风度织梭。秋扇凄凉闺阁泪，胡笳悲壮海天歌。迷离雪径行人少，重叠关山旅雁多。腊鼓惊心催岁暮，音书目断白狼河。

九月上旬，吴禄贞告别众上司、同僚及好友，自奉天回到京城。

九月十八日（10月12日），斋藤季治郎听说吴禄贞已被调走，遂命令日本宪警在火狐狸沟茂功社非法修建房屋。延吉边务督办公署得知消息，立即派巡警前往阻止。日本宪警竟然开枪打死巡办徐占奎、巡兵吴起瑞，打伤巡兵多人，史称“火狐狸沟惨案”。斋藤蓄意制造流血事件，企图加剧“间岛”局势恶化，为日本入侵寻找借口。

吴忠亚曾回忆说：“徐世昌到任甫及一年，延边尚属粗安之余，就把他（案：指吴禄贞）罢离延边，而代之以旧官僚傅良佐。讵知当时筹边安边，端赖禄贞。日人所惮者亦惟禄贞而已，闻其罢离，额手称庆，旋即故态复萌，不断制造事端。傅良佐穷于应付，苦不可耐，乃称病弃职而逃。”（见吴忠亚《吴禄贞的一生》）

九月二十日（10月14日），十三世达赖喇嘛在仁寿殿陛见。

九月二十五日（10月19日），日本警视厅查封同盟会机关报《民报》。

九月下旬，吴禄贞因老家有事须回籍处理，遂向军学司正使冯国璋①、

① 冯国璋（1857—1919），字华符，一作华甫，直隶河间（今属河北省）人。早年在私塾、莲池书院学习。1884年至大沽口当兵。1885年被保荐入北洋武备学堂学习。毕业后至聂士成军中效力，颇受信任。1893年保荐以驻日公使随员身份赴日考察军事。1896年回国，被袁世凯招至天津编练新军，任为督练营务处总办。后随袁氏赴山东镇压义和团。1903年擢升练兵处军学司司长，与王士珍、段祺瑞并称“北洋三杰”。1906年署正黄旗蒙古副都统兼陆军贵胄学堂总办。后长期担任军谘使。武昌起义爆发，被任命为第一军总统，率领北洋军赴湖北镇压革命。“二次革命”时，奉袁命攻占南京，任为江苏都督。袁死后北洋军阀分化，为直系首领。曾与湖北督军王占元、江西督军李纯联合对抗皖系首领段祺瑞，称“长江三督”。1916年当选副总统。1917年代理总统。1918年被段祺瑞逼下台。1919年12月28日在北京病逝。

副使良弼请假，并得到他们及陆军部的批准。

案：因吴禄贞此次请假回籍所需时间较长，冯国璋和良弼曾于九月二十八日（10月22日）联名向陆军部禀报此事（因时间较长，需要请人暂时代理其工作），并得到陆军部的同意。详见《冯国璋等为吴禄贞请假回籍事呈陆军部》呈文（此呈文原存中国第一历史档案馆陆军部档案，今收入《吴禄贞集》之《复张绍曾电》附录，第228页）。

十月二十一日（11月14日），光绪皇帝崩于瀛台涵元殿，时年三十七岁。遗诏以摄政王载沣之子溥仪入承大统，为嗣皇帝，并承继穆宗为嗣，兼承大行皇帝之祧，以摄政王载沣监国。

案：光绪皇帝（1871—1908），即爱新觉罗·载湉，咸丰之弟醇亲王奕𫍽之子，满族。同治皇帝崩，无子，由他入继大统，改元光绪。即位时年仅四岁，由慈禧太后“垂帘听政”。1887年（光绪十三年）亲政后，朝政仍决于太后。中日甲午战争中主战，《马关条约》签订后，不愿做“亡国之君”，受日益兴起的变法思想的影响，思有所作为。1898年（光绪二十四年）接受维新派主张，下诏变法，提拔任用维新派人士，贬斥顽固大臣，不断发布新政命令，引起慈禧太后和守旧势力的恐惧和不满。戊戌政变后，被幽禁于中南海瀛台。1900年（光绪二十六年）义和团运动中，当八国联军迫近北京时，被慈禧太后挟持，逃往西安。1908年11月14日，先慈禧太后一日死，庙号“德宗”。

十月二十二日（11月15日），孝钦显皇后——慈禧太后亦薨于仪鸾殿，年七十三岁。

案：慈禧太后（1835—1908），即西太后，叶赫那拉氏，满洲正黄旗人，满族。咸丰皇帝宠妃，同治皇帝生母。咸丰帝死后，其子载淳六岁即位，被尊为太后。不久，伙同恭亲王奕䜣发动“祺祥政变”，垂帘听政。1861—1873年，她勾结外国侵略者，利用曾国藩、左宗棠、李鸿章等汉族地主武装湘淮军，残酷镇压太平天国、捻军、回民、苗民、彝族等各地各族民众的武装起义。同治帝死后，立四岁的载湉为帝，仍由她垂帘听政。为适应反动统治的需要，她一面支持奕䜣、曾国藩、李鸿章等标榜的“自强”“求富”的洋务运动，开办军事工业和民用性企业，训练海陆军；一面又重用一些顽固守旧大臣，用清议牵制洋务派。对外则妥协投降，导致各种对外战争皆以失败告终，与帝国主义列强签订了一系列丧权辱国的条约，使中国陷入半殖民地的痛苦深渊。对内既仇视民众的爱国正义斗争，又反对改良派的维新变法运动，还残酷镇压资产阶级的民主革命运动。自1861年开始垂帘听政至1908年去世，她统治中国近半个世纪，成为黑暗腐朽势力的代表，近代中国半殖民地化的象征。

十月二十五日（11 月 18 日），嗣皇帝溥仪登极礼成，诏令改元，以明年为宣统元年。

十月二十六日（11 月 19 日），革命党人熊成基在安徽安庆率领新军发动武装起义。

十一月初七日（11 月 30 日），美、日两国互换照会，确认对华侵略“机会均等”。

十一月初十日（12 月 3 日），清廷宣布：立宪预备，仍以宣统八年为限。

十一月二十日（12 月 13 日），湖北武昌新军革命党人黄申芗、杨王鹏等将军队同盟会改为群治学社。

十一月间，日本驻华公使伊集院彦吉向清政府外务部呈递“节略”，对所谓“中韩界务问题”，提出种种诡论和伪证，力图从根本上否认延吉为中国领土，最后对中国以前所为之论证，完全推翻，悍然要求中国政府顺从日本政府的意旨。清政府慑于日本之国力，苦于日人之诡辩，惶然不知所对，只得急电湖广总督陈夔龙，请其派人敦促吴禄贞火速赴京至外务部协助工作。同时，又致电奉天，请徐总督速让周维桢回京协助工作。

十二月十一日（1909 年 1 月 2 日），清政府鉴于袁世凯的权势日盛，难以驾驭，乃以“患足疾，步履维艰，难胜职任”为由，罢黜其回籍养疴。

十二月十五日（1909 年 1 月 6 日），沪宁铁路建成通车。

十二月间，吴禄贞风尘仆仆地自云梦老家回到京城，朝廷立即任命其为外务部顾问，遂与自奉天归京的好友周维桢一起负责解答日方提出的所谓“中韩界务问题”。

是年，吴禄贞的留日好友、革命同志戢翼翚①在武昌家中郁郁去世。

---

① 戢翼翚(1878—1908)，字元丞，湖北房县城关人。出身清军军官家庭，举家居武昌。早年入湖北自强学堂深造。1896 年赴日公费留学，入亦乐书院、东京专门学校学习。1899 年与吴禄贞等赴横滨拜访孙中山，加入兴中会。1900 年春，与沈翔云、吴禄贞、刘成禺、傅慈祥等人发起组织励志会。7 月回国，参与自立军起义；起义失败，复逃往日本。同年底，与杨廷栋、杨英航等创办译书汇编社，任社长。1901 年，与秦力山、沈翔云等创办《国民报》，宣传革命思想。不久回国，在上海继续办“作新社”，译印书籍，开通民智。1905 年参加清廷对归国留学生的考试，成绩优异，被授予政治经济科“进士”出身，分发外务部任主事。1907 年 9 月，遭袁世凯、曹汝霖等人告发，被清廷逮捕革职，并遣送回武昌交地方官严加管制。次年病逝于家中。编译书籍颇多，另翻译有普希金的名著《俄国情史》（即《上尉的女儿》）。

宣统元年己酉(1909年)　三十岁

年初，吴禄贞仍在外务部担任顾问之职，并在好友周维桢的协助下起草驳复日本关于“中韩界务问题”的“节略”。

正月上旬，好友程明超回到京城与吴禄贞相聚，并相偕前往拜访过老师、老上司、体仁阁大学士、军机大臣的张之洞；谈起时政，皆唏嘘叹息。

程明超曾回忆说：“1909年己酉春，我与吴君相见于都门，与张之洞痛言时政，皆唏嘘不置。张之洞曰：‘二三子皆雄才，年少剑锋芒，以待时，假立宪之流祸不远矣。’”（见王保民《吴禄贞首先参加革命的见闻录记》，《吴禄贞集》附录，第277页）

正月十一日（2月1日），万国禁烟会议在上海召开。

正月十六日（2月6日），日本驻华公使伊院彦吉又乘机将“东省六案”的其他几案与“间岛问题案”一起提交清政府外务部，进行集中交涉。

案：自1907—1909年，日本侵略者在中国东北地区相继挑起了“东省六案”纠纷。此六案分别为：新法路案、大营路案、京奉路展修案、抚顺烟台煤矿案、安奉路沿线矿务案及“间岛交涉”案。此六案的交涉，最后只有“间岛交涉”案，中国取得了胜利。这其中自然有吴禄贞的贡献。

正月二十六日（2月16日），为吴禄贞的三十华诞，好友程明超作五言联一副——“群龙争见首，猛虎飞食人”，为吴禄贞贺寿。

程明超曾回忆说：“是春，吴君三十初度，余与君同更生，故寿之曰：‘群龙争见首，猛虎飞食人。’吴君喜读岳武穆《满江红》词、熊廷弼诗文集，为文与诗，盛气逼人，亦复似之。”（见王保民《吴禄贞首先参加革命的见闻录记》，《吴禄贞集》附录，第277页）

正月二十七日（2月17日），清政府外务部尚书会办大臣梁敦彦在与日本驻华公使伊集院彦吉谈判东三省六悬案时，以长篇节略驳复日本的“节略”，逐条批驳日本政府所提出的严重歪曲中朝国界的“节略”，使日本公使不得不承认“间岛”为中国领土。此长篇节略即受朝廷之命和外务部上官之委托，由吴禄贞和周维桢所完成《为外务部代拟驳复日本之节略》（此“节略”，原藏外交部档案，见《清季外交史料》；今收入《吴禄贞集》第195—209页）。

案：吴禄贞和周维桢代外务部所拟驳复日本的长篇节略（11000余言），是所谓“间岛问题”交涉中，中国政府驳复日本的最后和最重要的外交文件。清政府外务部以此长篇节略驳复日本政府，以详尽确凿的证据，尤其是韩国出版的《朝鲜通文馆志》《朝鲜地理小识》，日本参谋部的《满洲志》，守田利远的《满洲地志》和俄国出版的《满洲地志》等有关书籍，证明延吉一带，自古就是中国领土，日本所提之伪证，全被推翻，使其无以置辩。自此节略发出后，日本不再重弹所谓“间岛”归属未定的老调了；但仍未撤兵，坚持说他们有保护韩民之责。王芸生曾在其《六十年来中国与日本》一书中追述其事说：“此节略系吴禄贞、周维桢二人起草，在历史及学术上均有重大价值，对当时交涉尤为有力。盖此节略发出之后，日本即不再坚持所谓‘间岛’非中国领土矣。”（王芸生《六十年来中国与日本》（八卷本），生活·读书·新知三联书店2005年7月版）

正月间，朝廷任命原云贵总督锡良为钦差大臣，总督奉天、吉林、黑龙江东三省事务，兼任热河都统，而调徐世昌回京，擢升为协办大学士。

案：不久，锡良便成了吴禄贞在东北的顶头上司。锡良（1853—1917），字清弼，巴岳特氏，蒙古镶蓝旗人。同治十三年（1874年）进士，历任山西候补知府、山东兖沂曹济道、山西冀宁道、山西按察使、湖南布政使等职。1900年因护驾有功，擢升山西巡抚。1901年调湖北巡抚，旋授河南巡抚兼河道总督。1903年擢升四川总督，积极推行新政，力主自办铁路，取得了川汉铁路修筑的自主权。1906年派兵进藏平定上层喇嘛和土司势力的变乱，加强藏族经济文化的建设。1907年调任云贵总督，创练新军，设立讲武堂。1908年派兵镇压黄兴等领导的河口起义。1909年授钦差大臣、东三省总督，加强东北防务，建立清乡局，编练巡警和民兵。1900年遏止了中俄边境鼠疫的蔓延，受到许多国家的称赞。1911年6月以病辞职。同年，被任命为热河都统。宣统帝宣告逊位后，即告病归养。1917年病逝。著有《锡良遗稿》。

二月初一日（2月20日），谕下：“派大学士张之洞为总裁官”，以恭修《德宗景皇帝实录》（见《张文襄公年谱》）。

二月间，同乡好友、时任翰林院编修的程明超[①]曾邀吴禄贞至其家小饮

---

① 程明超(1880—1947)，字子端，湖北黄冈人。幼聪慧，十岁即考中秀才。后考入武昌两湖书院学习。1902年由两湖书院选送赴日留学，入东京弘文书院，习日语及普通学科。其间，结识孙中山、黄兴等人，接受民主革命思想。1903年1月，与李书城等创办《湖北学生界》杂志，宣传民主思想，弘扬革命精神。同年暑假回国参加乡试，考取举人。随后再赴日本。1905年考入京都帝国大学法学部法律学科。1908年毕业回国，参加清廷统一组织的考试，获一甲第三名，御赐探花，授翰林院编修。1910年，被指定为资政院钦选硕学通儒议员。1912年出任南京临时政府大总统孙中山的秘书长。1921年出任两湖巡阅使公署机要处长。1926年辞官闲居。工诗文，尤工骈文；擅书法，有“东亚草圣”之誉。

并赋诗相赠；其时正好雨过天晴，吴禄贞亦作有《雨后过程子端北园小饮即席限韵二首》（见《吴禄贞集》第 249 页）回赠：

十年乍领间中趣，天地阴阳一任之。春色一园雨过后，边风万里燕归时。封侯空博深闺怨，持节常吟出塞诗。旧梦新愁谁遣得，对君须尽酒千卮。

小园雨过草离离，绿野斜阳满树枝。三十功名同慷慨，少年意气尚淋漓。尊前北海常留客，海外东坡且赋诗。假我春光无限好，莫教惆怅负花期。

闰二月中下旬，“间岛问题”虽然暂时解决，但日本人却在延边不断制造事端，企图挑起边境冲突，为其武装占领寻找借口。朝廷鉴于延边严峻的形势，更由于吴禄贞对东北边疆情况的熟悉，不得不重新起用吴禄贞，让其再回延吉边务督办公署任职。

吴忠亚曾回忆说：“清廷迫不得已，仍欲令禄贞回任。禄贞以前此为人掣肘，未得放手办事，大行其志，要求由他自任督办，专折奏事，不受吉林巡抚节制，方肯回任。清廷以应变无人，只得允其所请。”（见吴忠亚《吴禄贞的一生》）

案：俗话说：“吃一堑长一智。”吴禄贞吸取了上一次戍边受人钳制的教训，向朝廷提出了三个条件，方肯出任：其一，自任督办；其二，专折奏事；其三，不受吉林巡抚节制。这就是说边务之事吴禄贞有权独自处理，有事可直接上奏朝廷，不再受制于地方或他人。朝廷为了边疆的安宁，对其所提出的几个条件也只得同意。

闰二月间，革命党人孙武、焦达峰等自东京回国后，在汉口租界设立共进会总机关，从事长江流域会党的联络活动。

三月二十日（5 月 9 日），德宗景皇帝梓宫奉移梁格庄行宫暂安。

三月二十六日（5 月 15 日），革命党人于右任等在上海创办《民呼日报》。

三月间，吴禄贞再次来到局子街，就任延吉边务督办公署督办，授陆军协都统（从二品武官）并赏加陆军副都统（正二品武官）①。

抵达延吉任所后，吴禄贞立即着手告示安民，设立派办所，修建戍边楼，整顿防营（裁弱留强，补足空额，加强军纪），训练新军（创办屯田

---

① 徐世昌主编：《东三省政略》卷 1《边务 · 延吉篇》，沈云龙《中国边疆丛书》（第一辑），台北文海出版社 1967 年版，第 246 页。

军），兴办学校（创办初等小学 8 所，高等小学 4 所），修建延吉至各地的道路，加强边疆建设，以防外敌侵入。

当吴禄贞与部下、朋友们再次登上戍边楼眺望星空时，不禁心潮起伏，激情满怀，乃放声吟诵道：

烽火鸡林戍，筹边两度来。春风吹细柳，塞月照墩台。虎节黄金印，骊歌白玉杯。登楼望长白，处处阵云开。

诗战咸阻约，春光入塞先。风云驱旧岁，珠玉灿新笺。月朗元宵夜，灯辉古戍边。遥知东阁宴，好句已盈千。①

闲暇之时，吴禄贞亦常与署中部下谢炳朴等友朋往来唱和。一日，同乡好友谢炳朴有诗相赠，吴禄贞阅后亦诗兴激发，遂步其原韵作长篇七言歌行《放歌步谢大虎文原韵》（见《吴禄贞集》第 245 页）相谢，明显地流露出对祖国前途的忧虑之情：

水上漂泊鸥与鹭，家在水云乡里住。振翼不必到南溟，万里培风镇古戍。巍然长白望昆仑，辽海黄河悲回诉。笑彼西燕又东劳，处处寒云横野渡。乾坤逼仄复逼仄，大夫升沉遑问教。伤心漆室哀逸马，堪恨苍鹰逐孤鹜。图们不尽水滔滔，筹边且学邯郸步。敌楼夜夜惊烽火，旌旗朝朝卷风露。俯仰华彝几战争，胜败操持岂无敌。笔陈可能敌万人，舌锋时亦当武库。尺地寸土肯让人，匣底龙泉光欲吐。安得一战定三韩，貔貅百万争先赴。自古和戎非良策，一误不可况再误。边人未归征人恨，大地河山待鼓铸。君不见茫茫瀛海接青天，细流何用殷勤注。罢戍长歌归去来，一去掉头不回顾。去逐鸥鹭狎烟波，云梦潇湘指归路。一竿闲钓云天月，三昧拂言细参悟。开卷不读战国策，懦豪莫草从军赋。梦访庄生姑射游，醒伴逍遥广漠树。王侯将相傀儡耳，尘土功名何足慕。

吴禄贞到任时，为加强边境防务，曾上书朝廷，请求拨款一百万两银子，编练陆军一镇（两个旅），而朝廷给他的回复是：国库"经费支绌"，无银两可拨。

四月二十五日（6 月 12 日），吴禄贞之次女吴忠敏（1909—　）在北京出生。

四月间，边关的形势日渐紧张。此时，日本在中韩边界的朝鲜一侧不

① 吴禄贞：《元夜步壬林韵兼简侗伯盟长》（二首），《吴禄贞集》，华中师范大学出版社 2011 年版，第 247—248 页。

断调兵遣将，驻兵已达二万五千余人，占日本在朝鲜兵力的一半以上。他们不仅不断派人过江骚扰，强占民地建造房屋，设立宪兵分遣所；而且还唆使日本浪人到处寻衅，强奸朝鲜妇女，殴打中国军警。

鉴于此种情形，吴禄贞曾多次要求朝廷增派兵力，加强边陲防务。他在奏折中说："若非厚其兵力，注重江防，令其野心稍戢，边务大局，万难维持。"（见《清宣统朝外交史料》）而患有"恐外症"的清政府竟以"增兵恐引起交涉"为理由，拒绝他的请求；并一再电令他"事事稳慎妥办"，"镇静维持"。不得已，吴禄贞只好从奉天、长春、吉林等地调进部分新军、巡警充实边防，使兵力增至"四千余名"。吴禄贞就是在这样极其艰难的条件下，怀着愤懑的心情，寸土不让地守卫着边疆国土。

吴禄贞见朝廷既不肯派兵，又不肯拨款，遂四处奔走，筹集经费，自建新军一镇，创设屯田军一营，"以此作为外事交涉的后盾，并以备万一"①。

五月间，吴禄贞在极其困难的境况下，为维护天宝山的银矿主权，阻止日本人霸占土地，为受害军、民追赔抚恤费，发展当地教育，支持革命党人活动等方面做了大量有成效的工作，作出了重要贡献。

其间，吴禄贞颇想念好友郭宗熙，遂写了《再戏叠前韵简侗伯盟长兼示幕中诸友一笑》一诗（见《吴禄贞集》第 247 页）寄赠，问候好友：

> 真个年华等掷梭，春风昨夜度帏罗。崎岖世路悲羸马，妩媚文章愧疥驼。秀色千峰归岳麓，才思九曲胜黄流。将军负腹吟何苦，诗不磨人人自磨。

同月里，吴禄贞曾写有《对日交涉情况报告》呈交东三省总督徐世昌，是其在延吉办理边务时对日交涉情况的珍贵记录（此报告原收入《光绪朝中日交涉史料》卷七十二，今收入《吴禄贞集》，第 209—212 页）。

案：徐世昌虽已擢升为协办大学士，但此时尚未离开东北，直到锡良六月（8 月）自云南到达奉天，两人交接完总督篆务后，才离开奉天回到京城履职。

六月二十一日（8 月 6 日），上海勤昌丝厂女工因反对延长工时举行同盟罢工。

六月二十九日（8 月 14 日），清政府查封《民呼日报》。

① 金元山、王晓兵：《中日"间岛交涉"与宋教仁、吴禄贞》，《日本研究》1993 年第 1 期。

六月间，廖仲恺自日本中央大学毕业后回国，参加清廷组织的统一考试，被授予法政科举人，并奉孙中山之命，进入吉林巡抚抚署担任翻译，同时负责领导东北革命同志开展工作。吴禄贞以工作之便，时常与廖仲恺①接触，商议革命工作。

其间，吴禄贞还利用工作之便，分别接待过来东北的高宜权、孙师武、吴昆、方培良、杨端甫等革命同志。

七月初十日（8月25日），吴禄贞得知外务部将于近期与日本政府就中韩界务问题签订协议，且知道了协议的大致内容，心情十分沉重。思虑再三，乃致电外务部，重申了自己的意见。对允许日本在图们江北岸四处地方开通商埠，尤其是在百草沟、头道沟和局子街这三处开通商埠坚决反对：因为百草沟、头道沟不仅是交通要道，而且是延吉森林、矿产最丰富的地方；至于局子街，则是当时延吉的行政重地；如果这些地方被开通为商埠，那将会后患无穷，请外务部务必慎重。

七月二十日（9月4日），经过半年的艰辛谈判，清政府外务部会办大臣梁敦彦与日本驻华公使伊集院彦吉在北京订立《图们江中韩界务条款》（亦称《间岛协约》），全文共七条，其中第一款规定："中日两国政府彼此声明，以图们江为中韩两国国界，其江源地方自定界碑至石乙水为界。"②

吴忠亚曾回忆说："先三叔受命于危难之际，前后三年，两戍延边，以一身肩负反占领斗争重任，再接再厉，不屈不挠，绝不使侵略者，得稍逞其占领野心于延边。斋贼挟其强大国力，三载经营，一筹莫展，始终都未能在延边站稳脚跟，日本侵略者终不得不知难而退，最后签订了《中韩边界条

① 廖仲恺(1877—1925)，原名恩煦，又名夷白，字仲恺。广东惠阳人。出生旅美华侨家庭。1893年回国。1902年留学日本。1905年加入中国同盟会，任总部会计长。1909年入吉林巡抚抚署任翻译。辛亥革命后回广东，任总督府总参议，兼理财政。积极参与反袁斗争。1921年孙中山任非常大总统，出任财政部次长兼广东财政厅厅长。1922年代表孙中山与苏联代表越飞会谈，于次年发表《孙文越飞宣言》。1923年被任命为广东省省长和财政部部长。1924年国民党改组，被选为中央执委、常务委员、政治委员会委员，并先后兼工人部部长、农民部部长、黄埔军校党代表等职。孙中山去世后，坚持革命的三大政策，积极支持省港大罢工。1925年8月20日，在广州被国民党右派暗杀。工诗词，擅书法，著作编为《廖仲恺集》《双清文集》。

② 王芸生：《六十年来中国与日本》第五卷，生活·读书·新知三联书店2005年版，第254页。

约》，正式承认图们江为中、韩国界，江北延边一带为我国领土。并悄然撤退其入侵人马，还我延边主权。这是当年先三叔署理延边，为保卫国土所曾建立之不朽功勋。其间，斗争之惊险曲折，应付之艰难微妙，非千言万语所能尽。”（见吴忠亚《吴禄贞的一生》）

案：《图们江中韩界务条款》的签订，吴禄贞的功劳是巨大的。虽然中国保有了图们江以北的领土完整，排除了日本的殖民工具——间岛派出所及其他军事力量，限其在二月内撤清，在一定程度上维护了这一带的司法主权，这在中国近代外交史上也算得是一次难得的对外交涉的胜利。但是，此条约中，清政府在开通商埠、设立领事馆、修建铁路等方面，仍作了让步，留下了诸多隐患。

中、日正式签订《图们江中韩界务条款》的消息传来，条约中仍然允许日本在延吉设立领事馆、开通商埠、修建铁路。吴禄贞壮志难酬，于是，仰天长叹：

> 自古和戎非良策，一误不可况再误。边人未归征人恨，大地河山待鼓铸。①

八月初八日（9月21日），旅美华工冯如在旅美华侨的资助下，驾驶着自制的飞机飞上天空，成为中国第一个飞行家。

八月十二日（9月25日），由中国工程师詹天佑自行勘测、自行设计建设的京张铁路建成通车。

八月二十一日（10月4日）晚，清政府体仁阁大学士、军机大臣张之洞在京城地安门外白米斜街府邸去世，年七十三。晋赠太保，谥“文襄”，入祀贤良祠。

案：张之洞可说是吴禄贞的恩师，对其有发现、培养、提携之功。张之洞（1837—1909），字孝达，号香涛，亦号芗涛、香岩、壶公、无竞居士，晚号抱冰、抱冰老人，因创办广雅书院、广雅书局，被人称之为“张广雅”。直隶南皮（今属河北）人。咸丰二年（1852年），应顺天乡试，中第一名举人（即解元）。同治二年（1863年）会试，中第三名进士（即探花），授翰林院编修。历任翰林院侍读、侍讲、内阁学士，湖北、四川学政，山西巡抚，两广、湖广、两江总督，累官至体仁阁大学士、军机大臣兼管学部。参政40余年，极力筹办洋务。又重视教育，提倡朴学，大力兴办书院和各种

① 吴禄贞：《放歌步谢大虎文原韵》，《吴禄贞集》，华中师范大学出版社2011年版，第245页。

实业学堂，对清末的文化教育影响甚大。光绪二十四年（1898年），撰著《劝学篇》，主张“旧学为体，新学为用”，反对维新思想。入军机兼管学部后，又支持同光体诗人，与进步的诗歌创作思潮相对立。工诗，现存诗500余首，诗风宽博、厚重。著有《张文襄公全集》229卷。

九月初一日（10月14日），各省谘议局（除新疆外）宣告成立。

九月十三日（10月26日），朝鲜爱国志士安重根在哈尔滨将前日本内阁总理大臣、公爵、朝鲜第一任统监、“太子太师”伊藤博文击毙。

九月十四日（10月27日），朝鲜统监府统监曾弥荒助正式照会朝鲜内阁总理大臣李完用，告知日本已与清政府签订《图们江中韩界务条款》，统监府间岛派出所也将于11月1日撤除，由日本驻间岛领事馆代之。

九月二十一日（11月3日），日本“间岛总领事馆”在龙井村正式成立，吴禄贞奉指令作为中国政府官员出席。这简直让他悲愤万分，难以忍受——他恨不得立即拔剑上阵与敌人血战，把失去的权利统统夺回来。于是，当即挥毫写下了“尺地寸土肯让人，匣底龙泉光欲吐。安得一战定三韩，貔貅百万争先赴”的诗句①。

案：日本人的总领事馆设在龙井，却冠以“间岛”之名，可见他们图谋“间岛”的贼心始终不死。1934年12月1日，伪满洲国又建立了“间岛省”，省会在延吉县（今吉林省延吉市）。辖境相当今吉林的延吉、龙井、和龙、安图、图们、珲春、汪清等市县之地，直至1945年日军投降后废除。将前后的情况联系起来看，当年这场关于“间岛问题”交涉的历史意义就很清楚了，亦可见出吴禄贞眼光之锐利、长远。

九月二十七日（11月9日），朝鲜内阁总理大臣李完用复照表示：“对此准允，并已将协约用官报予以公布。”②

案：李完用的表示意味着朝鲜政府已承认和接受此约（即《间岛协约》），并承认图们江为中朝的界河。至此，中朝两国长期的国界争议基本结束。

九月间，吴禄贞曾偕部属赴三道湾（今延边朝鲜族自治州延吉市三道湾镇）柏文蔚所率之屯田营巡视，筹划练兵事宜，并在营地与军官们吟诗联句取乐。

---

① 吴禄贞：《放歌步谢大虎文原韵》，《吴禄贞集》，华中师范大学出版社2011年版，第245页。

② 见（韩）《旧韩国外交关系附属文书》卷八，第390页。

十月初一日（11 月 13 日），陈去病、高旭、柳亚子等 17 人在苏州虎丘的张国维祠举行雅集，成立“南社”。

十月上中旬，吴禄贞根据条约签订后的边境形势，已经把重心放在了延吉、珲春全境的军政防务事宜上。

十月二十九日（12 月 11 日），朝命立张之洞祠于京城。

十月间，日本人在无法坚持其对“间岛”领土的要求后，遂改为坚持他们对韩民有所谓的“保护权”。针对这一新的情况，吴禄贞写了《吴协统意见书》（因吴禄贞任延吉边务督办时，尚兼有陆军协统衔，故有此题目；此意见书原载《东三省政略》，今收入《吴禄贞集》第 212—214 页）。其中，阐明了吴禄贞对新阶段对日交涉的总看法，对日方提出的所谓“保护权”问题，有其深刻的见解。他一针见血地指出：“今若认其有保护权后，彼将今日增兵，明日设吏……阳借保护之名，阴行侵占之实……许其保护，既无异授其进取之阶，必将渐失国权，予人口实。是则界务澄清，亦不过空负主人虚名而已。”

这些观点，也是吴禄贞后期在延吉办理边务交涉期间的基本态度。

十一月初，江苏谘议局议长张謇召集十六省谘议局代表在上海开会，决定成立国会请愿同志会，组织代表团晋京请愿，要求速开国会，建立责任内阁。

十一月上旬，湖北谘议局议员及数十名绅商发起组织了湖北铁路协会，举刘心源为会长，刘人祥、万昭度为副会长，反对借债修路，要求集股筹资，铁路自办，并派代表赴京请愿。

十一月二十五日（1910 年 1 月 6 日），美国国务卿诺克斯（Knox）照会中、日、英、法、俄、德各国，提出东北诸铁路中立案。

同月间，吴禄贞在延吉厅河南修建的占地 290 亩、古朴典雅、雄伟壮观的延吉边务公署楼（亦称“戍边楼”）落成。吴禄贞带领部下站在楼顶上，凭栏远眺，一股自豪感不禁油然而生，出口吟道：

> 筹边我亦起高楼，极目星关次第收。万里请缨歌出塞，十年磨剑笑封侯。鸿沟浪靖金瓯固，雁碛风高铁骑愁。西望白山云气渺，图们江水自悠悠。①

十二月初六日（1910 年 1 月 16 日），国会请愿同志会发动第一次请

---

① 吴禄贞：《戍边楼落成登临有感》，《吴禄贞集》，华中师范大学出版社 2011 年版，第 246 页。

愿，上书都察院，要求速开国会，清廷不允。

十二月十一日（1910 年 1 月 21 日），日、俄两国声明：不允许将东北铁路改为公共铁路。

十二月十四日（1910 年 1 月 24 日），各省谘议局代表在北京组织速开国会同志会，通告各省谘议局。

十二月二十日（1910 年 1 月 30 日），革命党人熊成基在哈尔滨谋刺载洵，事泄被捕杀。

十二月二十六日（1910 年 2 月 5 日），吴禄贞的好友余诚①在家中病逝。

年底，吴禄贞和王梧生等友朋在延吉边务督办公署度岁。

十二月三十日（1910 年 2 月 9 日），是传统的除夕日，前辈友人王梧生作有守岁诗见示，吴禄贞阅后乃步其韵作《步王梧生先生己酉守岁原韵十首》（见《吴禄贞集》第 249—251 页）相赠：

之一

梭掷双丸任往还，白云终古自闲闲。一身粝米浮沧海，万里风云望故山。醉眼重邀燕市月，蹄痕曾遍汉时关。抚摩髀肉增惆怅，陈迹无端俯仰间。

之二

十年泛宅复浮家，万里边风拂鬓华。未必出山终小草，何辞倾国对名花。浮踪笑比风前絮，诗句谁笼壁上纱。结习年来忘未得，吟髭捻断手频叉。

之三

锦帙牙签列四围，读书日月侍慈闱。春晖爱护争驹隙，乡梦憯腾逐雁归。五夜闻鸡犹起舞，一时屠狗亦雄飞。戎装笑把宫袍换，聊当娱亲

① 余诚（1884—1910），原名仲勉，亦名淑潢，字筒斋，号思父，湖北省麻城县木樨河余家冲人。幼随父在河南读私塾。1895 年回乡从族兄浩吾学。1903 年中副贡，游汉皋，与吴禄贞交往甚密。1904 年参加科学补习所，谋在武汉响应黄兴组织的长沙起义，事泄，赴日本早稻田大学就读。1905 年参与筹建中国同盟会，组织《民报》社。1906 年奉命回国，参与创设中国公学；旋回汉，以日知会为基地，发展同盟会员，秘密从事革命活动。又与刘静庵等创办留东预备学校。同年秋，谋响应萍浏醴起义，事泄，遭通缉，走上海，旋复至日本，潜心治学，改名诚，字季穆。1908 年回国，任同盟会湖北分会会长，秘密发展会员。1909 年秋，肺病恶化，由李四光、陈文静护送上海就医。随后遵医嘱回乡静养，年底逝于乡。

莱子衣。

之四

壮年跃马赋西征，仗剑思吞海底鲸。葱岭万重轻举足，秦关百二惯宵行。羁图凭吊班都护，飞将长怀李北平。几辈雄兵谈纸上，扶桑日丽说东瀛。

之五

苦将事业望旗常，山上云偏出岫忙。高视敢夸千里目，忧时徒转九回肠。长安观奕成残局，列国争雄启战场。沧海无情天地窄，驰驱容易误年光。

之六

乘轺持节去悠悠，万里临边玉塞秋。肯使蛇龙据山泽，直教狐兔匿林邱。一丝知否牵全局，大错何堪铸九州。孤愤满腔郁谁语，竟思披发大荒游。

之七

底事王郎斫地歌，敢将身世怨蹉跎。骨经锻炼丰裁峻，眼染兴亡涕泪多。好友乍来棋一着，旧书补读砚重磨。偶来五夜闲吟惯，教尽残更跃鼓鼍。

之八

乍辞艰巨脱鱼钩，宦味消闲意自如。官阁梅花春洒滟，天街杨柳晓风疏。苦非息怀难弭谤，岂是虞卿始著书。勘破云枯心止水，小园新辟浚清渠。

之九

风人雅旨托于诗，三复流连有所思。时事是非千古定，缠绵忠爱几人知。高情宁有饥寒惧，顾影谁怜冰雪姿。寄语穷愁孟东野，象虽毁齿豹存皮。

之十

从来江汉郁云雷，士气而今消歇才。三顾谁论天下计，九边未见战云开。汉皇前席才难用，骚客离魂招不来。金粟堆前松柏老，人间谁唱得龙媒。

宣统二年庚戌(1910年)　三十一岁

年初，吴禄贞仍在延吉担任边务督办公署督办之职。

正月初一日（2月10日），收到好友、时任吉林省东南路分巡兵备道道员郭宗熙贺岁的诗章，吴禄贞当日作有《接侗伯元日诗次韵酬之》一诗（见《吴禄贞集》第 247 页）寄赠：

大地春回万象罗，太平一曲听宣和。镫联塞上明珠灿，月丽天空宝镜磨。几阵边风闻唳雁，频年乡梦赋旧驼。新诗且下良宵酒，一任流□自弄梭。

正月初三日（2 月 12 日），同盟会员倪映典等在广州发动新军起义，倪映典战死。

正月初八日（2 月 17 日），清政府发现：吴禄贞在延吉边务公署任职期间，其辖区内时有革命党人四处活动，怀疑他"有革命嫌疑"；加之认为延吉的对日交涉事务已经结束，遂以"经费支绌"为由，将延吉边务督办公署撤销，调其回京。

柏文蔚在其《五十年大事记》中记载说："清政府疑吴有所谋，遂议裁撤边务，根本取消。吾人所经营与希望，付之流水，良可慨已。"①

吴忠亚曾回忆说："清廷对他一直都是阳为笼络，暗为疑忌，及至他建功延边，声威远震中外时，疑忌之心更甚，故《图们江中、韩界务条款》甫经签订，清廷即以节省开支为名，裁撤边务督办公署，把他调回北京，授以内蒙古副都统虚衔，实则置之闲散，使他不能有所作为。"（见吴忠亚《吴禄贞的一生》）

案：吴禄贞性格豪爽，办事认真，在平时的公务中得罪过不少人；加之其平日里虽有特殊身份作掩护与革命同志联络、往来，但有些活动太过明显，不能不引起人的注意；由于"忌他而说坏话的人太多"（见《吴禄贞》，《吴禄贞集》附录，第 268 页），朝廷自然会重视并控制他了。

正月十五日（2 月 24 日）元宵节，吴禄贞因与友朋们相聚酬唱，谈到好友郭宗熙，遂又写了《元夜步壬林韵兼简侗伯盟长二首》（见《吴禄贞集》第 247—248 页）相赠：

烽火鸡林戍，筹边两度来。春风吹细柳，塞月照墩台。虎节黄金印，骊歌白玉杯。登楼望长白，处处阵云开。

诗战咸阳约，春光入塞先。风云驱旧岁，珠玉灿新笺。月朗元宵夜，灯辉古戍边。遥知东阁宴，好句已盈千。

正月十六日（2 月 25 日），吴禄贞的侄儿吴忠亚（吴祺贞之子）出生于湖南长沙。

① 柏文蔚：《柏文蔚自述》，人民日报出版社 2011 年版，第 23 页。

正月十八日（2月27日），清政府颁布“中国红十字会试办章程”，命邮传部右侍郎盛宣怀为红十字会会长。

正月间，吴禄贞与已升任奉天陆军小学堂总办的张世膺结识，因两人系陆军士官学校的校友，相见恨晚，很快成为挚友。

二月十四日（3月24日），清政府批准湖北设立商办粤汉川铁路公司。

二月上中旬，吴禄贞处理完相关公务，即将离开延吉回京，然这里的一山一水，一草一木都让他难以割舍，遂挥笔写了《留别戍边楼》《留别长白山》两诗（见《吴禄贞集》第249、248页），以表达其依依不舍之情：

突兀楼台长白隈，郁葱佳气荡余灰。临风几度烽烟急，把酒犹惊羽檄来。万叠峰峦迎我笑，三年幕府为谁开。只今空有白云在，黄鹤飘然去不回。

翳天古树开春路，接地浮云绕翠峰。烽火全消孤塞月，天地远注一江松。气凌五岳支千派，影压三韩岭万重。小驻旌旗怅离别，携将秀色壮行踪。

吴禄贞舍不得离开这块土地，这块土地上的老百姓更舍不得吴禄贞离开。老百姓得知“吴青天”要离开延吉了，也知道留不住他，他们便做了“万民伞”“万民衣”赠送给吴禄贞。“万民伞”“万民衣”上缀有千万条写有人名的绸条，代表着千万颗爱戴他的心。老百姓又在延吉边务督办公署大楼院外的西南角竖立了“去思碑”，上书“吴都护禄贞去思碑”，以纪念他反抗日本侵略和开发治理延边的历史功绩。

案：此“吴都护禄贞去思碑”于1935年被日本侵略者捣毁。

吴禄贞离开延吉的那一天，延边的老百姓不知从哪里知道的消息，从四面八方汇聚在一起，足足有几里路长，夹道欢送这位一心为百姓办实事的“吴青天”。

案：吴禄贞在延吉戍边三年，坚持“寸土不让”立场，呕心沥血，外御强敌，内固主权，为国家争取平等的国际地位，立下了不朽的历史功勋；延吉厅一度出现了人丁兴旺、吏政廉洁、百废初兴的可喜局面。作为一位民主革命者，这反映出他坚定的反对帝国主义的立场和强烈的爱国爱民精神。也正因为如此，老百姓没有忘记他，历史没有忘记他。

吴禄贞告别延吉的战友和父老乡亲来到奉天，前往拜访了老上司、前辈友人、时任吉林巡抚的陈昭常，并写有《罢戍留别陈简池中丞》一诗（见

《吴禄贞集》第 251 页）相赠：

春来笑逐关山燕，山燕高飞上九重。天地风云多变态，东西南北觅行踪。楼头此会千觞醉，海上他年一笑逢。归马不知山路险，新诗题遍满江松。

离奉天回京城的前夕，好友郭宗熙前来送别，并有诗赠行；吴禄贞感好友厚意，亦作有《罢戍将归留别图们江仍叠前韵寄侗伯》一诗（见《吴禄贞集》第 248 页）相赠：

斗韵新诗迅织梭，胡天风月尽收罗。一篇宝剑怀元振，雨字金兰感戴和。烽火三年筹笔驿，归装重整负书驼。临歧笑指图们水，万里著波好濯磨。

跟随自己身边多年、眼下仍留延边且即将前往珲春赴任的同乡好友周维桢来为吴禄贞送行，并有诗相赠；吴禄贞依依不舍，乃步其韵作《步干丞送别原韵即以留别》一诗（见《吴禄贞集》第 248 页）赠谢，相互勉励：

连袂今五载，临岐酒一樽。佳诗翻旧恨，别泪洒新痕。边塞山流黯，阳关日月昏。前途须努力，相对泣无言。（时干丞留延将之官珲春）

在延吉的老部下、眼下仍留在延吉任职的好友谢炳朴亦赶来为吴禄贞送行；吴禄贞遂用周维桢诗原韵作《步干丞韵留别虎文》一诗（见《吴禄贞集》第 248 页）赠别好友：

东劳西燕长征客，携手河梁酒一樽。同是天涯春黯淡，偏逢岐路月黄昏。白云片片关山道，芳草离离雨雪痕。水溢松江千里阔，前途一笑欲无言。（时文以法官留延）

二月二十一日（3 月 31 日），革命党人汪精卫、黄复生在北京谋炸载沣，事情败露，被捕入狱。

案：这是轰动当时京城的一件大案。3 月 31 日那天，汪精卫和黄复生将自制的炸药安放在摄政王载沣每天上、下朝必经的银锭桥下。但此事被人发现了，偷偷将炸药取走，致使爆炸未遂。案发后，清廷外松内紧，暗中大肆缉捕。半个月后，二人被捕入狱，性命危在旦夕。

二月间，由于吴禄贞、宋教仁等人和外务部的艰苦卓绝的斗争，迫使日本侵略者不得不承认“延吉地方朝鲜族居民服从中国法权，归中国地方官管辖裁判”①。

---

① 金元山、王晓兵：《中日“间岛交涉”与宋教仁、吴禄贞》，《日本研究》1993 年第 1 期。

三月初四日（4 月 13 日），吴禄贞告别众友朋自东北回到京城，被朝廷以记名副都统授予镶红旗蒙古副都统①。

吴禄贞人已回到京城，可老是忘不了延边的人和事，于是挥笔写下了《忆旧游·罢戍归京寄怀二首》（见《吴禄贞集》第 253 页），以表达自己的心情：

十年离别苦，满腔情绪，同是天涯。楚王台下，狂歌击剑，豪气堪嗟！九边处处蹄痕，飞梦逐龙沙。往事话凄凉，长城万里，九处悲笳。

榆关独立久，望渤海辽阳，落日西斜。战血余腥在，念匈奴灭未，何以为家！春风吹断秋草，趁大好韶华。数出塞征鸿，沉沉暮色笑归鸦。

案："九边"原是明代北方九个军事重镇的合称，此处借指东北边境；"九边处处蹄痕"，则道出了吴禄贞三年戍边的艰辛。"飞梦逐龙沙"，是指吴禄贞虽人已回到京城，然其心却仍留在边关。"念匈奴灭未，何以为家！"正是无数像吴禄贞这样的爱国者宽广胸怀的写照。只要帝国主义侵略者还在，他们就一定会做"征鸿"，而不是做"归鸦"，就一定不会辜负自己的"大好韶华"。

三月初四至初六日（4 月 13—15 日），长沙发生抢米风潮，饥民焚毁抚台衙门、长沙税关及洋行、教堂等。

三月中旬，吴禄贞刚回到京城不久，汪精卫的未婚妻陈璧君②遂来登门拜访，并出示中山先生的亲笔信，请他设法救援汪精卫和黄复生。于是，吴禄贞遂四处游说、多方设法，终于使二人从死刑改为监禁，并于武昌首义后获释。

---

① 中国第一历史档案馆：《光绪宣统两朝上谕档》第 36 册，宣统二年三月初四日，广西师范大学出版社 1996 年版，第 58 页。

② 陈璧君（1891—1959），字冰如，原籍广东新会，出生于马来西亚槟榔屿乔治市。南洋富商陈耕基之女，汪精卫之妻。15 岁时进入当地中学读书。同年，孙中山至马来西亚槟城成立同盟会分会，她积极参加活动，被发展成会员。结识汪精卫，一见倾心。不久，追随汪精卫至日本留学。1909 年随汪返国至北京从事革命活动。1912 年与汪精卫结婚。"二次革命"失败后，随汪精卫赴法国留学。1919 年回国。抗战爆发后，与汪精卫力主对日和平。1939 年国民党六大召开，选为中央监察委常务委员。1940 年 3 月，汪伪国民政府在南京成立，出任中央监察委员兼广东政治指导员。1944 年汪氏病逝后赴广州，投靠伪广东省省长妹夫褚民谊。1945 年日本战败投降后，以汉奸罪抓捕入狱。1959 年 6 月 17 日病死于上海提篮桥监狱医院。

三月下旬，吴禄贞乘公务之余，将自己在延边戍边期间所写之诗整理、汇集成册，名《戍延草》。

三月间，应友朋之邀，吴禄贞曾往游玉泉山。玉泉山位于北京海淀区西山山麓，颐和园西侧。山势为西北走向，状如马鞍，纵深1300米，东西最宽处约450米，主峰海拔100米。山中奇岩幽洞，小溪潺潺，流泉活水，有风水宝地一说。这里“土纹隐起，作苍龙鳞，沙痕石隙，随地皆泉。”而此地之泉水，“水清而碧，澄洁似玉”，故此称为“玉泉”，元、明以来就是京郊有名的风景游览地。游览结束后，吴禄贞写有《游玉泉山》一诗①（见《吴禄贞集》第251页）以纪之：

古殿凄凉拓水鹤，清泉幽咽起沙鸥。昆明泛棹歌灵沼，日暮西山增客愁。

四月十三日（5月21日），山东莱阳贫苦农民曲诗文率饥民700多人冲进县署，要求速发积谷，减免苛捐杂税。

四月十五日（5月23日），清政府与英、德、法、美四国银行团在巴黎达成铁路借款协议，将湖北、湖南两省人民争回的路权以“国有”的名义收回，再出卖给帝国主义，激起全国人民的义愤。

五月初六日（6月12日），山东莱阳、海阳农民发动抗捐起义。

五月初十日（6月16日），国会请愿团发动第二次请愿。

五月二十七日（7月3日），山东莱阳曲诗文正式宣布起义，队伍发展至十几万人。

五月三十日（7月6日），曲诗文率农民起义军攻打县城数日不下，只好放弃县城。

六月上旬，经过十几天的血战，起义军伤亡惨重，起义被镇压。曲诗文在当地农民的掩护下，逃到外地，隐姓埋名，才幸存下来。

七月初七日（8月11日），吴禄贞被朝廷特派为“阅操委员”，前往英、德、法等国观操②。

出国前，同乡好友李书城前来看望吴禄贞，并为他送行。李书城对吴禄贞说：“你现在是副都统，虽然职务与抚台相当，但职权却比抚台差远了；我觉得你应该设法争取弄个巡抚做做，最好是去湖南或山西当巡抚。这样的话，对我们今后的革命活动、武装起义，都是非常有利的事情。”

---

① 据编辑者说：“此诗佚前二韵，以其绝笔之作，故存之。”（见《吴禄贞集》第251页）

② 《宣统政纪》卷38，宣统二年七月戊申，中华书局1987年版。

吴禄贞听了李书城的话说："对我来说，现在外放任巡抚并不是太难，只要舍得花二万两银子，打通庆亲王奕劻的关节，即可实现愿望。可二万两银子不是一个小数目，让我眼下到哪里去筹措呢？再说，朝廷刚下旨，我马上就要出国了，怎么有时间来做这件事情呢？"

李书城马上说："这件事不急，你照常奉旨出国，等你回国后再实施；至于银两的事情，你不必操心，我来想办法！"

七月二十五日（8月29日），日本宣布合并韩国。

八月十五日（9月18日），湖北革命党人杨王鹏、李六如等在武昌将群治学社改组，成立振武学社。

八月中旬，吴禄贞等一行奉命离京动身赴欧洲观操（即考察军事）。

八月间，奉清政府之命赴德、法两国观操的吴禄贞，自德国前往法国，途经比利时首府布鲁塞尔时，与湖北同乡、朋友、时正在该国陆军学校学习的李梁相聚。两人阔别十年，而在异国相逢，分外高兴。临别之际，两人难舍难分，吴禄贞遂将自己的近照赠送给李梁留作纪念。照片的背面尚有吴禄贞亲笔题记：

> 宣统二年秋阅操德法，道出比都，晤李梁三弟，计自鄂渚分袂，十年于兹矣，海外重聚，快乐万状。李梁将学为武将，肄业比国陆军学校，将来必为吾辈后起之秀。国家多事，李梁勉之。小兄吴禄贞写记。[①]

九月初一日（10月3日），清政府资政院行开院礼，监国摄政王载沣临院训词。

九月初九日（10月11日），革命党人于右任在上海创办《民立报》。

九月十五日至二十日（10月17—22日），全国第一次运动会在上海举行，参加比赛的运动员140人，上海获第一名，华北获第二名。

九月二十日（10月22日），第三次国会请愿代表团向载沣和资政院上书。

九月二十三日（10月25日），东三省总督锡良、湖广总督瑞澂、两广总督袁树勋、云贵总督李经羲等督抚联名上书请组织内阁，定明年开国会。

九月（10月）间，国际飞行协会在美国旧金山举行飞行比赛，冯如驾驶其自制飞机参加比赛，获得第一名。

---

① 此照片及题记见1912年1月6日上海《申报》。

十月初三日（11月4日），清政府宣布将九年预备立宪期限缩改为五年，并预行组织内阁，令民政部及各省督抚解散请开国会之代表。

十月十二日（11月13日），孙中山在槟榔屿召开同盟会秘密会议，决定在广州再次发动武装起义。

十月间，吴禄贞等一行结束在法、德等国的军事考察活动，回到京城。

十一月初一日（12月2日），沙皇政府召开内阁特别会议，专门讨论了吞并中国东北北部的问题。

十一月上旬，同乡好友李书城听说吴禄贞已经回京，便急急忙忙赶到他家，一番寒暄之后，就将他从同乡好友、同盟会员、时在军咨府任职的黄恺元[①]处筹集到的二万两银子交给了吴禄贞。吴禄贞随即将这笔银子存入了庆亲王奕劻的管家为他开具的银号里，并将存单放入一个红封套内装好。

一日，吴禄贞专程登门去拜见庆亲王、军机大臣奕劻[②]，并将装有存单的红封套呈上，作为“门生”拜见“老师”的贽敬。对于吴禄贞的精明强干、年轻有为，奕劻早有耳闻，如今成为自己的“门生”，自然要为他的前程着想和尽力了。

几天后，庆亲王奕劻就回话了，他告诉吴禄贞说：“眼下各省巡抚都没有出缺的，只有保定陆军第六镇统制正需人补缺，你可先去履任，后面等机

---

① 黄恺元(1884—1923)，字保昌，号葆苍，湖北宜昌人。父黄任斋，开钱庄和布号，为地方首富。幼习经史，后考入湖北武备学堂，1902年赴日留学，入东京陆军士官学校第五期。1905年加入同盟会，1906年回国，任军咨府科员。旋以万两银捐道台，又以二万两为吴禄贞贿庆亲王奕劻，谋得第六镇统制职。辛亥革命爆发，随黄兴至武汉，任战时司令部顾问。入民国，任陆军部军需局局长，第八师第二十九团团长代旅长。二次革命失败，与王孝缜、陈裕时等逃亡日本。不久，与陈赴英考察军政建设。1916年回国，闻蔡锷组织护国军讨袁，前往劝说汤芗铭反袁。后不问政事，退隐西湖旁之南山，购置家庙一座，题名曰“净梵寺”。1920年初，剃度为僧，为太虚法师首传弟子，法号传心，字大慈，闭关趺坐。1923年秋圆寂。

② 奕劻(1838—1917)，爱新觉罗氏，满洲镶蓝旗人。乾隆皇帝第十七子永璘之孙。1884年任总理各国事务大臣，并封庆郡王。1894年封庆亲王。1900年八国联军入京，慈禧太后携光绪皇帝逃亡西安，他奉命与李鸿章为全权大臣，与各国议和。1901年签订《辛丑条约》后，改总理衙门为外务部，出任总理大臣。1903年又任军机大臣。1905年与日本签订《会议东三省事宜正约》。1907年兼管陆军部。1911年5月，清廷撤销军机处，组织“皇族内阁”，出任内阁总理大臣。武昌起义后，主张起用袁世凯。袁世凯进京任内阁总理大臣，他改任弼德院总裁。1912年清帝退位后，避居天津。1917年2月20日，在天津租界去世。

会再给你调省缺。”吴禄贞自然千般感谢“恩师”的提携栽培。

案：奕劻为人贪鄙昏庸，结私揽权，与其子载振（曾任商部尚书、工农商部大臣、弼德院顾问大臣）、大臣那桐（曾任户部尚书、体仁阁大学士、军机大臣、内阁协理大臣）卖官鬻爵，被时人讥讽为“庆记公司”。生活腐化，挥霍异常，有巨款存入英商的汇丰银行。他七十大寿时，各地巴结进献者络绎于道，王府门前车水马龙，列起了长阵；所收之礼仅现银就达五十多万两，礼物的价值更在百万两白银以上。虽然累有御史弹劾他收受贿赂，但因甚得慈禧太后的宠信，故总是不了了之。

十一月二十二日（12 月 23 日），朝廷下旨，任命吴禄贞为陆军第六镇统制①。

吴忠亚曾回忆说：吴禄贞自从延边回京后，“革命壮志重遭压制，心情非常苦闷，其左右党人李书城、黄恺元等为之出谋献策，并由黄恺元为之筹措白银二万两，贿于庆亲王奕劻（他是清王朝咸丰皇帝之弟，同治、光绪之叔，宣统之叔祖，在当时宗室中，身份最高，权力最大，也贪鄙最著；公开赏官，人称‘庆记公司’），才得被任为第六镇统制”（见吴忠亚《吴禄贞的一生》）。

案：关于吴禄贞得好友之助，筹措白银二万两贿赂庆亲王奕劻，得授陆军第六镇统制一职之事及其经过，其同乡好友李书城在《回忆吴禄贞二三事》（载《辛亥革命回忆录》第五集）中有具体记载。

清末新军的镇，相当于师，每镇有步兵两协，即两个旅，另有马队、炮队各一个团，工程、辎重各一个营。总计一个镇有一万二千五百余人。

关于清廷任命吴禄贞为陆军第六镇统制的原因，吴忠瑛在《吴禄贞一死关大计》中说：“此时清廷所以任命吴禄贞，第一当是有意剪除袁世凯的势力；第二可能是良弼的推荐，因为良弼与吴禄贞为日本士官同期同学，交情素厚，此时良弼任军谘使（参谋次长），有权任命吴禄贞为统制。”（见《吴禄贞集》附录，第 275 页）此说法不准确。应该说，吴禄贞能被任命为第六镇统制，首先是时任首席军机大臣兼管财政处、陆军部的庆亲王奕劻的功劳，其次才是铁良和良弼为“剪除袁世凯的势力”而极力保荐的结果。此时出任禁卫军训练大臣（他出任军咨府军谘使是在 1911 年 12 月）的良弼虽然颇受军咨大臣载涛的信任，但他只能推荐、保举，却没有权力来任命北洋新

① 中国第一历史档案馆：《光绪宣统两朝上谕档》第 36 册，宣统二年十一月二十二日，广西师范大学出版社 1996 年版，第 58 页。

军的高级将领。再者，良弼是东京陆军士官学校第二期学生，与吴禄贞在校学习时结识，成为好友，但不是“同期同学”。良弼与吴禄贞的弟弟祜贞为“同期同学”。

十二月上旬，吴禄贞觉得自己能够掌握一个镇的兵权，是一个非常难得的机会，况且第六镇又在直隶保定，离京城不是太远，将来发动武装起义攻取京城也很方便，便欣然邀好友李书城一起前往保定接任。

吴禄贞接任后，立即呈请陆军部任命同盟会会员、留日士官生张世膺为第六镇的参谋长。

随后，又以“烟瘾甚重，行同盗贼”为由，禀请将第十二协协统周符麟撤职。

其间，张璧奉老师之命，自东北入关，匆匆赶到直隶保定，被吴禄贞任为第六镇的参谋官。

第六镇由武卫右军和南洋自强军组成，是袁世凯惨淡经营了多年的嫡系部队，前几任的统制王士珍、段祺瑞、赵国贤和现任的协统李纯、周符麟以及各标统，都是袁世凯一手提拔起来的心腹。他们对非北洋派的吴禄贞颇为抵触。吴禄贞到任后，见这支队伍从官长到士兵都暮气沉沉，毫无生气；平时队伍也不出操，纪律松弛，遂着手对全镇进行整顿，试图通过人事变动，将部队控制在自己的手中。然而，从上至下，阻力重重。

国民党中央党史史料编纂委员会所编之《吴禄贞》中说：“到了冬天，禄贞从德、法阅操回国，清廷任命他为第六镇统制官。到任以后，极力整顿，革除历来的弊病，军容焕然一新。但因为同陆军大臣荫昌意见不合，总不得尽量展布他的才干。”（见《吴禄贞》，《吴禄贞集》附录，第268页）

案：吴禄贞对第六镇进行整顿的具体情况，从后来一份举报他的密函（即《检察官花翎陆军步协参领吴宗煌揭报第六镇统制吴禄贞擅改编制纵兵抢夺等情密呈》）中可知道大概。密函中告他：一是“到差任事未及三月”，不仅裁掉了各营“查马掌”的十七人，“各营伙夫”三百四十名，还“裁减”了不少营中所用“长夫”；说他这样做是“目无部章”，“目无朝廷”。二是“镇司令部所属各官长，除参谋官外，如中军、执法、军械、执事、书记等官，不及两月，已将资劳最深之人先后撤换一尽”。三是“纵兵抢夺”，案发多起，事后“有心庇护”，“不肯严拿”。四是“任性妄为”，收受贿赂，不禀告陆军部批准就任用新派人物。因此，“全镇之将佐弁兵无不人人自危，各怀去志”，“军心因之摇动”。有鉴于此，希望朝廷“特简威信素孚大员前来接统，以资镇抚之外，恭候钧裁”（见《吴禄贞集》之《复张绍曾电》附录，第 228—229 页）。

在当时，吴禄贞要安排一些新派人物做第六镇的下级军官是完全没有问题的，而要想安排新派人物做高一级的军官则很难。比如吴禄贞曾上报陆军部请任命李书城为标统（团长），就没有被批准；又呈请军咨府任命李书城为参谋长，也没有被批准。吴禄贞还曾呈请撤换烟瘾颇大，又毫无军事知识的协统（旅长）周符麟，也被荫昌拒绝。

十二月二十三日（1911 年 1 月 23 日），武汉各界数万人集会抗议英租界枪杀人力车工人的暴行。

是年，美国基督教会将南京汇文书院和宏育书院合并组成南京金陵大学堂（1915 年改名金陵大学）。

宣统三年辛亥(1911 年)　三十二岁

年初，吴禄贞仍然担任陆军第六镇统制之职，继续对第六镇进行全面整顿。

正月初一日（1 月 30 日），湖北革命党人蒋翊武、詹大悲、刘复基等在武昌成立文学社，蒋翊武被推为会长。

正月初十日（2 月 8 日），上海协和丝厂女工举行反对减发工资的同盟罢工。

正月间，吴禄贞在北京东城大方家胡同所建之私宅一幢落成（门牌九十二号），其书斋“娱园”里，时常有革命同志前来与之密谈。

吴忠亚曾回忆说：“当时他的北京私寓，成了北方革命党人秘密集会的场所，他也就在实际上成了‘北方革命党人的首领’。”（见吴忠亚《吴禄贞的一生》）

同月间，朝廷任命陆军贵胄学堂监督张绍曾为新军第二十镇统制，驻沈阳、新民（今辽宁省沈阳市新民市）一带。

二月间，吴禄贞在第六镇开展的全面整顿，触及北洋军的利益，遭到部分守旧官员的嫉恨，军机章京吴宗煌遂上《检察官花翎陆军步协参领吴宗煌揭报第六镇统制吴禄贞擅改编制纵兵抢夺等情密呈》①奏章弹劾吴禄贞。

其间，吴禄贞因为对新军第六镇进行整顿以及在第六镇军官的任用上与

---

① 此奏章原存中国第一历史档案馆陆军部档案，今收入《吴禄贞集》之《复张绍曾电》附录，华中师范大学出版社 2011 年版，第 228—229 页。

陆军部大臣荫昌[①]发生矛盾；吴禄贞竟意气用事，下令将周符麟撤职，又未听从友人劝告，致函“痛诋荫昌”。吴禄贞此举，不仅与荫昌矛盾激化，而且招致了第六镇各级军官的不满。

程明超曾回忆说：“1911年辛亥春，君莅六镇统兵，将大改革。有协统周符麟者，出身马贼，君请更之。而清陆军部荫昌不许。君草书数千言，痛诋荫昌。余时在保定，见其文，止之不可。荫昌得书后大怒，遇事与君龃龉。”（见王保民《吴禄贞首先参加革命见闻录记》，《吴禄贞集》附录，第277页）

吴忠亚曾写道：“六镇所辖十二协（旅）协统（旅长）周符麟出身马贼，形同匪盗，且吸食鸦片，简直就不像个军人，他力主撤换，荫昌也极力阻止，不予批准。他对六镇的改造工作，受到这样的阻碍，实在气愤极了，而为了革命，更是忍无可忍。最后决定硬干，径自下令撤了周符麟，并写信给荫昌，痛责其误军误国。这当然要使周符麟恨之入骨，荫昌也积怨更深。”（见吴忠亚《吴禄贞的一生》）

案：吴禄贞的要求屡被荫昌拒绝，故非常生气。吴禄贞曾给荫昌写了一封措辞激烈的信，不仅指责此前第六镇的腐败，周符麟等军官的不称职，而且斥责荫昌只知做官，不尽职守。荫昌看了此信，不禁大怒，自此对吴禄贞更是事事牵制，处处作对，甚至产生了找机会除掉他的私念。后来，陆军部虽然调走了周符麟，但任命接替他的吴鸿昌，仍然是北洋系的人，周符麟从此也对吴禄贞怀恨在心。

吴禄贞曾写有《无题》一诗（见《吴禄贞集》第254页），表达其当时的处境和心情：

古木荒烟集暮鸦，高城落日隐悲笳。并州倦客初投迹，楚泽寒梅又过花。满眼旌旗惊世变，闭门风雪漾山家。忘忧只有清樽在，暂为红尘

---

① 荫昌（1859—1928），字五楼，后改为午楼，满洲正白旗人。早年入同文馆，毕业后任驻柏林使馆翻译。1884年入德国军事学校学习。次年回国，历任北洋武备学堂翻译、监督、帮办、总办。1900年调山东袁世凯麾下佐军务，升副都统。次年，任出使德国、荷兰钦差大臣。1905年任陆军部右侍郎兼署江北提督。1906年署陆军部尚书，旋改陆军大臣。1908年再任驻德国钦差大臣。1910年授陆军部尚书，年底升陆军大臣。1911年责任内阁成立，任为陆军大臣。武昌起义爆发，奉命率军镇压，屡战屡败。袁世凯任内阁总理大臣，改任军资大臣。民国后，曾出任袁世凯总统府高等顾问、侍从武官长、参政院参政、参谋总长等职。张勋复辟时，曾潜入紫禁城任禁卫军统领。1923年授为将军府庄威上将军。1928年病逝。

拂鬓华。

三月初八日（4月6日），是传统的寒食节，吴禄贞曾应邀与廉泉等好友在一起宴饮，“酒酣耳热”之际，曾挥毫“涂诗其戍边之作，顷刻尽数千纸，壮慨豪情，一时无偶”（见廉泉《吴烈士遗诗序》，《吴禄贞集》第255页）。

三月初十日（4月8日），同盟会员温生才在广州刺死署理广州将军孚琦，温氏亦随即被捕遇害。

三月十七日（4月15日），清政府与英、美、德、法四国银行团订立一千万英镑币制改革和东三省实业振兴借款合同。

三月二十日（4月18日），军咨大臣载涛奏请“拟援照旧案”，“定于本年秋间举行会操”，“在滦州、开平一带，调集军队练习野外勤务及攻守一切战法”①。

三月二十九日（4月27日），黄兴、赵声、朱执信等同盟会员在广州发动武装起义（史称“辛亥广州起义”“辛亥广州三月二十九日之役”或“黄花岗之役”）。当天下午，黄兴率一百多名选锋（敢死队）攻占两广总督府。这次起义因敌众我寡，最终被清军镇压。此役牺牲革命党人86人，后由善堂收殓烈士遗骸七十二具，合葬于城郊的白云山麓红花岗（后改名“黄花岗”）。

四月初十日（5月8日），清政府裁撤军机处，成立责任内阁，以庆亲王奕劻为总理大臣，内阁大臣多为满洲贵族，故被时人讥讽为“皇族内阁”。

四月十一日（5月9日），清政府取消粤汉、川汉铁路民办的成案，宣布“铁路干线国有”政策。

四月十二日（5月10日），文学社在武昌小朝街八十五号设立机关部。

四月十六日（5月14日），湖南长沙举行万人大会，决议拒外债，保路权。

四月十八日（5月16日），长沙、株洲一万多名筑路工人举行游行示威，提出了罢市、罢课、全省抗缴租税的号召。

四月二十日（5月18日），清政府同意载涛的奏请，谕令军咨府着手组织在直隶永平府举行秋操，并“着派冯国璋充东军总教官，舒清阿充西军总

① 中国社会科学院近代史研究所中华民国史组：《清末新军编练沿革》，中华书局1978年版，第84页。

教官”[1]。“永平秋操”的相关事宜由军咨府、陆军部会同地方督练公所负责筹划。清政府又派载涛任监操大臣，全权负责秋操的筹办事宜[2]。

案：“永平秋操”是一次遵循新军秋操前例的军事演习。按新建陆军定制，每三年举行一次秋操，即全国性的军事演习。清政府筹办此次秋操，“既有延续新军秋操前例开展军事训练之目的，也带有回应日本在辽东半岛军事扩张的意图”（见彭贺超《宣统三年的永平秋操》，《历史档案》2014 年第 2 期）；同时，也是迫于全国高涨的革命形势，为展示罢斥袁世凯后由皇族亲贵统帅新军的实绩。

同日，清政府任命端方为督办铁路大臣，前往接收四省商民集股的铁路公司。

四月二十二日（5 月 20 日），清政府派邮传部大臣盛宣怀与英、法、德、美四国银行团代表签订《粤汉川汉铁路借款合同》，借款六百万英镑，将中国人民争回的路权，以“国有”的名义收回，再出卖给帝国主义。

五月初十日（6 月 6 日），广东粤路股东千余人开会，决议保路，并通电湘、鄂、川，呼吁相互支持。留日学生提出“路存与存，路亡与亡”的口号，海外华侨更提出“有劫夺商路者，格杀勿论”。

五月十六日（6 月 12 日），吴禄贞的同乡、好友刘静庵[3]在武昌模范监狱病逝。

五月二十一日（6 月 17 日），川汉铁路股东代表在四川成都召开会议，以“破约（即破除卖路合同）保路”为宗旨，反对铁路国有，成立保路同志会。

五月二十四日（6 月 20 日），中央教育会成立，张謇任会长，张元济、傅增湘任副会长。

---

① 《清实录(附)宣统政纪》，中华书局 1987 年版，第 946 页。

② 《清实录·(附)宣统政纪》，中华书局 1987 年版，第 1025 页。

③ 刘静庵(1875—1911)，原名贞一，又名大雄，字敬安，亦作敬庵、静庵。湖北潜江人。幼承父教，习诸子百家之学，有大志。1903 年至武昌从军，入湖北新军马队营。1904 年任武昌新军护军马队第一营管带黎元洪的文案。不久加入革命团体科学补习所，密谋与长沙华兴会同时起义，事泄被逐出营。1905 年，以担任美国教会圣公会阅报室日知会司理为名，积极购置新书刊，组织演讲会，联络同志，宣传革命思想。次年 2 月，与曹亚伯等人发起成立革命组织日知会，被推为总干事。1907 年 1 月，因密谋支援萍浏醴起义，被叛徒告密指认为哥老会首领刘家运，逮捕入狱。备受酷刑，坚贞不屈。1911 年 6 月 12 日在狱中被折磨致死。

五月二十五日（6月21日），孙中山的日本友人宗方小太郎在上海致函时在美国的孙中山，询问上海有何革命党人，以便联系。

六月初六日（7月1日），孙洪伊、汤化龙、谭延闿、雷奋等在北京成立宪友会（又称“民党”）。

六月二十一日（7月16日），孙中山在收到宗方小太郎的书函后，当即回函（即《复宗方小太郎函》）说：“弟之心腹同志，近年多入北洋陆军，故多未便相见。其间有来往外间者，则有前延吉都统吴禄贞君；如有过上海，君不妨以弟名见之……惟皆当以谨慎出之，免遭物议为荷。”①

闰六月初六日（7月31日），宋教仁、陈其美、谭人凤等人在上海北四川路湖北小学校成立中国同盟会中部总会。

闰六月十一日（8月5日），上海晋昌、长纶、锦华、协和四丝厂工人为反对减工举行联合罢工。

闰六月二十一日（8月15日），沙皇政府召开内阁特别会议，专门讨论了吞并外蒙的问题。

闰六月二十三日（8月17日），吴禄贞收到仍流亡海外的梁启超通过其同门好友，亦是吴禄贞朋友的潘之博带给他的一封书函（可名之曰《致吴禄贞书》）②：

绶卿都护我兄足下：

别来忽将十稔，相思发于寤寐。乃者若海东渡，同居两月，极道公拳拳相思之盛心。若海目光不可一世，其于论人少所推挹，而独心折于我公。鄙人用是益以早得纳交自庆幸也。今国势杌陧，不可终日。中智以下，咸忧崩离，然历征我国史乘，大抵际阳九否极之运，然后有非常之才出而拯之，其枢机则在一二人而已。今后之中国，其所以起其衰而措诸安者，舍瑰玮绝特之军人莫属也。由此以谈，则天下苍生所望于公者，岂有量哉。若海当代振奇之士也，生平所见，舍我公外，诚罕其比。其与鄙人之相昵，亦逾骨肉。今因其北游，辄修寸简，以写相思。书所不尽者，则若海面谈也。新秋乍凉，惟为时自摄。千万！启超顿首。

① 孙中山：《复宗方小太郎函》，《孙中山全集》第1卷，中华书局1981年版，第524—525页。

② 丁文江、赵丰田编：《梁任公年谱长编》，上海人民出版社1983年版，第562页。

案：吴禄贞自1900年因回国参加自立军起义在饯行宴会上与梁启超相识，至今已是十年光阴；此后，两人各忙其事，再无往来。今突然接此信函，且信函中竭力与吴禄贞拉关系，对吴禄贞极力赞美、吹捧，不知其意欲何为？

闰六月间，老友张元济[①]入京办事，前往拜访吴禄贞不遇，适吴禄贞在保定军营中（见张元济《吴烈士遗诗序》，《吴禄贞集》第254页）。

七月初一日（8月24日），四川成都举行万人保路大会，决定全省罢市、罢课，抗纳捐税，不认外债；重庆、嘉定、荣县等数十州县的保路分会纷纷响应。

七月初九日（9月1日），四川川路股东大会决定实行抗粮抗捐。

七月十五日（9月7日），四川总督赵尔丰在成都逮捕谘议局、保路同志会、铁路公司及股东会负责人，并枪杀请愿群众三十二人，打伤数百人，造成“成都血案”。

七月十六日（9月8日），四川保路同志军举行武装起义，包围成都，全省响应。

七月二十二日（9月14日），武昌文学社、共进会组成统一的起义领导机构，决定总动员计划，推蒋翊武为革命军总司令，孙武为参谋长。

八月初四日（9月25日），同盟会员吴玉章和王天杰率领起义军占领四川荣县，宣布独立，建立了革命党人领导的第一个地方政权。

八月初七日（9月28日），上海《民立报》刊载军咨府颁布的《永平秋操之教令》，其第一条明确规定了秋操的操期：“八月二十六日，第一日会操；二十七日，第二日会操；二十八日，第三日会操；二十九日，阅兵式。”[②]

为举行“永平秋操”，军咨府下令抽调第一、第二、第四、第六、第二

---

① 张元济（1867—1959），字筱斋，号菊生，浙江海盐人。光绪十八年（1892年）进士，选庶吉士，曾任刑部主事、总理各国事务衙门章京。中日甲午战争后，常与文廷式、黄绍箕、陈炽、汪大燮、徐世昌、沈曾植、沈曾桐等人至北京陶然亭聚会，议论朝政，提倡西学，筹商救国之策。戊戌政变后被革职，从事教育工作，出任南洋公学译书院院长、南洋公学校长。光绪二十七年（1901年）投资商务印书馆，并主持该馆编译工作。先后任该馆编译所所长、商务印书馆经理、监理、董事长。他推出严复翻译的《天演论》、林纾翻译的《茶花女》等大批外国学术、文学名著，产生了广泛深远的影响。新中国成立后，任上海文史馆馆长，继任商务印书馆董事长，直至去世。著有《校史随笔》《中华民族的人格》《涵芬楼烬余书录》等。

② 《永平秋操之教令》，《民立报》辛亥年八月初七日，第3页。

十镇一部及禁卫军一部分编为东、西两军，共计 33000 人①。

案：根据永平秋操的计划方案：东军系由第一、第二、第二十镇各部，编成混成第一镇和混成第三协，由军谘使冯国璋为总指挥官，在滦州集结，自秦皇岛西进；西军系由第四、第六镇及禁卫军混成第二协，编成混成第四镇和禁卫军混成第二协，以陆军部正参议官舒清阿为总指挥官，在开平集结，自通州东进（见中科院近代所《清末新军编练沿革》，中华书局 1987 年版，第 85—87 页）。内定，此次秋操西路军取胜。军咨府又饬令奉天督练公所派人会同军咨府、陆军部各员前往永平府一带勘定秋操的具体地方（见《派员会勘秋操地基》，《盛京时报》宣统三年六月初六日，第 5 版）。最终将“永平秋操”的地点选定在“滦州城以西四十余里的开阔地，西至坨子头村西龙山（俗称“拐子山”），南至五子山、北至京奉铁路”（见唐向荣《滦县文史资料——辛亥滦州起义》第 7 辑，第 34 页）。

八月上中旬，陆军第二十镇统制张绍曾②奉命率所部自沈阳、新民（今辽宁省沈阳市新民市）一带入关，抵达直隶永平府（今河北省秦皇岛市卢龙县）参加“永平秋操”，驻扎直隶滦州（今河北省唐山市滦州市）。

原驻奉天北大营的新军第二混成协协统蓝天蔚亦奉命率一部入关，抵达直隶永州府参加“永平秋操”，亦驻扎滦州。

吴禄贞的陆军第六镇亦奉命抽调步队第一标由标统吴金彪带领，前来直隶永平府参加“永平秋操”。

其间，吴禄贞曾借看望官兵名义，前往滦州与日本陆军士官学校同学、倾向革命的二十镇统制张绍曾和湖北武备学堂同学、日知会会员、第二混成

---

① 《中国秋操之预志》,《协和报》1911 年第 48 期,第 10 页。

② 张绍曾(1879—1928),字敬舆,直隶大城(今河北省廊坊市大城县)人。家居天津。早年入天津武备学堂,后保送日本留学,入东京陆军士官学校第一期炮科,与吴禄贞、蓝天蔚被称为“士官三杰”。毕业后任第三镇炮兵标统。1905 年任直隶督练公所教练处总监督。1910 年随贝勒载涛赴欧美考察陆军,回国后任陆军贵胄学堂监督。1911 年 2 月调任第二十镇统制,驻沈阳一带。为参加“永平秋操”,奉命调驻滦州。武昌起义后,通电清廷,要求立宪;又与吴禄贞等谋联合倾覆清廷。吴禄贞遇刺后调任长江宣抚大臣。1913 年调任绥远将军兼垦务督办。因平定外蒙古叛乱有功,授陆军上将。1915 年参与讨袁活动。1917 年任陆军训练总监。1922 年曾出任北洋政府陆军总长。1923 年出任内阁总理兼陆军总长。主张迎孙中山入京协商南北统一,遭总统曹锟所忌,不久去职,居天津。1928 年 3 月 22 日在赴友人宴时遇刺身亡。

协协统蓝天蔚相会，秘密商议在清政府举行秋操期间举行操地兵变。

八月十五日（10月6日）前后，按照军咨府的指令，抽调参加“永平秋操”的各镇和近卫军各部，必须赶到永平府集结；随后按照东、西军原来所订计划自行演习①。

案：根据永平秋操的具体实施计划：八月二十五日（10月16日），东、西两军在永平府会合聚集；二十六日（17日），正式开操，东、西两军马队在永平、滦州之间冲锋；二十七日（18日），东、西两军步兵冲锋；二十八日（19日），东、西两军决战；二十九日（20日），举行阅兵式（见《秋操布制已定》，《盛京日报》宣统三年五月二十六日，第二版）。

八月十七日（10月8日），孙武在汉口俄国租界宝善里二十二号赶制炸药引起爆炸，起义机关遭破坏。当晚，俄国租界当局将逮捕的革命党人和武器、旗帜、名册、文告等转交湖广总督瑞澂。

同日，“永平秋操”警备处长（即警备司令）丁士源，陪同阁操大臣载涛自京城抵达滦州。

八月十八日（10月9日），蒋翊武等在武昌小朝街总部讨论形势，于下午五时发出起义的紧急命令，决定当晚十二时以中和门（今起义门）的炮声为号举义。

是夜十一时半，武昌小朝街起义总部被清朝军警破坏，刘复基、彭楚藩、杨洪胜等人被捕。

八月十九日（10月10日）早晨，宪兵营革命党代表彭楚藩、军事参谋刘复基、交通员杨洪胜在武昌总督府东辕门被杀害。

同日下午，阅操大臣载涛“率阅兵处（总监处）全体幕僚巡视西军宿营地，以便翌日奖评”。

案：根据《永平秋操之教令》的规定，军咨府将于八月二十三日（10月14日）正式在开平镇（今唐山市开平区）设立“总监处”，作为永平秋操的总领导机关（见《永平秋操之教令》，《民立报》辛亥年八月初七日，第3页）。“总监处”之下则设中央审判处、综理处、外宾接待处、参观照料处等机构，具体处理永平秋操中出现的相关事宜。

同日晚九时，武昌新军的革命士兵在第八镇工程第八营革命党总代表熊

① 《永平秋操出发期》，《盛京时报》宣统三年八月十四日，第二版。

秉坤的指挥下，打响了起义的第一枪。湖广总督瑞澂、新军第八镇统制张彪弃城逃遁，辛亥革命爆发，史称“武昌起义”。当天晚上，在滦州城外营地突然接到“武昌十万火急电”①。

八月二十日（10月11日），革命军攻克湖广总督衙门，武昌城光复；即日宣布废除清朝年号，中国为“中华民国”；“中华民国湖北军政府”成立，旋推举第二十一混成协协统黎元洪为“中华民国军政府”鄂军都督。

同日下午，阅操大臣载涛乘专列回到京城；返京前，已“命第一（三）混成协全协及第四镇全镇，整备待命”②。

案：丁士源时任秋操警务处长。据《练兵处档》《陆军部档》所收录之“永平秋操”东、西军编练清单，未见有“第一混成协”番号；可能是丁氏后来写作《梅楞章京笔记》时，将“第三混成协”误写成“第一混成协”。

同日，吴禄贞得知武昌起义的消息，异常兴奋；为了接应湖北义军，他上书陆军部，请求率领所部前往“平乱”，希望能和义军接触，以便见机行事，率部阵前倒戈。陆军大臣荫昌早就怀疑吴禄贞有二心，处处严加防范，不准其请求。

李书城曾回忆说：“这个重大时刻到来时，他的心情很复杂，主要是一则以喜，一则以恨。喜的是他当年在武昌所播下的革命种子，于今已开花结果了；恨的是第六镇这支军队还没改造好，不能由他指挥如意。如何打破这种困难局面，冲出虎穴包围，立即行动起来，响应武昌首义，以践其‘南北呼应’之约，快其犁廷锄穴之志，就是他当时所要全力解决的问题。他为此召集在京党人，反复商量计议，决定由他以‘讨伐叛军’为名，自请率部出征，等到武汉前线，同首义军队取得联络后，再举行阵前起义，回师北上。但他是个性格豪爽，革命锋芒很露的人。这时，他的这个‘苦肉计’刚一提出，就为荫昌所破坏，并乘机抽出其所部第十一协（旅），编入第一军，南下打武汉义军；这也就是把他手中的兵力，夺走一半，使他更陷于势单力弱，孤掌难鸣之境。”（见吴忠亚《吴禄贞的一生》）

八月二十一日（10月12日），汉阳、汉口相继光复；“湖北军政府”通电全国，宣告武汉三镇光复，电促黄兴、宋教仁速赴湖北，并请转电孙中山先生从速回国，主持大计。

同日，清政府经过商议后决计派兵南下，“着军咨府、陆军部迅派陆军

① 丁士源：《梅楞章京笔记》，中华书局2007年版，第311页。

② 丁士源：《梅楞章京笔记》，中华书局2007年版，第311—312页。

两镇，陆续开拔，赴鄂剿办”①。

同日，孙中山在美国科罗拉多州的丹佛途中，自美国报纸获悉武昌起义消息，决定先赴英国开展外交活动，再取道法国归国。

八月二十二日（10 月 13 日），阅操大臣载涛鉴于当时的特殊情况奏请停操，并建议优先抽调秋操新军开赴武汉前线：“本年秋操……现因革命军起，抽调军队赴鄂……可否停止，请旨。”②

同日，清政府谕令：“本年大操，着即停办”③，于是，“永平秋操”至此流产。

同日下午一点钟，陆军大臣荫昌奉命率第四镇、第三混成协乘车南下，前往镇压武昌起义军④。

八月二十三日（10 月 14 日），清政府迫于形势重新起用袁世凯，任命其为湖广总督（袁此时则以“足疾”尚未大愈，既不坚辞，亦不请赏假，故意拖延）；又任命岑春煊为四川总督，对抗起义军。

同日，清政府颁布组编三军南下的谕令，正式授予第一军出师名义：“着将陆军第四镇暨混成第三协、混成第十一协编为第一军，已派荫昌督率赴鄂”⑤。同时，下令集结滦州参加秋操的新军各回原来防地，而驻军滦州的第二十镇统制张绍曾和第二混成协协统蓝天蔚不仅拒绝撤回奉天（今沈阳），亦拒绝南下武汉。张绍曾还当众宣告：“湖北革命，名正言顺，专尚征讨，不合人情。况以同种相残，世界无此蛮行。所有军队，均不前进。”⑥

同日，吴禄贞接到朝廷旨令，调第六镇第十一协南下，并命他随行。于是，吴禄贞自京城致电保定第六镇司令部，谓朝廷命将第十一协（协统李纯）改成混成协编入第一军，由陆军大臣荫昌率领赴汉，镇压起义军；第十二协（协统由吴鸿昌署理）仍驻扎保定。（见张国淦辑《辛亥革命史料》，《吴禄贞集》第 234 页）

吴禄贞接到朝廷命令后，自思此次要其率军南下，也不知生死将会如

① 中国史学会：《中国近代史丛刊·辛亥革命》（五），上海人民出版社 1957 年版，第 291 页。

② 《中国大事记》，《东方杂志》1911 年第 9 号，第 2 页。

③ 《清实录·（附）宣统政纪》，中华书局 1987 年版，第 1097 页。

④ 丁士源：《梅楞章京笔记》，中华书局 2007 年版，第 312—313 页。

⑤ 《清实录·（附）宣统政纪》，中华书局 1987 年版，第 1101 页。

⑥ 张国淦：《辛亥革命史料》，《吴禄贞集》，华中师范大学出版社 2011 年版，第 201 页。

何，遂在京中设宴，广招友朋，饮酒话别。

廉泉在《吴烈士遗诗序》中记载："其被檄随荫昌赴鄂也，招致燕地勇士王荣九数十辈携侍广座宴饮，酒数行，客如垣堵，仆如流川，千指万目，烈士举杯指荣九语曰：我赴鄂促，若辈缚易乃谦冯国璋诸奴如缚孤豚耳。客震愕，无敢应烈士语。"（见《西征草》《戍延草》附录，《吴禄贞集》第255页）

八月二十四日（10月15日），吴禄贞探知陆军大臣要在赴鄂途中加害自己的阴谋，遂以身体有病为由，请假就医。

案：据钱基博《吴禄贞传》中记载：吴禄贞请求带兵南下"平乱"，荫昌怀疑其有二心，若让其带兵前去，将会出大问题，便与载涛密商，自己亲自率兵南下，不准其要求，但将其镇之兵抽调走一个协，且让其随行，"谋毙诸途"。而吴禄贞刺探出荫昌的阴谋，若随其去，"恐不免"，乃"辞以疾"，才幸免于难（见《湖北革命知之录·吴禄贞传》，《张难先集》，第45页）。

八月二十六日（10月17日），湖北军政府公布《中华民国军政府条例》。

八月二十七日（10月18日），沙俄政府唆使外蒙叛国集团宣布"独立"。

同日，陆军大臣荫昌率司令部抵达黄陂滠口（今武汉市黄陂区滠口镇）时，第一军的主力第四镇、混成第三协已全部抵达前线（丁士源：《梅楞章京笔记》，中华书局2007年版，第317页）。

八月二十八日（10月19日），革命军大败清军于汉口刘家庙（今黄埔路到丹水池一带）。

八月底，朝廷任命吴禄贞的挚友、原陆军部骑兵科科长张世膺为陆军第六镇参谋长。

九月初一日（10月22日），湖南革命党人焦达峰、陈作新率领新军、会党起义，占领长沙，被推为正、副都督。

同日，吴禄贞的前辈好友黄忠浩在湖南长沙率军守城，抵抗起义革命军，被起义革命军所杀。

案：黄忠浩（1859—1911），字泽生，湖南黔阳人。1888年优贡，后屡试不第，主讲沅州（今芷江县）书院。后捐资为内阁中书。1895年奉鄂抚谭继洵之命，招募乡勇五百人，入鄂守田家镇（鄂东武穴县境）炮台，为张之洞所赏识。1897年回湘兴办实业。1902年捐得道员，赴日考察。回国后与人集股创办沅丰总公司开矿，自任总公司经理。1903年与胡元倓创办明德学堂，任校董；又应湘抚赵尔巽邀请，总理全省劳务，并一度担任湖南教育会会长。1904 年广西柳州爆发农民起义，他曾率军前往残酷镇压，因功升狼山镇总兵，后改右江镇总兵。1908 年，应四川总督赵尔巽之召，出任四川兵备、教练两处总办，兼督练公所总参议。1910 年署理四川提督。次年回湘，应巡抚余诚格之请，出为巡防营统领。10 月 22 日湖南新军起义，他负隅顽抗，被义军击毙。著有《黄黔阳遗诗抄》。

同日，陕西新军、会党发动起义，攻占西安，张凤翙被推为都督。

九月初二日（10 月 23 日），江西九江的新军发动起义，成立九江军政分府。

九月初三日（10 月 24 日），黄兴接湖北党人电报，自香港抵达上海。

九月初四日（10 月 25 日），黄兴在红十字会女医师张竹君率领的战地救伤队的掩护下，自上海赶赴武汉。

同日，吴禄贞原练兵处的同事，抵达广州赴任的广州将军凤山①被同盟会员李沛基炸毙。

九月初六日（10 月 27 日），清政府任命袁世凯为钦差大臣，节制湖北水陆各军，进攻革命军。袁世凯自彰德（今河南安阳市）出发，前往孝感督师。

九月初七日（10 月 28 日），清廷颁发停战文告，但整个南京城仍然在张勋等旧军的控制之下。

同日，黄兴安全抵达湖北省城武昌。

九月初八日（10 月 29 日），山西革命军起义，杀死巡抚陆钟琦，宣告山西独立，“山西军政府”成立，推举阎锡山任都督。

同日，第二十镇统制张绍曾联合第二混成协统领蓝天蔚、第三镇协统卢永祥、第三十九协统领伍祥祯、第四十协统领潘炬楹等联名上《奏请立宪折及拟定政纲十二条》奏折，要求改革政治，召开国会，实行宪政。

张绍曾等人的奏折递呈后，朝廷“亲贵”“大哗”，不得已下“罪己诏”，接受立宪条件为权宜之计。

---

① 凤山（1860—1911），字禹门，号茗昌，隶汉军镶白旗。早年以翻译举人袭佐领，并历官骁骑营翼长、印务章京、参领、东安巡捕分局总办等职。1900 年八国联军入侵，战功甚著，擢升副都统；后历任训练近畿各镇大臣、新编陆军第一镇统制、西安将军、荆州将军等职。1911 年 4 月，广州将军孚琦被革命党刺杀，朝廷调凤山继任广州将军。10 月 25 日，刚抵达广州就任时，即被广州同盟会员李沛基用炸弹炸死。

亦是在当天，第二十镇统制张绍曾在彭家珍等人的协助下，在滦州将朝廷从欧洲购买的，由西伯利亚经京奉铁路运往湖北前线的大宗军火扣押了，并将此事电告湖北军政府，使之无后顾之忧。

这真是变生肘腋！清廷得知消息，十分震惊，立即派曾与张绍曾有师生之谊的海军大臣载洵前往滦州“疏解”，但毫无结果：张绍曾仍然既不派兵南下，又不回原驻地新民（今沈阳市新民市）。无奈，清廷只好再派在新军中颇有声望又与张绍曾、蓝天蔚有同学之谊的吴禄贞前去“劝导”“抚慰”。

国民党中央党史史料编纂委员会所编之《吴禄贞》中记载：“九月初，滦州军要求清廷立宪，京师大为震动，因为禄贞在新军中具有声望，并且和一般将校多系友好，非命他前去，不能解决这个难题，就派他去宣抚。”（见《吴禄贞》，《吴禄贞集》附录，第268页）

案：清廷此时让吴禄贞前往滦州“劝导”“抚慰”张绍曾，实是他们的“一箭双雕”之计：既是调虎离山——将他调离他正在整顿的部队，又显示出对他的倚重，好稳住他、考验他。而吴禄贞接到命令后，正好想利用此机会与张绍曾等人再仔细密谋起义之事，因而并不推诿，将计就计，欣然前往。

同日，陆军部电令：正式免去第六镇第十二协协统周符麟职务，以标统吴鸿昌署理协统，并调京旗第一镇一标至石家庄，归其调遣，而以副官长曹进署理标统。（见张国淦辑《辛亥革命史料》，《吴禄贞集》第234页）

吴禄贞临出发前，让副官长王孝缜去将其同乡好友、代表广西来参加永平秋操，眼下正逗留京城的同盟会员何遂①找来。一见面就对他说：“我早

① 何遂（1888—1968），字叙甫，祖籍福清，出生侯官。1904年入福建武备学堂，结识林觉民、方声洞、陈更新等人，开始参加反清革命活动。1906年毕业后，至南京第九镇任排长。1907年考入河北保定陆军随营军官学堂（后改陆军大学）。同年加入同盟会。1909年毕业，至广西督练公所参谋处任筹略科科长兼陆军干部学堂教官。次年，同耿毅等组建同盟会广西支部，任参议。1911年调第六镇任参谋。吴禄贞遇害，毅然率领第六镇部分官兵宣布起义，被推为“燕晋联军”副都督。1915年至陆军大学任教。1917年参加护法，任靖闽军司令；事泄，逃亡日本。1924年参与策划北京政变。1928年出任十七路军总参议。抗战开始，任第一战区高级幕僚室主任。为国共合作做了许多有益工作。新中国成立，被任命为华东军政委员会委员、司法部部长，全国人大一、二、三届代表。好书法，善绘画，喜收藏。

就听勇公（王孝缜字）谈起你，正好你现在来京城了。细话不多说，以后有的是时间。我现在有一件重要的事情托付给你。”接着便将眼下的情况简要地向他作了介绍，最后说：“事情已经刻不容缓，办公文已来不及了。你持我的手令，立即出发，去保定报到，到第十二协当参谋，也就是你保定陆军随营军官学堂同学吴鸿昌的那个协。你到保定后，如果队伍有行动，你就跟随一起出发，要尽力控制队伍，拖住它，不要真的同山西革命军打起来。”

当天晚上八点钟，第六镇第十二协署理协统吴鸿昌①又“奉到军咨大臣训令”，因“山西太原变乱”，“着派该混成协迅即开拔，星夜赶至太原附近，相机进剿”。不久，吴鸿昌又奉到陆军部电令，内容略同前电（详见后面《吴鸿昌致陆军部呈文》）。

九月初九日（10月30日），云南同盟会联合新军起义，次日成立云南军政府，推蔡锷为都督。

同日，吴禄贞在参谋长张世膺等人的陪同下自京城抵达滦州，并受到张绍曾和蓝天蔚的热情接待。此次随吴禄贞一起赴滦州的尚有其东京陆军士官学校的同学、军咨府第三厅厅长陈其采。禄贞抵滦后，得知张绍曾、蓝天蔚等人上书要求立宪，意在要挟清廷，预想清廷不会答应。然事虽不成，却可为进一步抗命调遣找到借口，以争取时间，筹划起义。于是，他和张绍曾、蓝天蔚等人立即密商讨论，制订作战计划。随后又召开军官会议，吴禄贞指出：“荫昌倾北京精锐之师南征武昌，南方已乱，北京空虚。设提一旅之师，大功唾手可得。今滦州军队，已近万人，悉皆精锐，直抵丰台，以逼于北。禄贞由保定调部下所余一协，直抵长辛店，以逼于南。三镇二协，再为后援。何求不获，何事不成？”②与会者一致同意吴禄贞的

---

① 吴鸿昌(1873—1964)，字题臣，又字提沅，祖籍徽州，后迁居江苏宿迁。祖父吴元魁、父亲吴耀南曾参加过中日甲午战役。1908年毕业于陆军大学第一期。1909年任归绥道武川巡防营统领兼管带。1911年任山西巡防中路统领。不久调任第六镇十二协署理协统。吴禄贞遇刺后，吴鸿昌遵绥远将军堃岫命令退守归绥。1912年，任陆军第六师步兵第十二旅旅长兼步兵第二十三团团长。1914年改任陆军第六师步兵第十一旅旅长、赣南镇守使。1916年晋升陆军中将。1917年，张勋复辟，曾通电反对。1919年兼署第九混成旅旅长。后去台湾。1964年在台湾去世。

② 侯少白：《辛亥山西起义纪实》，《辛亥革命回忆录》（五），中华书局1963年版，第129页。

建议。吴禄贞又对将士们说："诸君倘偕我倒戈，掩北京不备，可勿血刃而定。然后绥靖士民，易置帝政，而传檄东南，释甲寝兵，天下事大定矣。何必去搞什么君主立宪呢！"话音刚落，就赢得大家的一片欢呼，皆赞成吴禄贞的主张。

吴禄贞为了让朝廷放心而松懈戒备，随即电告清廷，谓滦州的将士一致拥护朝廷，并没有图谋二心。

国民党中央党史史料编纂委员会所编之《吴禄贞》中说："禄贞看见全军将士一心，即刻电禀朝廷，陈述诸军一致拥护朝廷，并无异谋，借以疏懈清廷的戒备。暗地却同各将领开会商讨响应民军计划"；"那（哪）知会商以后，骑墙派的分子竟秘密报告清廷，清廷听到这个消息，非常惊怕，立刻密调滦东各路大军集中北京，来阻止各军的行动"（见《吴禄贞》，《吴禄贞集》附录，第268页）。

案：俗话说："百密必有一疏。"后来的事实就是证明。吴、张等密谋起义之事，很快被吴的留日同学，此次同来滦州的军咨府第三厅厅长陈其采向朝廷告了密。在他们发现陈偷偷溜走的同时，又发现原来停留在滦州车站的二百多节火车车厢，也被调走了。事实上，清廷早已加强了对他们的防备，担心他们利用铁路运兵；又秘密调动部队，加以防范。即使如此，也动摇不了张、吴武装起义的坚定决心。

同日，为了麻痹朝廷，也为了给武汉革命军传递信息，吴禄贞、张绍曾拉上陈其采联名给黎元洪致电（即《张绍曾、吴禄贞等致黎元洪电》）①，略谓"武汉惨变，中原云扰，咎在朝廷"；"众公迫于爱国热诚，行激烈之改革，其事至难，其心诚苦"；"绍曾、禄贞、其采等迭奉朝旨，督师南下，然断不忍牺牲同胞之生命，助我政府之淫威，已将根本大计，劝告朝廷"；"方今国势，外患更甚于内忧，同室操戈，列强伺衅，种类相残，国于何有？""现曾电请政府，力饬北军停止战事，并希望贵军采稳健之计划，即时停止战事，静候机宜。俟两军战事中止以后，集合民代表共造诣北京，协议组织新政府，及筹备办法，庶国家前途，有建设而无破坏。诸公赤诚爱国，谅表同情，伫候电音，不胜翘盼"。

---

① 吴禄贞等：《张绍曾、吴禄贞等致黎元洪电》，原载《革命文牍类编》（第三册），今收入《吴禄贞集》，华中师范大学出版社2011年版，第223页。

当天，副官周维桢自保定赶到滦州向吴禄贞报告：军咨府趁吴不在第六镇之机，直接给第十二协署理协统吴鸿昌下令，调他们去山西镇压起义，今天就要出发；并调了一个团的禁卫军随行，名为助战，实则监督其行动。

《吴禄贞》中记载：“一部分旗籍部队则奉了清廷密令，阳为助战，暗为监视，以防变故。”（见《吴禄贞》，《吴禄贞集》附录，第269页）

吴禄贞听完周维桢的报告，立即告别张绍曾等友朋，他得赶回保定去应对这一新的情况。

吴忠亚曾回忆道：“清政府竟乘他远离六镇的时候，直接调令他的部下，去攻打山西义军，对他意味着什么？他是完全明白的。当下就对张绍曾说：‘娘子关枪声一响，我就全毁了！我革半辈子的命，现在我的部下竟要去充当清廷镇压革命的凶手，叫我怎能有脸见人，又怎能对得起革命将士呢？我必须马上赶回去，料理那边的事。’”（见吴忠亚《吴禄贞的一生》）

吴禄贞在回保定的途中，审时度势，一个联合山西革命军共同举行北方起义的计划在其脑中逐渐酝酿成熟：他打算组织“燕晋联军”，一方面从东西两侧夹击兵力空虚的京城，一方面截断南北交通，阻止袁世凯北上救援；等夺取北京后，再与南方革命军合击袁世凯，革命大功即可告成。

同日，何遂持着吴禄贞的手令来到第六镇第十二协报到，署理协统吴鸿昌见是自己保定军官学堂的同窗好友，热情地接待了他，并向他简单地介绍了眼下的情况。

当天下午六点，吴鸿昌携何遂奉命率领“战步队二十三标二三两营、马队一营、陆炮二队、工程半队”由保定开拔，至“晚十一点半钟到石家庄”（详见后面《吴鸿昌致陆军部呈文》），并吩咐手下将司令部就安排在石家庄。

当晚回到保定后，吴禄贞见第十二协已经出发了，便写了一封亲笔信，派副官周维桢持函立即前往山西与阎锡山商谈组织“燕晋联军”事宜。信一开头就称赞阎锡山的革命举动，并指出其后面还应该有更大的行动：“公不崇朝而据有太原，可谓雄矣。然大局所关，尤在娘子关外。”接着强调说：“革命之主要障碍在袁世凯，欲完成革命，必须阻袁入京。若袁入京，无论忠清与自谋，均不利于革命。望君以麾下晋军东开石家庄，共组‘燕晋联军’，合力阻袁北上。”

吴禄贞又吩咐副官王孝缜①作为自己的特使，立即动身，前往武昌面见黎元洪，报告自己的“中央革命”、三路直捣北京的计划，并请湖北军政府届时亦配合采取行动，拖住袁世凯，使其无法脱身。

王孝缜走后，吴禄贞担心其路遇不测，又另派心腹亲信、第二十一标一营排长许伯堃前去武昌面见黎元洪，向其报告自己的计划。

案：后王孝缜、许伯堃都安全抵达武昌见到黎元洪。当黎元洪获悉吴禄贞的军事部署后，喜出望外，连声说：“吴绶卿代表来了，事情就好办了。”（见陶菊隐《北洋军阀统治时期史话》第一册，生活·读书·新知三联书店1978年版，第92页）

先后送走周维桢、王孝缜、许伯堃之后，吴禄贞马上来到保定育德中学，将自己的计划向郝仲清②作了简要的介绍，并请他尽快组织好民团，积极配合行动。郝仲清答应一定全力配合，并向吴禄贞介绍了同盟会在山西革命军中的情况。商议、交代、安排完有关事情，吴禄贞告别郝仲清，便又回到了京城。

案：保定育德中学是同盟会保定支部所在地，校长郝仲清是支部负责人。他与吴禄贞往来、联系密切。武昌首义爆发后，学校停了课，校园就成了保定的革命总部，原来的实验室也成了他们研制炸药的场所。吴禄贞计划在“燕晋联军”组成后，便立即回师保定，宣布保定独立，成立燕晋联军都督府。

送走吴禄贞，郝仲清立即行动，一面组织会员配制炸药，为起义准备武器；一面派人去篆刻“燕晋联军大都督”关防大印，拟定“安民告示”。

---

① 王孝缜，生卒年不详，字勇公。福建闽县（今福州市）人。1903年赴日留学，入东京陆军士官学校第五期。早期同盟会员。曾任第六镇副官。后至武昌，任战时司令部副官长。历任陆军第8师第30团团长、旅长、师长。1936年3月18日，授陆军中将衔，后曾任国民政府中将参军、典礼局局长等职。

② 郝仲清（1879—1957），名濯，字仲清、仲青。原籍河北霸州，先辈迁居天津郝家堡。21岁中秀才，曾教授私塾。1907年保定高等师范学堂毕业后，任崇实中学教员，同年加入同盟会。1909年创办育德中学，任监督，被推为同盟会保定支部负责人。1912年任顺直临时省议会议员。1913年任参政院议员。曾参与反袁斗争。1921年回保定任育德中学校长。抗战爆发，迁校至河南西峡口，改校名为国立一中一分校。抗战胜利后，学校迁回保定复校。解放初，保定本校停办，北京市将原大中中学改名为北京私立育德中学，仍以郝仲清为校长。1952年改名市立第二十二中学，仍任校长，并兼任河北省政协委员。从教50余年，桃李满天下。1957年9月去世。

九月初十日（10 月 31 日），江西南昌新军举行起义，并于 11 月 2 日成立江西军政府，吴介璋为都督。

同日早晨，陆军第六镇十二协署理协统吴鸿昌率部在石家庄换车西进，当天抵达井陉县（石家庄市井陉县）。此时，署理标统曹进打来电话对吴鸿昌说：他已亲自到与山西接壤的南峪村去观察过，山西前线的兵力空虚，娘子关的防卫也很薄弱；请吴协统催促队伍加速前进，到时突然发起攻击，一鼓作气，拿下娘子关等地不成问题；娘子关等地一破，大军就可长驱直入，直捣太原了。

参谋何遂得知这一情况，心中暗吃一惊。他牢记统制吴禄贞对自己的嘱托，一路上便以地形复杂、山势险峻、切不可盲目进攻为由，说服吴鸿昌将三个营的兵力分散驻扎在获鹿（今石家庄市获鹿区）与微水（石家庄市井陉县微水镇）之间的一天门、二天门、三天门。这样一来，几天之内估计都无法打仗。吴鸿昌虽是北洋系一手培养起来的军官，是忠于袁世凯坚决反对革命的，但却胆小怕事，优柔寡断，他见自过了获鹿后，就进入太行山，铁路两边峰峦起伏，地势险峻复杂，担心会中埋伏，遂对何遂的建议都予以采纳。于是，留下三个营的兵力，又随何遂坐车返回石家庄司令部。

《吴禄贞》中说："参谋何遂、朱鼎勋视察前线，到了乏驴岭，深知晋军城防不大坚固，内中有主张迅速攻打的，何遂是禄贞心腹，见禄贞还没有到，便捏造虚伪的言辞，阻止前进，六镇的兵就暂驻石家庄。"（见《吴禄贞》，《吴禄贞集》附录，第 269 页）

案：此时，山西革命军已经占领滑驴岭（又称"乏驴岭"，河北省井陉县天长镇西部的一个山村，地势险要）、娘子关（今山西省平定县娘子关镇）和固关（即山西省平定县内的固关长城）等地，并在加紧修筑阵地，与清军对峙。

同日，吴禄贞回到京城后，前去向载涛、良弼禀告赴滦"抚慰"张绍曾的情况，并与他们就铲除袁世凯势力及目前形势深谈。

案：载涛、良弼平素与吴禄贞关系密切，他们颇想借助吴禄贞等人的力量，利用此次机会，铲除旧势力（袁世凯等），建立新势力。良弼是吴禄贞日本陆军士官学校的同学，一直对他甚是关照，自不必说。这载涛的来头更大。载涛（1877—1970），姓爱新觉罗，是皇族，字叔源，号野云，亦作夜云。满洲正黄旗人。清宣宗爱新觉罗・旻宁之孙，醇贤亲王爱新觉罗・奕譞第七子，清德宗爱新觉罗·载湉异母弟，清宣统帝爱新觉罗·溥仪的叔叔。1890年封二等镇国将军，不久晋升辅国公。1902年袭贝勒。1908年加郡王衔，任专司训练禁卫军大臣。1909年奉命管理军咨处事务，不久，赴法国索米骑兵学校，专修骑兵作战科目。1910年学成后，奉命赴日、美、英、法、德、意、奥、俄八国考察陆军。1911年任军咨大臣并掌管禁卫军。1912年1月，与载洵等成立宗社党。1917年张勋复辟，任其为禁卫军司令。1918年，徐世昌任其为将军。1927年任翊卫使。1929年，迫于生计，将贝勒府卖给了辅仁大学。1931年被聘为国难会议会员。日本侵华期间，拒绝至伪满洲国任职。新中国成立，任中国人民解放军炮兵司令部马政局顾问、总后勤部民政局顾问、国家民委委员、北京市民委副主任、民革中央委员；还是第一至三届全国人大代表，第二、三届全国政协委员。喜京剧，好武术，善绘画。吴禄贞有意与他们周旋，并利用他们来对付袁世凯，以完成自己的使命（见张国淦辑《辛亥革命史料》，《吴禄贞集》第232页）。

在京城期间，吴禄贞还密约了革命党组织负责人姚荐楠，将自己与张绍曾、阎锡山等计划联合举义的情况向其作了通报，希望届时京城的革命党做好组织接应工作。

《吴禄贞》中说：吴禄贞“一面拍电报给滦州第二十镇统制张绍曾，着他赶快带领部队前来，借清君侧为名，会师正阳门。一面密约北京民军首领姚荐楠，根本覆灭虏廷”（见《吴禄贞》，《吴禄贞集》附录，第269—270页）。

吴禄贞自感此次赴石家庄，诸事难料，生死难卜，遂前去拜访日本好友内藤先生，将自己前几年和周维桢赴西北考察所撰写之《沿途日记》及其他一些私人物品交给他代为保管。当时，吴禄贞曾赠给内藤先生一张自己在欧洲阅操时所摄照片，留作纪念，并在照片背后亲笔书写了三行字：“宣统二年摄于柏林　检赠　　内藤先生　希　惠存　　陆军副都统吴禄贞留志。”①

案：此相片的“像主着军服，佩绶带，头戴大盖帽，藤椅中侧坐，右手半屈倚藤椅栏，宝剑垂于两膝间，左手半屈紧握剑把，双目前视。相片下方

① 聂红萍：《〈沿途日记〉与吴禄贞西北考察》，《暨南学报》（哲学社会科学版）2019年第2期。

随附有德文 3 行，注明相片是由 Anna Frohlich 女士在柏（柏）林的 Bellevue 街道 5 号拍摄”（见聂红萍《〈沿途日记〉与吴禄贞西北考察》）。此照片和《沿途日记》一起，今藏于日本京都大学图书馆人文科学研究所。

九月十一日（11 月 1 日），皇族内阁辞职，清政府任命袁世凯为内阁总理大臣，负责组织责任内阁。

同日，吴禄贞自京城来到石家庄，刚一到就让部下将吴鸿昌和旗兵标统宫长贵叫来议事，并下令清军立即停止进攻山西义军。协统吴鸿昌有些不解，问道：“军咨府的训令上是叫我们‘相机进剿’，你怎么下令让我们停止进攻呢？”吴禄贞回答说：“（我）已呈请内阁、军咨府、陆军部代奏，准其招抚，不动枪火，民生自不受涂炭之灾，岂不甚善？”（详见后面《吴鸿昌致陆军部呈文》）

根据吴禄贞的命令，吴鸿昌遂下令将部队“运到五里铺（今石家庄市井陉县微水镇五里铺村）、井陉（今石家庄市井陉县）一带驻扎，以图进击”（见后面《吴鸿昌致陆军部呈文》）。

周维桢等吴禄贞将紧急事情处理完，便前来将其赴山西面见阎锡山的情况作了禀报。

案：阎锡山看完吴禄贞的信函，仍有顾虑，并表示：要组织“燕晋联军”，必须以共同消灭在石家庄的那一个团的禁卫军为先决条件。吴禄贞听完周维桢的禀报，认为如果这样做，就会过早地暴露北方起义的计划，甚至会影响到整个北方起义是否能按时、顺利地进行。经过慎重考虑，他后来又决定派与阎锡山等熟识的何遂再去做工作。

吴禄贞将石家庄仔细考察一番之后，为了指挥的方便，就决定以正太火车站站长办公室作为自己的指挥部。

九月十二日（11 月 2 日），江南新军第九镇统制徐绍桢与协统沈同午等在南京城外发动起义，被推为江浙革命联军总司令。徐氏率军进攻雨花台，被江南提督张勋击退。

同日，北洋军攻陷湖北汉口，民军退守汉阳。黄兴被委任为中华民国军政府战时总司令，在阅马场“登坛拜将”，指挥起义军。

九月十三日（11 月 3 日），为对抗武昌起义和应付滦州“兵谏”，清政府颁布了《宪法重大信条十九条》，宣布实行责任内阁制。

案：《宪法重大信条十九条》虽然规定皇族不得为总理大臣，但仍规定皇位世袭，不受侵犯，皇帝有权任命总理和国务大臣，海陆军直接由皇帝统率。对于人民的权利却只字未提。吴禄贞得知此消息，认为这是张绍曾、蓝天蔚等人弄巧成拙，反被清廷利用，十分惋惜地说："推翻清室，指顾间事。可惜张敬舆勇气不足，主张《十九信条》，铸成大错。"又担心张绍曾上清廷的当，遂电告张说："那是与虎谋皮，绝无成就。赶速定期会师，直捣北京，推翻清朝，成立民国，使革命早日完成。"（见侯少白《辛亥山西起义纪实》，《辛亥革命回忆录》（五），中华书局1963年版，第129页）

同日，上海革命党人起义胜利，占领县城。三天后成立沪军都督府，陈其美任都督。

同日，吴禄贞向清内阁拍发了一封电报（即《致清内阁电》）①，一方面向朝廷报告"山西变乱情形"，一方面报告了近几天自己所采取的又剿又抚的做法，随后报告自己遇到的困难："娘子关地势极险，革军以步队一标，炮二十余尊固守，颇难克服"，希望"设法筹拨山炮一营，步队一标，火速前来，无任祷盼。"最后建议说："（山西）巡抚被戕，地方无主，人心惊恐，似宜请简贤员来晋，以安民心，而挽危局。是否有当，伏候钧裁。"

虽然清廷从吴鸿昌的密报中，发现吴禄贞所报不实，但又不敢对吴禄贞采取过激行动，只得回电（即《清帝谕旨》）②说："办理均合机宜，应即照所拟办理。该署抚单骑往抚晋军，尤属忠勇可嘉，着将抚慰情形，随时迅速电奏。"（见张国淦辑《辛亥革命史料》，《吴禄贞集》第235页）

同一天里，好友孔庚③自汉口来到石家庄，并告诉吴禄贞：昨天，清军

---

① 吴禄贞：《致清内阁电》，《吴禄贞集》，华中师范大学出版社2011年版，第225—226页。

② 《清帝谕旨》，原存中国第一历史档案馆陆军部档案，今收入《吴禄贞集》，华中师范大学出版社2011年版，第226页。

③ 孔庚（1873—1950），字文轩，号雯掀，湖北浠水人。幼随父读书，聪慧过人，曾中秀才。后入经心书院就读。1903年与吴禄贞暗组革命机关。后赴日本，入陆军士官学校第六期。1905年加入同盟会，参加民主革命活动。1907年毕业回国，先后在广西、北京任军职。武昌起义爆发，往来北京、孝感，传递信息，联络同志，谋划革命。1914年任中央陆军第九师师长兼晋西镇守使；后通电反袁，被阎锡山免职。1922年赴广州任孙中山大本营参议。1927年当选为国民政府委员，曾主政湖北。1932年受聘为国难会议委员。后创办张楚中学，出任董事长。1937年抗战军兴，与邓初民、孟宪章等创办《民族战线》周刊，积极宣传抗战。1946年在重庆创办《民主日报》，并被选为立法委员。1947年晋升陆军二级上将，回到武昌寓居。1950年2月在武昌去世。

已攻占汉口。清军先猛烈炮轰汉口市区，然后开始纵火，烧一段前进一段；加上“兵骄将悍，纵肆杀戮，奸淫掳掠，无所不为，商民外窜一空”。顷刻间，整个繁华闹区被化为灰烬，“烟焰数日未熄”，死伤百姓无数，情形惨不忍睹（以上引文均见下面吴电）。

吴禄贞听后非常气愤，立即给清廷发去一封事由为“为时世危迫，恳明降谕旨停止战争，以固人心而维大局事”的长电（即《致清内阁电》）①。电文大意称：“武昌起义”是因为原总督瑞澂“骄横无状，逼变鄂军”，派大量海、陆军前去镇压的结果。我们应懂得“压制之力愈大，而反抗之祸愈烈”的道理。眼下“内地十八省纷纷告警”，而“倡叛独立者，既及十省”。即使“克复武昌”，“而其余各省，若欲一律平定，非有十镇精兵，万万军费不可”。可国库“军费已经告罄”。如果仍然要“延长战争至力尽财穷”的话，那列强就会“乘隙而来，将坐收渔人之利”。于是建议朝廷“明降谕旨，大赦各省革党，速停战争，庶可以息兵革之祸，而救危亡之局”。电报中还强调说：“朝廷若不速定政见，深恐将士忿激，一旦阻绝南北交通，而妨害第一军之后路，则非禄贞所能强制也！是非利害，伏惟朝廷计之。”电文中还说：对汉口所发生的惨不忍睹的情状，“部下将士闻之坠泪。禄贞桑梓所关，尤为痛心”。电文明确提出：鄂省发生的惨状，皆因“陆军大臣荫昌督师无状”，“司长丁士源、易乃谦奉迎助虐，结怨人民，激变各省军队”所致，应予“严行治罪”。

案：吴禄贞的此封电报简直就是“兵谏”。而对于吴禄贞的兵谏，清政府感到胆颤心惊。摄政王载沣打算“迁都热河，以避兵锋”。庆亲王奕劻则说：袁世凯的意见是我们绝不能撤离北京。他们急切地盼望着袁世凯回京就任内阁总理之职。而此时吴禄贞守在石家庄，袁世凯无法回到北京。怎么办？经过一番谋划，他们决定擢升吴禄贞为山西巡抚，督促其速去山西赴任。这一办法既可笼络住吴禄贞，又能让其脱离第六镇，更可离间吴禄贞与晋军的关系。

九月十四日（11月4日），浙江杭州新军起义，次日成立浙江军政府，推汤寿潜为都督。

① 吴禄贞：《致清内阁电》，《吴禄贞集》，华中师范大学出版社2011年版，第223—225页。

同日，贵州新军发动起义，次日成立贵州军政府，举杨荩诚为都督。

同日，吴禄贞致电张绍曾（即《致张绍曾函》）[1]，首先称赞其军“秩序井然，士气愤发”；随即告知其已“联合三镇、五镇、二十镇、混成第二协，作秦庭之哭，为四万万同胞请命”；又商定，“如政府不允所请，各军均向北京进发，驻扎京师附近”；并“分电各省，已允响应”，请“我公将此意宣布管带以上官长”，“高举义旗，首先赞助”，乃“军界幸甚”。

同日早晨，署理标统曹进怒气冲冲地跑到吴禄贞那里去告何遂的状，说他是革命党，把队伍搞得一塌糊涂，有助敌的嫌疑。吴禄贞见状，就将曹进抚慰了一番，明确地对他说：“我们不太了解敌人的虚实，娘子关又易守难攻，如果贸然攻击，可能会出大问题。何参谋主张稳扎稳打，做得很对！”曹进的气还未消解，说：“山西混成协有一个参谋跑过来，讲得很清楚，山西那边完全是空的！”吴禄贞耐心开导说：“敌方跑过来的人所讲的话，哪能全信，要防止其中有诈。现在朝廷命令‘剿抚兼施’，我已命令周维桢和刘文锦到娘子关去宣抚，你说的那位山西来的参谋正好带路一起去。”曹进听了此话，感到愕然。吴禄贞又对曹进说：“你的看法也很有道理，队伍太分散不利于行动。现在我命令你，立即将分散在外的各支队伍全部调回石家庄，集中待命！”曹进无奈，只得硬着头皮去执行命令。

同一天里，北京一列运载有几十万元军饷，十几车皮粮食、弹药、棉军装去汉口的火车，路过石家庄，被吴禄贞下令扣留下来，并动员大批车站工人将军饷和货物统统搬进了车站的库房。随后，吴禄贞给军咨府、陆军部和资政院致电（即《致军咨府、陆军部、资政院电》）[2]说：“官兵收复汉口，纵兵烧杀，惨无人理，禄贞昨已电奏，请饬停战……禄贞谨仰体朝廷德意，凡有运往战地军火、子弹，暂行扣留，以消战争而保和平，谨以奏闻。”

案：吴禄贞在所谓“晋军就抚”的幌子下，不仅密谋与山西义军联合，

---

① 吴禄贞：《致张绍曾函》，《吴禄贞集》，华中师范大学出版社2011年版，第227页。

② 吴禄贞：《致军咨府、陆军部、资政院电》，原载陈春生《辛亥山西光复记》（稿本），《吴禄贞集》，华中师范大学出版社2011年版，第222—223页。

组成燕晋联军，而且接连公开干出了“奏请停战”和“截留军火”的两件大事。这两件大事都是震撼一时的革命行动，无疑是对清军的严重打击，对义军的有力支援；虽不免有些过早地暴露了自己，但也是形势所迫，出于万不得已。

也是在这一天，朝廷下发旨令，任命吴禄贞为署理山西巡抚，并命其速赴晋就任，加紧对山西革命军的进剿。

吴忠亚曾回忆说：“这是清廷的一条大毒计：它一面想用巡抚高位，利诱吴禄贞为它效忠，使吴禄贞必须拼命攻打山西；一面把吴禄贞进一步摆在同山西义军利害、直接冲突的位置上，使山西义军，必须拼命抵抗吴禄贞。这样，就自然折断了吴禄贞与山西义军的联系。”（见吴忠亚《吴禄贞的一生》）

案：朝廷任命吴禄贞为山西巡抚，从表面上看是抚慰他，让他知恩图报，为朝廷效命；实际上是增加山西方面对吴禄贞的猜疑和敌意，以阻止和间离双方的合作。对于朝廷的任命，吴禄贞明里表示接受、服从，并声称已派人前去篆刻关防大印，随即启程赴山西就任；暗地里则派心腹加紧做阎锡山的工作，促成燕晋早日联合，完成推翻清王朝的革命大业。

此时身处孝感行辕督战的袁世凯，可谓心急如焚，手下不断来向他报告：部队的枪支已损坏过半，子弹已所剩无几，士兵没有棉衣、布鞋，粮食快吃完了，军饷急待发放……他原本信心十足，以为军用物资很快就会运到。当运送军用物资的列车在石家庄被吴禄贞扣留的消息传来时，有如五雷轰顶，吓得他急火攻心，口吐鲜血！随后又得知吴禄贞发给军咨府的电文，指责北军焚烧汉口，大失民心，坚决“主张南北停战”，并声称：如果“南方不听，自告奋勇讨伐；北方不听，断其后路”。这让袁世凯感到极其恐惧和愤怒。于是，一个阴毒的计划在他脑中形成。他马上让手下将对吴禄贞恨之入骨的周符麟找来，给他面授机宜。周符麟领命后，立即起程北上。

案：袁世凯谋害吴禄贞的真正目的有二：其一，袁世凯欲利用南方的革命军要挟清政府，讨价还价，以达到自己控制或取代清政府的目的。但吴禄贞对袁世凯之人素无好感，知其有野心，故处处防备他，与之相对，是袁世凯实现个人野心的最难对付的对手。其二，北方是袁世凯长期经营的老巢，是其对抗、剿灭南方革命军的后方基地；而吴禄贞扼守石家庄，使他无法北上，他不能回到自己的老巢，其他的事情都无从谈起。

同日，吴禄贞的前辈友人、文化名流汪康年在天津寓所病逝。

案：汪康年是著名的中国近代资产阶级改良派报刊出版家、政论家。汪康年（1860—1911），初名灏年，字梁卿；后改名康年，字穰卿；中年号毅伯，晚年号恢伯、醒醉生。浙江钱塘（今杭州市）人。光绪十六年（1890年）入张之洞幕，兼两湖书院史学斋分教。二十年（1894年）中进士。受维新思想影响，愤励变法图存，欲化愚弱为明强。二十一年（1895年），应邀赴上海参加强学会。次年，与黄遵宪创办《时务报》，自任经理，延梁启超主编。曾著文宣传资产阶级民权思想。后改办《昌言报》，不久停刊。二十三年（1897年），与友人创办《农会报》。二十四年（1898年），在上海创办《时务日报》，旋易名《中外日报》，以洋务派的立场，从表面标榜维新转向反对维新。戊戌政变后，攻击康梁为要犯，并将矛头对准革命派。二十七年（1901年），《辛丑条约》签订后，俄军久驻奉天（今沈阳）不撤，他愤然通电中外，慷慨力争。三十年（1904年）入京，任内阁中书。三十三年（1907年），在京创办《京报》，任社长兼总编辑。宣统二年（1910年），又在北京创办《刍言报》，因宣传立宪保皇言论，到辛亥革命爆发前夕停刊。辛亥革命爆发，避居天津。不久病逝。著有《汪穰卿遗著》《汪穰卿笔记》等。

九月十五日（11月5日），江苏巡抚程德全在苏州起义，江苏独立。军政府成立，拥程德全为都督。

同日，中国社会党在上海成立，举江亢虎为负责人。

同日，朝廷解除陆军第二十镇统制张绍曾职务，任命其为长江宣抚使，当时有部下劝其先不走，留下与吴禄贞共举大义，未听。

吴忠亚曾回忆说：当时张绍曾“被迫离职，绍曾部下的管带（营长）王金铭、施从滨、冯玉祥等人，都是坚决革命的，力劝张绍曾不要离职”，未听（见吴忠亚《吴禄贞的一生》）。

同日，受吴禄贞的派遣，何遂乘专列抵达井陉。随后打电话与娘子关（今山西省平定县娘子关镇）联系，对方立即派了一队人到滑驴岭（今井陉县天长镇滑驴岭村）来接他，然后一起去娘子关，与山西革命军守将姚以价[①]密谈。何遂简明扼要地将最近一段时间里发生的情况向姚以价作了介绍，并告诉姚氏说："吴统制的意图是联合张绍曾、蓝天蔚和山西革命军直捣京城！"姚氏有些不解，反问道："吴统制昨天不是被朝廷任命为山西巡抚了吗？那将我们的阎都督放在那儿？"何听了马上说："什么巡抚？这不过是朝廷玩弄的花样而已。吴统制现在一心想的是直捣北京，哪里会来做什么山西巡抚！况且，吴统制现在的处境亦很危险！"随后就将吴禄贞在滦州与张、蓝密议起义、被陈其采告密之事对姚讲了。姚听后便建议，还是请吴统制来此与阎都督面商，以解除阎都督的疑虑较为妥当。何遂立即表示："这样最好，只是去太原不大方便，可否请阎都督来娘子关一趟，他们可以在这里当面谈。"于是，姚以价当即给太原打电话与阎都督联系，并征得阎都督的同意，约好双方第二天就在娘子关见面。

当天晚上，何遂自娘子关赶回石家庄，将与晋军洽谈的情况和安排作了禀报。吴禄贞表示同意，并当即致电（即《致陆军部、军咨府电》）[②]北京，声称已派"副官知府周维桢、参谋朱鼎勋[③]驰入敌军谒见首领，晓以国家艰危之大局及改良政治之苦心，已允输诚，顷已下令停止进攻"，并谓自己"即将单骑赴娘子关抚慰晋军，详情容再电陈，并乞代奏"。

九月十六日（11月6日），朝廷致电吴禄贞，略谓："电奏悉，所陈各节，均中肯綮，数日之间，招抚晋省混成一协，巡防队二十余营，尤见谋勇兼优，深堪嘉尚。""所请大赦革党，所停战事两节，已两次明喻，开除党禁。""现在陕西乱事未靖，山西省外各州县亦有警耗，正赖该署抚坐镇其

① 姚以价(1881—1947)，字维藩，号龙门，山西津河人。幼时父母双亡，靠叔父抚养成人。1902年考入山西武备学堂，与阎锡山、温寿泉等同学。1904年与阎锡山、张维清公派赴日留学，入东京陆军士官学校。1907年归国，在山西督练公所任教。1909年升任八十六标五营管带，后转任八十五标管带。武昌起义爆发，率领八十五标部分官兵积极响应，一举攻占太原。山西独立后，被委任为东路军司令，率军防守娘子关、固关一带。入民国，受阎锡山排挤，赴江西，被李烈钧任为总参谋长。袁称帝，任援陕滇军司令。1924年，授将军府晋威将军。1930年后，被南京政府任为陆海空军总司令部上将参议。抗战爆发，居陕西，各方奔走，捐资抗战。1947年病逝于西安，追授陆军上将。著有《世风校正》《抗战实录》《读书札记》等。

② 吴禄贞：《致陆军部、军咨府电》，原存中国第一历史档案馆陆军部档案，今收入《吴禄贞集》，华中师范大学出版社2011年版，第226—227页。

③ 朱鼎勋，生卒年及事迹不详，只知其曾任第六镇参谋，后来出任过第二十六师参谋长，授陆军中将军衔。

间，妥善招抚，先靖西路之乱，以固据本。”（见张国淦辑《辛亥革命史料》，《吴禄贞集》第235页）

下午一时，吴禄贞在张世膺、周维桢、何遂、孔庚等人的陪同下抵达娘子关。阎锡山在温寿泉、姚以价、赵戴文等人的陪同下出迎。双方就在娘子关正太铁路车站正式会晤。刚一见面，吴禄贞就对阎锡山声明：“清室授我山西巡抚，只是一种笼络手段，我是决不会就任的！”随后又诚挚地说：“我们都是站在革命的立场，我方非常愿意与晋军联合，组成‘燕晋联军’。”可阎锡山对吴禄贞的话将信将疑，仍有戒备，赞成与否，笑而不答。吴禄贞见状，便明确地对阎锡山说：“我是老革命党，曾加入‘兴中会’，组织自立军在安徽大通起事失败，是与唐才常一起起义的失败者，你可放胆同我合作，我是不会骗你的。”[①]又对阎锡山说：“不瞒你说，晋军的情况我一清二楚。”随后诸如军队建制、人员情况、武器装备等等，如数家珍，并毫不隐瞒自己的观点：晋军如果单独举事很难成功，自己如果不与晋军联合也有很多困难，只有大家联合起来一起行动才能成功，希望阎都督“千万不可再游移”。

山西都督阎锡山[②]见吴禄贞如此坦诚，慨然说道：“绶卿言重了，我同意合作，一切都听你的！”于是，阎锡山立即召集起义军的重要将领开会，请吴禄贞训话。吴禄贞首先强调：“山西是我们中华民族最重要的堡垒。将来中国一旦对外有事，海疆之地是不可靠的，到那时，山西要肩负重大的

① 侯少白:《辛亥山西起义纪实》,中国人民政治协商会议全国委员会文史资料委员会编《辛亥革命回忆录》第5集,中华书局1963年版,第129页。

② 阎锡山(1883—1960),字百川、伯川,号龙池,山西五台县人。幼入私塾,14岁辍学,在自家钱铺学商。1902年考入山西武备学堂学习。1903年被官费保送到日本留学,入日本陆军士官学校。1905年加入同盟会。1909年毕业回国,任山西陆军小学堂教官、监督。同年参加清廷组织的会试,列上等,被赏给陆军步兵科举人并授予协军校的军衔。不久升任山西新军第四十三协第八十六标教练官与标统。1911年率部起义,被推为山西都督。1914年授“同武将军”。袁世凯称帝,晋封一等侯。1916年任山西督军,次年又兼任省长。长期盘踞山西,投机自保。1927年投入国民党集团。1931年出任太原绥靖主任,支持蒋介石的不抵抗政策。抗战中,暗地与日寇勾结。抗战胜利后,积极参与蒋介石的反共内战。1949年逃出太原。退至广州,出任国民党政府行政院长。同年底飞往台湾。著有《阎伯川先生言论辑要》《三百年的中国》等。

责任，所以山西一定要建设好。今天山西革命的成败关系重大，山西的独立会使京师震动。”接着，吴禄贞说：“现在我已与驻滦州的二十镇统制张绍曾、第二混成协协统蓝天蔚联系好了，他们由滦州一带向北京进逼，我们联合起来沿京汉线北上，会师北京，驱逐清朝，建立民国”，是一定可以成功的[①]。他又指出：“现在袁世凯派人到武汉捣鬼，他是有阴谋的。我们如果早到北京，就可以将他的计划全部打破！因此，‘燕晋联军’的组成，意义重大。”并强调说：“袁世凯是中国第一个毒东西，他若到京，就成为革命的最大障碍”；只有“等他过石家庄时杀之，以除此害”（见《阎锡山统治山西史实》，山西人民出版社 1984 年版，第 30 页）。最后他话锋一转，顺势说道：“现在朝廷任命我为山西巡抚，我是革命党，这对我来说真是个笑话！我算什么巡抚，阎都督才是你们山西的主人，我是来替他带兵的！”（以上详见张国淦辑《辛亥革命史料》，《吴禄贞集》第 233 页）

案：吴禄贞所说之袁世凯在武汉“捣鬼”，是指袁世凯对武昌革命军采取的一打一拉、一张一弛的作战方针，以诱使革命党人向他妥协，然后再由他来收拾局面，“统一中国”。吴禄贞反复强调山西的重要地位，使在座的山西军官都感到亲切和自豪，容易接受吴禄贞的观点。

听完吴禄贞的讲话，下面有军官振臂高呼道：“我们拥护阎公奉吴统制做燕晋联军大都督！”顿时，会场响起了雷鸣般的掌声。随后，阎锡山站起来，明确表示：“我们拥护吴公禄贞为燕晋联军大都督！”听了此话，全体官兵一致赞成，再次热烈鼓掌。于是，当即商定：吴禄贞任“燕晋联军”大都督兼总司令，阎锡山和张绍曾任“燕晋联军”副都督兼副总司令，山西都督府副都督温寿泉任“燕晋联军”参谋长（以上详见张国淦辑《辛亥革命史料》，《吴禄贞集》第 233 页）。

会议还决定：“鉴于第六镇的复杂情况，先派三营山西义军去石家庄由吴禄贞调遣，以壮革命声势。”临别之时，阎锡山对吴禄贞说：“所派去石家庄的三营官兵，已准备就绪，第一列车马上就发车。”

案：《吴禄贞》中说：吴禄贞“带领吴鸿昌、何遂在晋军防地的城下，请出守城官长仇亮，对他说了一片大道理。仇亮听了这席话，十分佩服，当

① 周玳：《袁世凯行刺吴禄贞的经过》，《武汉文史资料》第四辑，第 108 页。

日带领部队前来归服。他又到山西太原去说服阎锡山”（见《吴禄贞》，《吴禄贞集》附录，第269页）。这些说法均误，详见以上所述之具体过程。

同日，就在吴禄贞赴娘子关与阎锡山共商举义大计之时，周符麟偷偷潜回到石家庄，并迅速与一些平时对吴禄贞不满的军官取得了联系，在一起秘密会议。

当日傍晚时，吴禄贞偕张世膺、周维桢、何遂、孔庚等人又自娘子关回到了石家庄。

晚饭后，何遂见火车站周边情况有些异常，发现周符麟①到石家庄来了，并在和一些军官串联，立即将情况向吴禄贞作了禀报。吴禄贞听后淡淡一笑说：“近卫军一个团的人天天跟在我身边，我都不怕，这几个人怕什么？！”又过了一阵子，何遂发现从滦州溜去北京告密的军咨府第三厅厅长陈其采也到石家庄来了，并与周符麟等人混在一起，就又去劝吴禄贞加强警戒说：“山西的革命军就快到了，是否派一个营过来给你担任警卫？”吴禄贞见状，反而宽慰何遂说：“不用了，骑兵营管带马蕙田负责警戒，有他带的侍卫队就够了！他是我的心腹，靠得住！”

过了一会儿，吴禄贞的亲信军需官李真，得到密报，谓周符麟、马步周等人曾召开秘密会议，商议行刺吴统制的事情，便立即前来向吴禄贞报告。“禄贞自从招抚晋军，往来奔走，都是单人匹马，不带卫队，表示他的坦白。由山西回防以后，不驻营房，夜晚驻宿正太铁路站房，仍旧不设警卫，听了李真的报告，毫不在意。”（见《吴禄贞》，《吴禄贞集》附录，第270页）

不久，吴禄贞的弟子、时任第六镇马队司令的元柏香从他的结拜弟兄、时任随军运输科长的瞿寿程处得知马步周要暗害吴禄贞的消息，也匆匆赶来

---

① 周符麟(1855—?)，直隶清河人。幼家贫，父早亡，靠母亲做针线度日。稍长，外出学徒做木工，奉养母亲。1885年入伍当兵。因身材魁梧，胆识过人，颇为上官器重，曾送入新建陆军学堂肄业，并历官营长、管带、标统。1900年以护驾慈禧太后有功，被封为武卫军军门提督。1907年升任陆军第六镇步兵第十二协协统。1911年被撤职。1912年任第6师第11旅旅长、河南省洛阳巡防营统领，授少将军衔。1916年4月，授为陆军中将。1917年至1922年，任直隶省冀南镇守使。1924年4月17日，获授将军府“铃威将军”。晚年定居河北保定府，对家乡治理清河出力颇多。

见吴禄贞，将消息报告给老师，请他早作预防。吴禄贞听到这一消息，马上派人将马步周找来，开门见山地问道："听说你要杀我？那你就杀罢！"马步周立即上前跪下，极力否认。吴禄贞乃说："量你也不敢！起来吧。"马步周走后，吴禄贞仍然埋头工作，并未增派人手加强防卫（详见元柏香《吴禄贞被刺事件鳞爪》）。

吴禄贞知道山西的革命军马上就要到了，就派何遂跟马步周带着慰问品一起前去接待，并告诉他，自己现在还有别的事要处理，明天早上再去看望、慰问他们。

在前去慰问山西革命军的途中，何遂还曾对马步周叮嘱说："吴统制对你非常器重。现在形势紧张，你一定要加倍小心呀！"

当天晚上十点钟，山西革命军陆续到来，就驻扎在离火车站六七里地的正太铁路一侧，带兵的是祖树棠营长。

此时，吴禄贞和张世膺、周维桢、张厚琬等人正在石家庄火车站东边的电报局楼上，举行中级以上军官会议，宣布 7 日早晨举行起义。会议规定：参加起义的所有将士皆以白布条为箍，缠于左臂为标志，以便在暗中区分敌我；行动中凡有不服从命令者，军法从事。

会议结束后，吴禄贞和张世膺、周维桢、张厚琬等人又匆匆赶回设在正太火车站的指挥部。

夜已深，忙碌了一天的吴禄贞一点倦意也没有。他一边饮着酒，一边看着地图与张世膺、周维桢、张厚琬①等人研究着起义中的各种细节。

吴忠亚曾回忆道："六镇司令部的人们，更是忙得喘不过气来……纵横千里，亿万同心，大家都正以空前紧张和无比兴奋的心情，在忙着迎接充满希望，充满光明的明天，谁也合不上眼。"（见吴忠亚《吴禄贞的一生》）

案：吴禄贞的三路大军会师北京的计划是：张绍曾率部沿京奉线西进，

---

① 张厚琬(1886—?)，字忠荪，直隶南皮(今河北南皮)人。张之洞孙。少即留学日本，毕业于东京陆军士官学校第八期炮兵科。回国后历任陆军第六镇参谋、南京第八师炮兵团长、陆军炮兵上校等职。民国后，曾任总统府咨议、北京陆军大学教育长、东三省巡阅使署参谋处长、东三省保安总司令部参谋处长等职。1925 年任段祺瑞执政府陆军次长，后因病辞职。1926 年任东三省保安总司令部参议。1927 年任东北陆军讲武堂教育长，曾作为张作霖的代表，出使过日本。

然后北上直取北京，并分兵扼守密云，防止宣统逃往热河；阎锡山除派部分兵力扼守京汉铁路上的黄河大桥，以阻止袁世凯北上之外，主力部队则沿着京汉铁路北上；吴禄贞率第六镇直取北京。占领北京后，再回师南下，全歼袁世凯的部队。他感到已经胜利在握：废宣统为庶民，通电全国，改国体为共和，邀请各省代表到北京开会，选举中山先生为大总统，指日可待！

时钟已敲过十一响，机要秘书送来了张绍曾的电报。电文为“我军整装待发，即请与山西义军前来会师”①。

吴禄贞将张氏电报递给张世膺，随即拟定了一份复电（即《复张绍曾电》）②交给机要秘书：“愿率燕晋子弟一万八千以从。”

当夜十一点半钟，何遂来到司令部，向吴禄贞、张世膺、周维桢等禀告了接待、慰问晋军的情况。吴禄贞精神甚是兴奋，高兴地将两份电报拿给他看。何遂看完电报，连连说道：“真是太好了！太好了！”吴禄贞亲切地抚摸着何遂的肩膀，见其忙碌了一整天，面容疲倦，就让其与张厚琬早点回房间去休息。

九月十七日（11 月 7 日），凌晨一点钟，司令部里仍然是灯火通明，指挥官们憧憬着：“再只过几个小时，就会听到一声炮响，把古老沉寂的北国大地，从睡梦中震醒过来，出现翻天覆地的变化；石家庄联军起义的枪声，将会同武昌首义的枪声，‘南北呼应’，交织成一支光荣、胜利的辛亥革命进行曲。”（见吴忠亚《吴禄贞的一生》）

当日凌晨一点半钟时，北方的秋夜，寒气袭人，吴禄贞身披军大衣正在伏案批阅文件，侍卫队队长马步周突然带领几名“侍卫”，来到指挥部，高声说道：“恭贺大人，听说统制已经擢升山西巡抚，我等特来向大帅贺喜！”说罢，一齐跪了下去，并迅速从靴中掏出手枪，向吴禄贞连射数枪。吴禄贞猝不及防，身中数枪，仍强忍剧痛，拔剑夺门而出；不幸刚到门口，就被埋伏的刺客扑倒在地。此时，马步周便立即跑上前去割下了吴禄贞的首级，提着跑出指挥部，去向他的主子邀功去了。

就在马步周弯腰掏枪射击吴禄贞的同时，那几位“侍卫”也一齐动手，

---

① 见《吴禄贞集》，第 228 页。

② 吴禄贞：《复张绍曾电》，《吴禄贞集》，华中师范大学出版社 2011 年版，第 228 页。

将张世膺①和周维桢②刺杀在指挥部里。

《吴禄贞》中记载说："十六日夜，（吴禄贞）正和参谋长张世膺、副官周维桢在站房中批阅机密文牍，逆贼马蕙田率领队官梁云空、排长杨福魁、头目苏守鲁、王泽宣等，突然冲门入室，大呼奉密旨杀吴禄贞，他人不问。禄贞听了，立刻从座上跃起，拿马刀连砍数贼，不料一弹飞来，正中要害，遂仆倒地上，世膺、维桢，护禄贞不成，也中弹死，贼众见目的已达，竟割取了禄贞的头颅逃走。"（见《吴禄贞》，《吴禄贞集》附录，第270页）

案：听到吴禄贞被其侍卫队长马步周枪杀的消息，大家都感到震惊，有的甚至不相信。因为大家都知道，这马步周与吴禄贞的关系有如兄弟，是吴禄贞的心腹。马步周（生卒年不详），字蕙田，安徽人。光绪三十三年（1907年）毕业于北洋速成学堂，入常备军，驻延吉。后其军隶吴部，吴禄贞见其美风仪，善骑射，便将其要到身边，且对他非常信任，并提拔其为骑兵营营长，后来更是将其调到身边做了侍卫队队长。马步周嗜赌，每有赌债，都是吴禄贞为其偿付，视其为兄弟，待其为手足。他怎么会枪杀吴禄贞呢？原来，袁世凯在此前已经通过周符麟等人，用二万两银子收买了马步周这个平时善于逢迎、善于伪装、骗取了吴禄贞信任的阴险小人。

吴禄贞接统第六镇之后，"以为原镇腐败"，曾进行过较大整顿，得罪了

---

① 张世膺（1884—1911），一名华飞，字育和，九江府德化县（今九江市柴桑区）人。父早亡，与母相依为命。幼即勤奋好学，名闻乡里。1902年至九江求学，与好友徐秀均、蔡公时、吴照轩等组织进步团体"慎所染斋"，传播新文化，探求新思想。同年入江西大学堂，与沈文龄、彭贡辉等同窗秘密结社，从事反清活动，遭当局通缉，逃往日本，入东京振武学堂学习，继入陆军士官学校深造。1905年加入同盟会，并被推为江西分会主盟人。同年奉命回国从事反清活动。1906年参与"彰德秋操"，后调奉天任教训处提案。1911年参加"永平秋操"后调任陆军部马兵科科长。武昌起义爆发，清廷派陆军南下救援，与吴禄贞联络，设法阻止陆军南下。同年冬，升任第六镇参谋长。11月7日与吴禄贞同时遇难。

② 周维桢（1880—1911），字干臣，湖北麻城人。16岁时入湖北经心书院，治经史学。后赴日留学。1900年与吴禄贞回国参加自立军大通起事，失败后复去日本，入弘文学院师范科。参与创办《湖北学生界》，著文驳斥保皇派忠君言论，倡导革命思想，被停止官费。旋归国，在湖北、湖南、四川等地从事革命活动。1906年随吴禄贞赴西北视察边防，被陕甘总督升允押解回京。1907年赴东北，协助吴禄贞经营吉林延吉边务，起草《延吉边务报告书》，主张抵抗日本及沙俄对延吉的侵扰。1911年武昌起义爆发后，推动吴禄贞拟东联滦州，西合三晋，横断京汉要冲，遥作武汉声援。并至石家庄，亲冒巨险，单骑赴娘子关，与晋军议和。11月7日在石家庄车站和吴禄贞同时被袁世凯派人暗害。

一批原镇的官兵；而他“本人又常在北京，偶在保定，稍驻即去”；“此次车站办公，在左右者，亦系原镇中兵士若干人，听其召唤”，并未“选调得力之人”或“亲信卫队”担任“保护之责”；加之其“平日看事太易”，“故有十六夜不幸之事”（见张国淦辑《辛亥革命史料》，《吴禄贞集》第234页）。

吴禄贞在北方起义前的关键时刻被刺杀，顿使群龙无首、起义流产。这对辛亥革命造成的损失是巨大的。因为北方起义是继武昌起义后关乎全局的最为重要的一次革命行动，它的流产，使北方的大好革命形势，骤然低落下来。正如事后有人曾评价说：吴禄贞在石家庄被刺杀，使革命势力在北方无法生根，而成为北洋派的天下；如果吴禄贞不死，“其事业必大有造于中国，并影响及于世界无疑”（见曹亚伯《武昌起义真史》中册，第235页）；更有人断言：“绶卿不死，京津大局，必早庶定。武汉南北两军亦不致激成恶战。然则绶卿死而因之死者且千万人。”（见张元济《吴绶卿先生遗诗序》，《吴禄贞集》第254页）若吴禄贞不死，袁世凯他是不可能顺利取代清朝天下的！

武昌起义爆发后，吴禄贞的行动引起全国的关注，革命党人对他更是寄予厚望。如果他不被刺杀，起义正常举行，革命顺利进行，袁世凯怎么可能篡权窃国？那么，“中国的历史也许会呈现出另一种局面”（见赵宗颇《吴禄贞》，第98页），这一段历史也将会重新书写！

尚在睡梦中的何遂，突然被一阵枪声惊醒，听见房外有人在喊：“兵变！兵变！”他心知有变，急忙起床，摸枪没摸着，情急之中只抓着一把短剑就冲出屋子，只见站台上一个士兵也没有，而有几个人影匆匆从指挥部跑出来。他立即大喊：“站住！站住！”这些人却不理会他，愈跑愈快，一溜烟就消失在夜幕中（详见何遂《辛亥革命亲历纪实》，《辛亥革命回忆录》，中华书局1963年版，第477—478页）。

何遂顿感不妙，立即向车站站长办公室跑去，刚跑到门口，就被绊了一交，低头一看，正是吴禄贞，遂伏下身去连声呼叫：“绶卿！绶卿！”再细看，全身血污，头也不见了，顿时大惊失色。再看室内，还有多具尸体。何遂记得车站仓库驻有一个连的守军，便向仓库跑去，边跑边喊：“快来人啦！统制被人刺杀啦！赶快跟我报仇去啊！”跑近仓库时，只听前面几个穿军装的人叫道：“这家伙乱喊什么！杀了他！”接着就是一阵子弹飞过来。何遂见情况不对头，立即往回跑，再去找其他人前来帮忙处理善后事宜（见何遂《辛亥革命亲历纪实》）。

此时，被调来“助战”、驻扎在石家庄的那一团禁卫军，听说吴禄贞统制被刺杀，颇为震惊，害怕第六镇的官兵怀疑他们，向他们报复，便连夜向北方溃逃。

《吴禄贞》中记载："旗军恐怕被六镇暗算，人各自畏，抛弃子弹百万发，器械二百多箱，马几百匹，饷银数万两，分作三股，向北溃散。晋军乘机收了禄贞遗骸、器械、子弹、银两，一齐向西运去。"（见《吴禄贞》，《吴禄贞集》附录，第271页）

几个小时后，山西义军的仇亮、景梅九、倪德勋、齐燮元带领义军来了，十二协的同盟会员瞿寿堤、陈永庆也来了，参谋张厚琬也来了。经过大家商议，石家庄无险可守，应该将队伍撤到娘子关去，尤其是要将装满仓库的物资运走。于是，他们兵分两路：一路由瞿寿堤、陈永庆、仇亮等人组织人力迅速将囤积石家庄的物资运到娘子关，再由娘子关转运至太原——整整运了两天，仅现银就有30余万两；一路由何遂、倪德勋等人立即将吴禄贞和张世膺（当时周维桢的尸体尚未发现）的尸体运到娘子关。

当天早上，朝廷致电吴禄贞略谓："电奏悉，筹划备极周妥，群情安贴，顺受指挥，朕怀甚慰。""山西巡抚行营木质关防，着该署抚自行刊刻启用，以昭信守。""山西各属伏莽尚多，应即驰赴省垣，接任视事，藉资镇慑。所请六镇十二混成协暂留山西之处，着军咨府、陆军部酌核办理。"（见张国淦辑《辛亥革命史料》，《吴禄贞集》第235—236页）

案：根据此电的内容来看，吴禄贞应该在昨天有电报致内阁、军咨府和陆军部，详细禀报自己招抚晋军，"先靖西路之乱，以固据本"的"具体安排"，只是一直未见到此电报。

同日，广西独立，成立军政府，先举巡抚沈秉堃为都督，随后改举陆廷荣为都督。

同日，军咨大臣载涛接到吴禄贞被刺电报，"大恫计划失败"（见张国淦辑《辛亥革命史料》，《吴禄贞集》第235页）。

案：此处所说"计划失败"，是指载涛、良弼等皇族亲贵想利用吴禄贞等士官将领抑制袁世凯的计划。

同日，"燕晋联军"副都督兼副总司令阎锡山得知吴禄贞被刺消息，非常沉痛地对部下表示："我们阻袁入京之谋成为泡影，抱恨之深，实非言语可以形容。"并极力赞扬吴禄贞"英俊豪爽，肝胆照人。料事之确，谋事之忠，在娘子关短短一会，在我心目中永远留下不可磨灭的印象"①。

同日，学生军在上海成立。

---

① 阎锡山：《掌握山西武力与太原起义前后》，《辛亥革命史料选辑》，第252页。

当天上午，吴鸿昌将何遂请到司令部，说有要事相商，实则想乘其不备，将其杀害；岂料何遂的保定军校同学、同盟会员倪德勋一直跟在他身边，加之此时车站站台上到处都是手臂上扎着白布的士兵，才未敢贸然下手，只得找了个“下去布置布置，以备不虞”的借口溜走了（见何遂《辛亥革命亲历纪实》）。

当天晚上，第六镇第十二协协统吴鸿昌见“革匪运来步马炮各队甚多”，将“谋为不轨”，恐自己“兵力甚薄”，会“陷于危险”，遂“率领本协乘夜急赴栾城”，准备“补充兵力，即行迎击”（详见后面《吴鸿昌致陆军部呈文》）。

也是在当天晚上，何遂在倪德勋等人的陪同下，带着吴禄贞和张世膺的遗体来到娘子关（他们走时尚未发现周维桢的遗体）。

谱　后

九月十八日（11 月 8 日），安徽独立，成立军政府，举巡抚朱家宝为都督。

同日，朝廷致电内阁总理大臣袁世凯，略谓“昨吴禄贞被戕”，“当即派段祺瑞前往查办，确情尚未覆奏”（见张国淦辑《辛亥革命史料》，《吴禄贞集》第 236 页）。

同日，何遂在仇亮、景梅九、倪德勋的陪同下，来到太原，阎锡山亲自出迎，好言相慰，并请他到督署，对他说：“如今‘燕晋联军’仍然存在，我比你年长几岁，也不客气，我就担任联军大都督，你就屈任联军副都督吧！”（见何遂《辛亥革命亲历纪实》）

九月十九日（11 月 9 日），福建新军起义，成立军政府，举统制孙道仁为都督。

同日，广东独立，成立军政府，举胡汉民为都督。

广东光复后，冯如带着自制的两架飞机参加革命，被广东革命政府任命为飞机队飞机长。

同日，阎锡山、何遂一行来到娘子关，带领将士致祭后，将吴禄贞和张世膺的灵柩暂时简单地安葬在娘子关。

案：阎锡山见吴禄贞的头颅被割走，遂请了一位高明的木工做了一个木人头，安放在吴禄贞的颈腔上，然后放入灵柩。周维桢的尸体是第二天在室外的草丛中发现的——估计是其受伤后忍痛追击刺客时被枪杀的，被简单地埋葬于石家庄车站旁。

同日，第六镇第十二协协统吴鸿昌向内阁、军咨府、陆军部、资政院致电（即《吴鸿昌电》）①，略谓“吴禄贞被刺后”，其“招抚革军运到石家庄步马炮工部队甚多”，并“逼迫本协联合”进行破坏。本“统领不遂其

---

① 吴鸿昌：《吴鸿昌电》，原存中国第二历史档案馆，今收入《吴禄贞集》之《复张绍曾电》附录，华中师范大学出版社 2011 年版，第 229—230 页。

欲，兵力又薄，深恐陷于危险”，“士兵震动”，“迫不得已”，乃“率领本协急到栾城县”，思“补充兵力，再行迎击”。后“侦知革军将存储石家庄之弹药、粮秣、被服等项，运送娘子关，兵力亦渐退”；本“统领垂夜率本协急进，现已复占石家庄。该处商民安静，兵心镇静，请释廑念”。

也是在这一天，时任湖北起义军战时总司令的黄兴，得知吴禄贞遇刺噩耗，扼腕叹息，沉痛地说：“惟军人能敌者，止有粤军，且感情亦善，因欲调鄂，与北方协力攻击，不幸吴禄贞又被刺于石家庄”（见《黄兴集》，中华书局1981年版，第281页）。

武汉前线的义军将士得知吴禄贞遇害的噩耗，群情激奋，拔剑斫地，在阵地上竖起了“为吴禄贞报仇雪恨”的旗帜，纷纷请求出师北伐。于是，在黄兴的指挥下，义军将士分三路进攻被清军夺取的汉口。

案：后来在武汉的舞台上，曾经上演过《吴禄贞》一剧。当演到吴禄贞遇刺时，台下的观众怒不可遏，竟情不自禁地将自己桌上的茶壶、茶杯向台上的“凶手”扔去。

在武汉参加首义的好友王保民，闻知吴禄贞在石家庄被刺的噩耗，非常悲痛，乃作挽诗一首①以悼之：

管乐有才空筹策，关张无命枉用兵。革命未成身先死，长使同志泪满襟。

据好友王保民回忆说：他后来又到过石家庄，曾去凭吊过吴禄贞，并写有二首绝句②以表达自己对好友的缅怀之情：

图谋光复愿宏谋，革命仍推第一人。马革裹尸原素志，石庄痛绝遂捐身。

冤埋碧血复何言，革命首推不世勋。溅尽石家庄上泪，西风满地吊将军。

当吴禄贞遇害的噩耗传到延边时，延边各族父老兄弟自发地组织起来在北山学堂和“去思碑”前为烈士召开追悼会，以感念他“为边务督办遗爱在民”的恩情。人们或举着“白山峨峨，黑水洋洋，我公之德，山高水长；

① 王保民：《吴禄贞首先参加革命的见闻录记》，《吴禄贞集》附录，华中师范大学出版社2011年版，第278页。

② 王保民：《吴禄贞首先参加革命的见闻录记》，《吴禄贞集》附录，华中师范大学出版社2011年版，第278页。

白山郁郁，黑水汩汩，我公之悲，山摧海泣”的诔词，或举着“一疏救民心不保，三年出塞爱长留”的挽联，或举着“延（吉）珲（春）赖公以存，凶闻相传，半壁河山齐下泪；英烈为国而死，招魂痛哭，百灵风雨尽增愁”的挽联，或举着“长白山政声宛在，斯民有口皆碑，三年来密布嘉谟，海岛咸钦鄂都护；石家庄血迹未干，我公之死何惨，万里外惊传噩耗，天涯同哭晋中丞”的挽联，或举着“龙蛇厄运直斯年，顿谢红尘作羽仙。双手运筹知将略，三年遗爱在辽天。入人凶计令人惜，爱国雄心万古传。回忆我公余血泪，怅然泣饮豆江边”的挽诗，痛哭流涕，披麻戴孝，络绎不绝地涌向灵堂，表达他们对这位曾经为保卫延边、开发延边作出过重要历史贡献的延吉边务督办的无限崇敬和怀念之情。

案：吴禄贞的同乡好友谢炳朴应邀出席了悼念活动，并应延边各族民众之托，将延边各界人士为追悼吴禄贞所写之祭文、悼诗、诔词、挽联收集起来，编成《延边哀挽录》附在其《吴绶卿先生遗诗》之后，一直流传至今。

《吴禄贞》中记载：“禄贞奔走革命十余年，未及见民国成立，赍资以殁，噩耗传出后，海内人士，没有不痛惜的，尤其是延吉边界的百姓，竟为失声痛哭。当开追悼大会时，自动前来的有数千人之多。归化中国的朝鲜人，也争着赠送诔词挽章、各种祭奠式的文字，表示哀思。”（见《吴禄贞》，《吴禄贞集》附录，第 271 页）

当吴禄贞遇刺身亡的噩耗传到天津，景夫人悲痛欲绝，要随夫君而去；然看着几个年幼的子女，又不忍心抛下；遂擦干泪水，咬紧牙关，决心活下去，要将烈士的遗孤抚养成人。随后提笔填了一阕《诉衷情》词，以表达其对夫君的敬仰和自己内心的悲苦：

当年初结秦晋好。始识英雄貌。披肝沥胆报国，岂敢辞辛劳？志未酬，身先亡。天地嚎！欲随君去，抚孤谁靠？

当吴禄贞遇害的噩耗传到蒙古卓索图盟喀喇沁右旗札萨克的府邸时，好友贡桑诺尔布非常悲痛，曾作词一首，并将词题写在吴禄贞赠给他的照片背面，以表达其悼念之情：

皓月又东升，松吼苍龙，催人岁月太匆匆。阶台酒痕今宛在，气压崆峒。①

当张绍曾听到同窗好友吴禄贞被刺噩耗时，“流着眼泪，悔恨交加”地

① 此词转引自侯志：《吴禄贞与贡桑诺尔布救国图强的探析》，《松州学刊》2012 年第 2 期。

对当初劝他不要离开第二十镇，留下与吴禄贞共举大义的心腹部下说：“本镇当初如果能和第六镇联合举义，成败虽然尚不可知，但总还可拼一下。当时既然没能这样干，现在吴统制已被刺死，我们势成孤立，如不见机，必遭败亡……这好像下棋一样，人家已着着占先，我们动手就输。”（见吴忠亚《吴禄贞的一生》）

九月二十日（11 月 10 日），黎元洪致电各省派代表至武昌商议组织“临时中央政府”。

九月二十一日（11 月 11 日），汤寿潜、陈其美、程德全三都督通电，倡议在上海召开各省代表会议。

九月二十三日（11 月 13 日），山东独立，成立军政府，推举巡抚孙宝琦为都督。

同日，海军舰船十三艘在九江起义，加入革命行列。

同日，袁世凯自孝感行辕回到京城履任。

自“武昌起义”爆发起，至九月二十三日，湖北、湖南、陕西、山西、云南、江西、上海、贵州、浙江、江苏、广西、安徽、福建、广东、山东等省先后发动起义，宣布独立。

九月二十四日（11 月 14 日），内阁总理大臣袁世凯在北京晋谒隆裕太后，誓言效忠清室。

同日，吴禄贞的三女儿吴忠瑛（1911—？）在天津出生。

九月二十五日（11 月 15 日），已光复各省代表会议在上海“江苏教育总会”召开，定名为“各省都督府代表联合会”，举谭人凤为临时议长。

九月二十六日（11 月 16 日），内阁大臣袁世凯组成“责任内阁”。

同日，湖北道监察御史温肃上书（即《宣统三年九月二十六日御史温肃奏折》）①皇上，略谓“已故山西巡抚吴禄贞，跋扈素著，曾游学东洋，归国后昌言排满革命不讳”；且当“军情扰攘之际”，“身为统帅，谋危国家”，可谓“包藏祸心，反形已著”，故应“立将该员阴谋罪状宣布天下，则军心必为之一肃”。

同日，内阁总理大臣袁世凯给直隶总督陈夔龙寄送皇上谕旨（即《宣统

① 温肃：《宣统三年九月二十六日御史温肃奏折》，原存中国第一历史档案馆军机处折包档，今收入《吴禄贞集》之《复张绍曾电》附录，华中师范大学出版社 2011 年版，第 231 页。

三年九月二十六日内阁总理大臣寄直隶总督陈夔龙上谕》)[①]，略谓：有大臣上书弹劾吴禄贞“包藏祸心，反形已著，请宣布罪状，以快人心而伸国法”；着令“陈夔龙迅速查明，据实覆奏。原折着钞给阅持。钦此”，乃“遵旨寄信前来。臣袁”。

九月二十九日（11 月 19 日），陆军第六镇第十二协协统吴鸿昌致电（即《吴鸿昌致陆军部呈文》）[②]陆军部，向陆军部简要禀报自己率第十二协自九月初八日（10 月 29 日）晚奉到军咨大臣和陆军部的电令，离开保定，前往山西进剿革军，直至自己于九月十九日（11 月 9 日）“复占石家庄”这段时间内“经过之大概情形”。

九月三十日（11 月 20 日），内阁大臣袁世凯派刘承恩、张春霆到汉口，在俄国驻汉口领事敖康夫充当“中间人”的情况下，与黎元洪的代表孙发绪、曾广为在俄国领事馆谈判。

十月初一日（11 月 21 日），“各省都督府代表联合会”议定，公认“湖北军政府”为“民国中央军政府”。

十月初二日（11 月 22 日），四川重庆独立，成立军政府，推张培爵为都督。

十月初四日（11 月 24 日），上海“各省都督府代表联合会”决定赴武昌开会。

十月初七日（11 月 27 日），时任清政府川汉、粤汉铁路督办大臣的端方，奉朝命率湖北新军第八镇第十六协第三十一标及三十二标一部，经宜昌入川，前往镇压保路运动。

同日，四川成都宣布独立，成立军政府，举谘议局议长蒲殿俊为都督。

是日，冯国璋率清军攻陷汉阳，起义军退至武昌，黄兴辞去总司令一职。

十月初十日（11 月 30 日），“各省都督府代表联合会”代表抵达汉口英租界开会，讨论组织“临时中央军政府”问题，先后通过《临时政府组织大纲》及“如袁世凯反正，当公举为大总统”等决议。

---

① 袁世凯：《宣统三年九月二十六日内阁总理大臣寄直隶总督陈夔龙上谕》，原存中国第一历史档案馆廷寄档，今收入《吴禄贞集》之《复张绍曾电》附录，华中师范大学出版社 2011 年版，第 232 页。

② 吴鸿昌：《吴鸿昌致陆军部呈文》，原存中国第二历史档案馆，今收入《吴禄贞集》之《复张绍曾电》附录，华中师范大学出版社 2011 年版，第 230—231 页。

十月十一日（12月1日），沙俄策动外蒙反动王公、上层喇嘛宣布“独立”，分裂中国领土。

十月十二日（12月2日），“江浙革命联军”攻克江宁，南京光复，张勋败走徐州；两江总督张人骏和江宁将军铁良①登上日本军舰逃往沪上，革命中心乃由湖北转移到长江下游。

十月十四日（12月4日），“各省都督府代表联合会”决定以南京为临时政府所在地，并推举黄兴、黎元洪为正、副元帅。

十月十六日（12月6日），隆裕太后懿旨，准监国摄政王载沣引咎辞职。

十月十八日（12月8日），内阁总理大臣袁世凯派唐绍仪为全权代表南下与革命军议和。

十月十九日（12月9日），各省军政府亦派伍廷芳为代表与清方代表议和。

十月二十四日（12月14日），汉口、上海两地各省军政府的代表齐集南京继续开会。

十月二十七日（12月17日），“各省都督府代表联合会”改举黎元洪为大元帅，黄兴为副元帅。

十月二十八日（12月18日），南北议和代表伍廷芳和唐绍仪在上海英租界市政厅举行首次会议，英、日、美、德、法、俄六国驻沪领事及上海外商代表李德立出席。

十一月初六日（12月25日），同盟会总理孙中山从海外回国，抵达上海。

十一月初十日（12月29日），十七省军政府代表在南京会议，选举孙中山为中华民国临时大总统，并决议改用阳历。

十一月十二日（12月31日），“各省都督府代表联合会”决定修改临

---

① 铁良(1863—1938)，字宝臣，穆尔察氏，满洲镶白旗人。幼家贫，少即弃文习武，后入荣禄幕，深得信任，荐举入兵部，历官至兵部侍郎、会办京旗练兵。光绪二十九年(1903年)，赴日考察军事，回国后擢升户部尚书、总理练兵处襄办大臣，二十二年(1905年)，升军机大臣。次年，专任陆军部尚书，与袁世凯争夺北洋新军的统帅权。宣统二年(1910年)，受摄政王载沣排挤，调任江宁将军。辛亥革命时，率张勋所统之巡防军守南京，残杀民众，对抗苏浙联军；并与善耆等皇族成员组织宗社党，反对清帝退位。民国建立，寓居青岛、大连、天津等地。张勋复辟，命为弼德院顾问。复辟失败，再居天津。1931年参与成立伪满洲国。1938年在天津去世。

时政府组织大纲，实行内阁制，增设副总统。

十一月十三日（1912 年 1 月 1 日），同盟会总理孙中山自沪抵宁，于当晚 10 时宣誓就任中华民国临时大总统，发表《临时大总统就职宣言》和《告全国同胞书》，宣告“中华民国”成立。

十一月十五日（1912 年 1 月 3 日），中华民国南京临时政府成立，各省代表推举黎元洪为副总统，通过孙中山提出的各部总长、次长任命名单。黄兴任陆军总长，黄钟瑛任海军总长，王宠惠任外交总长，陈锦涛任财政总长，蔡元培任教育总长，张謇任实业总长，程德全任内务总长，伍廷芳任司法总长，汤寿潜任交通总长，胡汉民为秘书长。

十一月十六日（1912 年 1 月 4 日），章太炎与张謇等人在上海成立中华民国联合会，嗣发刊《大共和日报》。

十一月十七日（1912 年 1 月 5 日），临时大总统孙中山发布对外宣言书。

十一月十八日（1912 年 1 月 6 日），甘肃新军起义，成立军政府，举黄钺为都督。

同日，上海《申报》上刊载了一幅吴禄贞身着戎装，头戴军帽，手握战刀，目光炯炯，直视前方的站立照片，根据此照片上吴禄贞的题字，可知此照片摄于宣统二年（1910 年）奉命赴德、法观操期间。

十一月二十三日（1912 年 1 月 11 日），中华民国临时大总统孙中山宣布自任北伐军总指挥，派黄兴为北伐军陆军参谋长，制订六路北伐计划。

十一月二十六日（1912 年 1 月 14 日）凌晨，光复会领袖、浙江临时参议会议长陶成章，被沪督陈其美派人刺死于上海广慈医院。

十一月二十七日（1912 年 1 月 15 日），当川汉、粤汉铁路督办大臣端方一行抵达资州（今内江市资中县）时，新军突然哗变。端方与其弟端锦遂为起义新军军官刘怡凤所杀。

十二月初一日（1912 年 1 月 19 日），教育部颁发《普通教育暂行办法》十四条，规定初等小学可以男女同校，要求教科书合乎民国宗旨，旧教科书和小学读经科一律废止。

十二月初四日（1912 年 1 月 22 日），孙中山发表声明，如清帝退位，袁世凯宣布赞成共和，自己就马上辞职，推袁为总统。

同日，朱志尧、徐企文等在上海成立中华民国工党（1913 年解散）。

十二月初五日（1912 年 1 月 23 日），清政府免去张人骏两江总督职务，以江南提督张勋接任两江总督。

十二月初八日（1912 年 1 月 26 日），宗社党首领良弼被同盟会员彭家珍炸伤，次日死亡。

十二月初九日（1912 年 1 月 27 日），北洋军将领段祺瑞、姜桂题等 48 人通电全国，要求清廷“明降谕旨，宣示中外，立定共和政体”。

十二月初十日（1912 年 1 月 28 日），南京临时参议院成立，林森当选议长。

十二月十一日（1912 年 1 月 29 日），沈佩贞在上海创办女子尚武会。

十二月十六日（1912 年 2 月 3 日），清隆裕太后命内阁总理大臣袁世凯与民军磋商退位优待条件。

十二月十八日（1912 年 2 月 5 日），南京临时政府改大清银行为“中国银行”。

十二月二十一日（1912 年 2 月 8 日），中华民国工业建设会在上海公布草章。

十二月二十三日（1912 年 2 月 10 日），南京临时参议院通过优待清室条件八款。

十二月二十五日（1912 年 2 月 12 日），宣统皇帝①奉隆裕太后懿旨，颁发退位诏书，授权内阁总理大臣袁世凯组织临时共和政府，有清二百六十八年之国运暨华夏二千余年的帝制时代正式终结，中华民国肇兴。

十二月二十六日（1912 年 2 月 13），内阁总理大臣袁世凯通电声明赞成共和。临时大总统孙中山向参议院辞职，荐举袁世凯为临时大总统。

十二月二十八日（1912 年 2 月 15 日），“南京临时参议院”选举袁世凯为临时大总统。

民国元年正月初八日（1912 年 2 月 25 日），吴禄贞的遗孀景夫人捧吴禄贞遗像携全家老小自天津乘客轮抵达上海。

---

① 宣统皇帝(1906—1967)，即清朝末代皇帝溥仪，爱新觉罗氏，字浩然。醇亲王载沣之子，光绪帝之侄。登基时不足三岁，由其父摄政。退位后仍住皇宫内，享受民国临时政府议定的清室退位优待条件。1917 年张勋曾拥其复辟，旋即失败。1924 年冯玉祥等发动“北京政变”时，废除大清皇帝称号，迁出皇宫。次年初潜居天津日租界，继续从事复辟活动。九一八事变后，在日本侵略军的保护下前往长春。1932 年 3 月，出任伪满洲国傀儡政权“执政”。1934 年 3 月，改称“满洲帝国皇帝”。1945 年日本投降，他下诏宣布退位，被苏联红军逮捕，押至赤塔，转入伯力监狱。1950 年由苏联政府移交中国，监禁于抚顺。1959 年大赦释出，回到北京。1963 年起在文史资料研究委员会任职。1967 年 10 月 17 日病逝于北京。著有《我的前半生》。

案：吴禄贞在起义前夕，为了家人的安全，已托友人将全家由北京护送到天津租界内安身。此次赴沪，景夫人带领全家先参加即将举行的吴禄贞等人的追悼会，稍作停留后便带领全家取道上海回云梦老家居住。

民国元年正月初十日（1912 年 2 月 27 日），以南京临时政府陆军总长兼参谋总长黄兴为首的 75 位吴禄贞的生前好友和社会名流，在上海《时报》上刊登了一则启事（即《发启召开吴禄贞追悼会启事》），其启文如下：

故燕晋大都督吴公绶卿，讳禄贞，于阴历去年九月十七日子时被刺于石家庄正太车站，副官周干臣维桢，参谋张华飞世膺死之。诸君为国捐躯，情形至为残酷。遗骸暴露，薄海同悲。顷吴公遗族捧公遗像自津来沪，凡我同人，尤深哀感。兹拟于三月十四日即阴历正月二十六日，在张园开会追悼，所有中外人士，热心志士，愿表同情者，即希届时同临。如有挽词、香花，请于开会日前赐交上海棋盘街经武公司代收，依次登报鸣谢。至吴公行状，另由各报披露。

发启人：黄兴、汤化龙、蓝天蔚、刘诚、王孝缜、李书诚、黄恺元、雷启隆、李宝楚、程明超、胡瑞霖、李人杰、刘一清、蒋作宾、孔庚、耿觐文、万声扬……

民国元年正月十六日至二月十二日（3 月 4—30 日），《民主报》连载由吴禄贞原部下、同乡好友谢炳朴整理的吴禄贞的遗诗（收入《西征草》和《戍延草》中的诗）。

民国元年正月十九日（1912 年 3 月 7 日），孙中山先生颁布了他就任临时大总统后的第一号抚恤令——《大总统抚恤吴禄贞、张世膺、周维桢三烈士令》，宣布分别按“大将军”“右将军”“大都尉”例给吴禄贞、张世膺、周维桢三位烈士发放抚恤金（此令原载《临时政府公报》第 31 号，今收入《吴禄贞集》附录，第 259 页）。

民国元年正月二十六日（1912 年 3 月 14 日），是吴禄贞的诞辰日，黄兴等一千余人在上海张园举行了“吴禄贞追悼大会”。

中华民国南京临时政府大总统孙中山因故未能参加，特派代表前来参加并宣读了祭文（即《祭吴禄贞文》）：

维中华民国元年三月十四日，临时大总统孙文遣耿觐文、陈宽沅以清酌庶馐之仪，致祭于故燕晋联军大都督吴公禄贞之灵而告之以文曰：

荆山楚水，磅礴精英。代有伟人，振我汉声。觥觥吴公，盖世之杰。雄图不展，捐躯殉国。昔年东海，谈笑相逢。倡义江淮，建牙大通。契阔十年，关山万里。提兵燕蓟，壮心未已。滦州大计，石庄联军。将犁虏庭，建不世勋。猰貐磨牙，蜂虿肆毒。人之云亡，百身莫赎。泉下同袍，惟周与张。庶相民军，恢复旧疆。邦基始建，公目未瞑。敬奠椒桂，以酹忠魂。哀哉，尚飨。

案：民国元年正月二十九日（1912 年 3 月 17 日），上海《时报》便刊载了孙中山这篇《祭吴禄贞文》（没有前面一部分，只有后面的主体部分）。1990 年，王耿雄等编辑《孙中山集外集》中就收有当时上海《时报》所刊此文；2015 年尚明轩主编，由人民出版社出版之《孙中山全集》（16 卷本）和 2017 年邱捷等编，由中华书局出版之《孙中山全集续编》（全 5 册）中，也都收有《时报》所刊此文。

刊载既有前面一部分，又有后面一部分的《祭吴禄贞文》全文的，出自当时的另一著名报纸——《新闻报》。

此次追悼会由黄兴主持，黄兴还赠送了长幅挽联（其挽联见下山西省追悼会）。

会上，还分发、赠送了由吴禄贞生前好友程明超收集整理的吴禄贞的遗作——《娱园遗诗》。该诗集由清末状元张謇题写书名，由时任商务印书馆董事长、吴禄贞生前好友张元济作序。同乡好友程明超则写有《娱园遗诗序》和《题娱园遗诗十首》。

吴夫人景静淑携子、女，出席了当天的追悼大会。追悼会后，景夫人稍作停留，便携全家自上海赴湖北云梦老家居住。

同日，山西太原亦隆重举行了“燕晋联军大将军吴公绶卿追悼会”，与会军民达上万人之多，各省均派有代表参加。主祭台两侧悬挂有黄兴撰写的大幅挽联：“李北平之将略，韩待中之边功，大厦正资材，公缓须臾，万里早空胡马迹；罗斯伯其激昂，来君叔其惨烈，二难同赴义，我悲后死，九原莫负故人心！”①

民国元年正月二十七日（1912 年 3 月 15 日），上海《申报》在“本埠新闻”刊登了《吴君禄贞追悼会纪盛》一文，简要记述了追悼会的盛况及程序，其中第三项程序为“由耿觐文、陈宽沅二君代表孙大总统读祭文”，但未刊载孙中山的祭文。

---

① 见载于《时报》1912 年 3 月 17 日。

民国元年二月下旬至三月上中旬（4月），《东方杂志》第8卷第10号出版，上载有吴禄贞遗诗多篇。随遗诗刊载的尚有吴禄贞生前好友、商务印书馆董事长张元济为其遗诗所写的序——《吴烈士遗诗序》①：

吾不见绶卿久矣。去岁夏，余以事入京都，思访兄，继知其治军于外，不果往。越两月而绶卿被刺于石家庄，无识与不识，皆痛惜之！余谓绶卿不死，京津大局，必早庇定。武汉南北两军亦不致激成恶战。然则绶卿死而因之死者且千万人，语云："死有重于泰山。"其绶卿之谓也。犹忆十四年前，拳乱方炽，绶卿与陈君锦焘、温君宗尧会于余居，谋所以安定之策，绶卿解衣磅礴，意气激壮，发语悲愤，尝以手抵案不止。此情此景，犹在目前。今绶卿以身殉国，而一生钦甫亦胡能奔走国事，自任艰巨，余犹优游海上，甘自暇逸，真愧对吾死友也。谢君炳朴从绶卿戍边有年，以其遗诗来示余，余不能诗，然读之，益追念绶卿不置。绶卿不必以诗传，而能使后之读者想见其为人，则是编辑之，未始无助也。中华民国元年三月，海盐张元济敬题。

民国元年七月（1912年9月），孙中山先生到山西太原视察三天，并于二十九日（21日）上午九时乘专列离开太原，前往阳泉参观铁矿和煤矿，随后赴石家庄吴、张、周三烈士的殉难之地凭吊，且当天就夜宿石家庄太行饭店；当晚还召开了追悼会，祭奠吴禄贞将军，并以沉痛的心情诵读了《祭吴禄贞文》（见公孙訇《孙中山先生在直隶》，《社会科学论坛》1987年第1期）。

同年，由谢炳朴、廉泉搜辑并由程明超增补编辑而成的吴禄贞遗诗——《吴烈士遗诗》刊行。除保留了程明超的序文和题诗外，尚载有廉泉所写之《吴烈士遗诗序》②一文：

往者欧阳永对答尹师鲁书谓，五六十年来，天生斯辈，沉默畏慎，布在世间，相师成风，何今古如一辙也。呜呼！天上豪杰，秉其刚直之性，处于举世滔滔之时，芒角森然，有怀必吐，胸无夙言，以矫庸众人，回枉靡柔者之所为，卒以是取祸于世，岂少也哉！云梦吴烈士亦其一也。烈士善将兵，初无能诗名，然尝周历燕晋秦辽，穹戍塞北，崎岖

① 张元济：《吴烈士遗诗序》，《吴禄贞集》之《西征草》《戍延草》附录，华中师范大学出版社2011年版，第254页。

② 廉泉：《吴烈士遗诗序》，《吴禄贞集》之《西征草》《戍延草》附录，华中师范大学出版社2011年版，第254—255页。

关山，放怀高歌，以抒写其胸中郁陶，称山河雄伟之势，加之天性雄烈，于物无可容。其被檄随荫昌赴鄂也，招致燕地勇士王荣九数十辈携侍广座宴饮，酒数行，客如垣堵，仆如流川，千指万目，烈士举杯指荣九语曰：我赴鄂促，若辈缚易乃谦冯国璋诸奴如缚孤豚耳。客震愕，无敢应烈士语。荣九扶烈士起曰：公醉矣。烈士挥荣九令退曰：我不醉也。奋首低昂，意气自豪。故其为诗，尤雄直悍快，肖其为人，不肯嗫嚅作儿女子态。知斯者，然后可以读烈士之诗。忆去年春泉，与烈士作寒食京师，酒酣耳热，烈士泼墨，涂诗其戍边之作，顷刻尽数千张，壮慨豪情，一时无偶，曾几何时而烈士殒元石家庄，其骨寒矣。今读烈士诗，不知涕泪之何从也。悲夫！嘱芝瑛校录烈士诗竟，遂泄笔而识之。无锡廉泉。

同年，由万柳夫（即廉泉的夫人吴芝瑛）辑录的《吴烈士遗诗》由万柳堂铅印刊行。此遗诗集前有孙寒崖题词，钱基博所撰《吴禄贞传》，廉泉所写《吴烈士遗诗序》。廉泉的序文已见前，不赘述。钱基博的《吴禄贞传》①写道：

吴禄贞者，湖北云梦人也，字绶卿，雄杰有大略。自少时学兵法，有名于楚。年十八，以鄂督张之洞命赴日本，习为骑将。会清帝以义和团叛乱，八国联军问罪，势不支，西走长安。禄贞在日本闻之奋起，约结死士潜归国，曰："时哉不可失。"默相天下大势，自以生产楚地，悉江汉间情势，谓夏口兵冲要地，襟带江沔，依阻湖山，左控庐泖，右连襄汉，南北二途，有如绳直，一旦骤有变，则河洛震惊，南服均阻。又其人剽轻易发怒，可劫以起事，日夜招致。事泄，多死者，禄贞只身走大通，变易姓名，间行复东渡留学。未几返国，授徒武昌，数慷慨言当世事，积忤大吏。然名字渐起。长沙黄兴谋湘独立，函要禄贞同发难。禄贞已不得志于楚，颇思用事于湘，立赴召，为筹划方略。

时北京设练兵处，函电相促，禄贞辞不往。党徒有劝禄贞者，谓殷之兴，伊挚在周；周之兴，吕牙在殷。不若乘机进用，揽北方兵枋，伺隙而动，入虎穴而得虎子，斯其时矣。遂行，抵京，充练兵处监督。以所志学教育后进，播布各军。陆军部尚书铁良夙材器禄贞为人，然察其心神鞅鞅，有异意，遇事龉龁，俾不获竟其志。禄贞乘闲周历蒙古、

① 钱基博：《吴禄贞传》，《湖北革命知之录·庚子汉口之役》，《张难先集》，华中师范大学出版社2011年版，第44—46页。

陕、甘，按视边兵，体察形势。甘督升允深嫉禄贞，几陷之至死。时延吉兵哗饷噪变，日师潜渡图们江应之，边庭震惊。清廷索抚边者，无应，仍起禄贞帮办延吉边务。

禄贞单骑抵延，讨军实而申儆之曰："来，吾语汝曹，汝曹为国家效命疆埸，于朝廷固无负。顾不能得食，主者过，故非朝廷负汝曹。吾能食汝曹，速安辑，无得违吾命取戾。"辞气爽亮。骄兵悍将环集左右，禄贞曾不携一卒自卫，然惮禄贞威名，无敢动者。日帅闻之，为却军三十里。禄贞遣使日军，往复论说，卒有以屈日帅，使认延吉为中国领土，恢故疆方千里。或嫉禄贞功不己出，遗书中朝诟诸。东督徐世昌恤禄贞才，百方解护，檄调奉天办军务。日帅故惮禄贞却退。禄贞去，知无可惮者，复进军延郊。清廷畏日军逼，再命禄贞督办边务，锐力振新，边人赖之。

在边三年，百堕俱举，回京补副都统，派赴德、法观操。返，出为保定第六镇统制。莅镇，殚精训练，期成劲旅，以捍京畿，拔其根株。时党人士阴谋渐闻于朝，陆军部尚书荫昌夙忌禄贞才，恐与党人士连，或起据肘腋为变，不能制，厄之，郁郁不得志。适第八镇协统黎元洪起兵武昌，禄贞已见厄于荫昌不得逞，自请督师赴鄂岳。地势建瓴，终为天下要害，思乘势响应，以湔前败。荫昌知禄贞不能效忠于清廷，阴阻于军咨府大臣载涛曰："禄贞兼资智勇，武烈过人，一时之杰。倘资之兵使去，是傅翼于虎逸使出柙也，一旦扬去不我用，不可复絷也。"载涛然其言，不许禄贞，以荫昌督师，令将第六镇兵从，谋毙诸途。禄贞恐不免，辞以疾。

会滦州军联名邀立宪，势甚亟，清廷知禄贞得将士心，急檄往宣慰。禄贞驰抵滦，召将士晓以大计，谓："清廷屡创无所惩，偷旦夕安，益坏败不可救药，微改弦而更张之不可。今荫昌倾北京兵南征武昌，诸君倘能偕我倒戈，掩北京不备，可无血刃而定。然后绥靖士民，易置帝政，规皇古共和之制，以媲美欧美，传檄东南，释甲寝兵，天下之事大定矣。"皆欢应曰"诺"。因电奏安堵，弛北京备，密部署诸将，以滦州张绍曾所部为第二军，新民屯卢永祥所部为第三军，合师丰台，以逼北京。会有与议者，驰北京告变，密调滦州汽车抵北京，以防禄贞运兵。

会山西太原兵变，遥应鄂岳，载涛遽檄第六镇留守攻娘子关。禄贞在滦闻保定兵发，曰："吾劝诸将袭北京，而所部攻晋，勿阻之，何面目在滦与诸将相晌乎?"径赴石家庄，叱停战，身入娘子关，与晋军联和，合出关，运取第六镇兵辎重以足军火。联电抵北京，猜禄贞谋益急，暗募人杀之。阳以朝旨奖借，命抚晋，促令赴任，未发。其帐下将马慧田突以手枪击禄贞不中，禄贞遽起奔，惠田手捍格，惠田枪再发，仆，割其首，持奔北京，时辛亥秋九月十七日也。偕死者三人。一参谋张世膺，与禄贞室邻，倏闻枪声起禄贞室，走视，惠田适枪禄贞仆，手犹柱地思起。惠田拔刀砍禄贞头欲下，世膺骇，奋张空拳与斗，被惠田刀中脑死。一副官周维桢，亦赴救禄贞遇害。禄贞性坦直不疑人，将兵十载，吏卒深夜谒见，未尝陈兵卫，故及于难。

无锡钱基博曰：吾闻诸乡人廉泉，廉泉闻诸宁河王照，谓以禄贞材武，宜若可以有为。曾忆甲辰在京师，偕禄贞饮酒，酒酣，禄贞倾座大言曰："若辈犹忘庚子夏皖盗劫大通厘局事乎？亦知盗为谁某乎？"声震四座，座客骇愕无应者。禄贞右手举酒满杯，挥左手自指鼻尖语曰："不敢欺，我也。"扬杯饮，一吸而空。时良弼、姚锡光在座，相视失色。《易》曰："机事不密则害成。"此其所以失身而丧其元欤，吾知处心积虑以死之者为已久矣。禄贞意气自豪，曾不稍顾，以蹈于祸，可慨也夫。

案：据李洛川在《吴禄贞遗诗检读后记》中说：万柳堂本《吴禄贞遗诗》"共收集吴禄贞所遗诗词五十八首。就其写作时间和诗的内容来看，主要分为两大部分：一为《西征草》，一为《戍延草》"（见《吴禄贞集》附录，第 278 页）。

民国二年十月初十日（1913 年 11 月 7 日），值吴禄贞烈士牺牲二周年之际，吴公祠和烈士陵园在河北省石家庄市正太火车站北侧落成。陵园内屹立着三座庄严肃穆的烈士墓塔，中间为吴公墓塔，张世膺、周维桢二位烈士的墓塔分立左、右。墓园一侧建有凭吊楼，其挽联为："迢迢石庄道上，凄绝凭吊楼头；槛外峰回路转，芳名万古不朽。"

当天，山西政府和石家庄人民在这里举行了隆重的奉安大典——烈士们的灵柩被护送至此陵园内安葬，瞻礼者达万余人。孙中山先生曾派专使前来致祭。吴夫人景静淑携子、女亦前来参加了葬礼。

山西都督阎锡山还为吴禄贞的墓碑撰写了碑文——《故燕晋联军大将军吴公之碑》（见《吴禄贞集》附录，第 260—261 页），概述了吴禄贞的生平事迹，给予吴禄贞高度评价。

案：据《吴禄贞集》的编辑者称："此碑创立于 1913 年，由阎锡山署名，实出于当时民军通志局局长晋城郭象升手笔。郭象升字允叔，《郭允叔文抄》（卷下）载此文。原碑已毁。此次编稿时，由山西省政协文史资料研究委员会副主任、山西大学郝树侯教授校点。”（见《吴禄贞集》附录，第260—261页）

民国三年（1914年），吴禄贞和周维桢修纂的《（民国）延吉县志》（十二卷）由吉林省图书馆刊行，后被影印收入《中国地方志集成·吉林府县志辑2》（凤凰出版社、上海书店、巴蜀书社2006年版）。

民国十九年（1930年），国民党中央党史史料编纂委员会在南京成立，编撰有《吴禄贞传》（原收入台湾版《革命人物志》第二集，今收入《吴禄贞集》附录，第262—271页；又收入《张难先集·湖北革命知之录》，华中师大出版社2011年7月版，第35—44页）。

民国二十年（1931年），九一八事变后，吴禄贞的好友钱作骧赴江苏昆山看望、拜访老友曹亚伯，得知老友准备将吴禄贞的《调查延吉边务报告书》（三卷）重新刊刻行世，以满足同好们的愿望，颇为高兴，并欣然应邀为其作长跋一篇，即《跋吴禄贞延吉厅边务报告书三卷》[1]相赠：

> 右延吉厅边务报告书三本，计九章，三十八节，吾亡友吴禄贞绶卿所著，而亲赠于吾以为考案者也。初，吾国东三省与朝鲜接疆之地，以满人封禁，故不详。及康熙五十三年设珲春协领，隶于宁古塔副都统，于是方有建设，而汉人、朝鲜人无产业者渐以为尾闾。清政不纲，有汉人为马贼之韩登举者，据夹皮沟、充霁谷等为巢穴。地本沃壤，富森林及野兽，日本游历者涎之。及吞并朝鲜，遂欲越图们江而霸其地。有日人守田利远者著满洲地志，称“图们江”曰“豆满”，而言其北岸向来所属于延吉厅临江一带之地以为“间岛”，且指为朝鲜属地。于是日本驻韩统监伊藤博文，遂令其中佐斋藤季治郎率兵一营，至于延属之六道沟，遂将占领之。赖绶卿据历史以争，遂保有其地。绶卿之学博而功亦巨矣。呜呼，以绶卿之才，使得行其志，则吾国之所保，岂止于一延吉厅而遂已乎。虽然，绶卿固伟男子而亦多情人也。
>
> 初，绶卿既毕业于日本，在湖北不能行其志，乃至北京投练兵处，为旗（骑）兵监督。监督者，无兵，而但令阅操及编操典各事，所言当

---

[1] 钱作骧:《跋吴禄贞延吉厅边务报告书三卷》,《张难先集·吴禄贞传》附录,华中师范大学出版社2011年版,第46—48页;因此文未见收入《吴禄贞集》附录,故全文移录于此。

改革者俱不行。绶卿不乐闲曹，乃自陈于军机大臣铁良，愿独身而往陕西、甘肃、新疆三省，调查一切。与之数千金为旅费，不受，曰：但求军机处一纸条，令得在沿途藩库领银为盘费是矣。铁良许之。及至甘肃，会樊增祥，言词慷慨，意颇轻其老朽。樊固以守旧反对戊戌维新，且赞成庚子义和拳而漏网者，闻绶卿所言，疑为康党，且军机处大臣从无以纸条而索银于外省之藩库者，因是益疑其妄，乃白升允拟就地而诛之。升允曰：彼言自军机处，何不奏闻而后处置。于是遂电京城，会铁良已出军机，诸大臣皆不晓本末，以闻西后，西后曰：今日岂不是陆军部尚书铁良值日么。对曰：然。于是铁良叫起，西后问故。曰：吴禄贞是奴才在军机处时派去调查边务者。西后曰：然则你去回他们的电罢。铁良叩首趋出，电甘。升允、樊增祥益忌之，曰：吴某虽是奉命而行，然沿途不应滋扰，以此调查边务，不称，遂押解回京。

绶卿益无聊，间以诗酒及女闾为乐。会徐世昌督东三省，调之行，绶卿以为可行吾志。及至东，世昌宦习正深，绶卿与言，多不省。会有韩登举在夹皮沟，日本将认为独立国者。绶卿拟私往侦之，而绶卿所结交之胡匪如张作霖、冯麟阁、汤玉麟等，闻绶卿将往会韩，并为之介绍。绶卿赍数千金请假而行，周维桢（字干臣）、李恩荣及测绘生等十数人从焉。既抵夹皮沟，出介绍书投群匪，匪争延酒食，日或数起。绶卿询一切，诸匪言词夸大。绶卿故绐之曰：我固南方盗首也，有众三五万人，快枪等是，然有山寨聚处，不似汝曹散漫，且多徒手，不足有为也。于是诸匪乃言：吾辈亦可招集部属，请吴大哥观之，如何？绶卿曰：善。既聚，可三千四百余人，马近一千，枪不一式，然其数与人相等。于是绶卿乃出千金犒之，并购牛羊数十头，宰而大嚼，且曰：吾南方义士，其会饮咸如是，不似北方人鄙吝也。诸匪既大惭，且心服焉。会斋藤至，于六道沟贴倭人告示，有起之送于绶卿者。绶卿乃勃然怒曰：吾曹为匪，亦宜爱国，今日本人强占我疆土，吾等何不同心竭力以拒之，而待国家官吏为之保护哉。匪曰：吴大哥不畏怕日本，我曹亦不畏，但我曹决战，而徐总督将来要杀我曹以谢日本，则如之何。绶卿曰：不然，此事由我担任，我虽匪，与徐总督亦故交，奈何畏其杀我哉。诸匪犹不信，于是绶卿乃解其包袱，出其在练兵处所穿之军帽、军衣、佩刀、皮靴、龙旗等，光彩夺目。从官亦咸衣其军服，威仪懔懔，至是群匪咸拜伏于地曰：吾今日乃知吴大哥不但南方豪杰，又徐总督故人也。欢欣不已者久之。

绶卿部署既定，通牒敌人，限其即日出境。斋藤闻之大骇，曰：此旧属朝鲜，无清官署，更何有兵驻守，必诈也。绶卿又通牒请之，斋藤随使者而来，见绶卿立于庙外，其上龙旗招展，军服皇皇，兵士不下数千人，虽制服不全，而赳赳之状，已为心折，乃进前与绶卿握手。绶卿操日语与之为礼，且延入，诘难何以至此。斋藤言此地本属朝鲜，今朝鲜合并于敝国，故来此镇守，君何故来此挑衅。绶卿曰：我中国官，守中国地，且一向居此，汝今日方来，乃言吾挑衅贵国哉。吴某性直，不愿多言，贵官能速退出境，则善，不然，惟决战而已。斋藤言汝要吾退出，可速送文书于朝鲜统监，俟其答复，允吾让出，即退，否则不能。绶卿曰：吾不能与贵国讲外交，惟知守土。若外交，则有吾国外交部与贵国外务省在。斋藤知不可胜，即曰：吾回营，将致电敝国去矣。即分散。明日，日本人插标本于地为日本界，绶卿遣人拔去之。绶卿于是一面致电北京军机处、外交部，一面送文书与徐世昌及陈昭常辈。几处闻此，不知所措。时张之洞在军机，退朝，传刘道仁、哈汉章、良弼等问之，诸人皆以绶卿所办为然，且与吴同学，称其胆不置。张之洞尤激赏之，于是令绶卿暂署吉林副都统，且调回京，详询一切。

此书其在京时所作也。吾国外交部于吉林边界无详细之图，又无可征之历史。绶卿在日本，于朝鲜颇有研究，又新得宋教仁所著《间岛问题》一书，故能原原本本，详言其故，卒之折冲樽俎，使日人退让，而延吉斤约数县之疆土，得以保存，非伟男子而能若是乎？又绶卿初至奉天，狎一女优，为徐世昌指摘，以为职官无品。及绶卿署吉林副都统，世昌俟其入见，以张之洞门生郭宗熙代之，恐其复任。张之洞喜其爱国，且能读书，遂以延吉边防大臣畀之。绶卿往延吉开府，过奉天，徐世昌访之，不答，请宴，不赴。徐世昌初拟释怨，召绶卿前所狎女优演戏，及绶卿不至，甚惭。曲将终，绶卿则衣夏布长衫，持大蒲扇，摇摇至于台下。世昌望见趋揖之，绶卿不顾。观看良久，俟女优下台，携与共车而去，是夜纳之矣，则其有情又当何如也。

予至昆山，访老友曹亚伯。曹与予皆与绶卿为至交，闻曹欲刻吴禄贞之调查延吉边务报告书三卷以公同好，故跋其行事如此，补国史所未及云。

案：钱作骥和曹亚伯都是吴禄贞的好友，且同为推翻清王朝、建立中华民国并肩战斗过。钱氏《跋吴禄贞延吉厅边务报告书三卷》中对吴禄贞生平事迹的叙述，主要依据国民党中央党史史料编纂委员会所编撰之《吴禄贞》，后面则取诸野史、传闻，其中有颇多地方与实际事实不相符合，参见前面多处评述，此处不再一一述之。

民国二十四年（1935 年），上海光华大学文学院院长兼无锡国学专门学院校务主任钱基博先生将其二十多年前所撰之《吴禄贞传》（又名《吴烈士传》）①，铅印单行本。

案：据傅宏星《钱基博年谱》记载，《吴禄贞传》（又名《吴烈士传》）一文撰写于 1913 年（谨案：应该写于 1912 年，见前《吴禄贞遗诗》），1935 年曾出单行本，1947 年 2 月 6 日刊载于《武汉日报・文史副刊》第 18 期，1956 年收入上海人民出版社出版之《中国近代史资料丛刊・辛亥革命》第 6 册，1991 年收入卞孝萱、唐文权所编、团结出版社出版之《辛亥人物碑传集》，1999 年 2 月收入钱仲联主编、苏州大学出版社出版之《广清碑传集》。

民国三十四年（1945 年）11 月，张难先所著之《湖北革命知之录》由商务印书馆（重庆）出版发行，收入国民党中央党史史料编纂委员会所纂之《吴禄贞传》和钱基博所撰之《吴禄贞传》。

一九六二年八月（9 月），吴禄贞生前好友王保民撰有《吴禄贞首先参加革命的见闻录记》一文缅怀吴禄贞（此文原见《武汉市政协文史档案资料》，今收入《吴禄贞集》附录，第 275—278 页）。

一九八二年三月初一日（3 月 25 日），由河北省文物管理局和石家庄市文物保管所重建的吴禄贞陵园在长安公园内落成。吴禄贞之子吴忠黄、长女吴忠华、次女吴忠敏，长孙吴厚培，孙女吴怡、吴厚婉，外孙女徐小玉出席了落成典礼。

一九八二年三月十九日（4 月 12 日），石家庄市各界代表一百多人在吴禄贞陵园中吴禄贞墓前举行了隆重的扫墓仪式。吴禄贞的子女及孙辈亦出席了扫墓仪式。副市长靳茂儒出席仪式并介绍了烈士的生平事迹，吴禄贞之子吴忠黄先生则代表家属致词。

一九八二年五月，赵宗颇、夏菊芳所著的“中国近代史丛书”（陈旭麓主编）之一——《吴禄贞传》由上海人民出版社出版。

一九八二年十月，台湾作家胡玉衡创作的《九边处处蹄痕——吴禄贞

① 钱基博《吴禄贞传》目录，见于傅宏星编撰之《钱基博年谱》附录一，华中师范大学出版社 2007 年版，第 250 页。

传》（台湾《近代中国丛书·先烈先贤传记丛刊》）由台北近代中国出版社出版。

一九八四年清明节（三月初四日，4 月 4 日），吴禄贞的幼女吴忠瑛女士自美国归来，在吴禄贞外孙女徐小玉的陪同下，到石家庄市长安公园为父亲扫墓；陪同她前往陵园扫墓的尚有省、市政协、统战部、侨办的负责人。

一九八九年八月，皮明庥、虞和平、吴厚智编辑的《吴禄贞集》（章开沅先生主编的《辛亥人物文集丛书》之一），由华中师范大学出版社出版。

一九九一年十月初二日（11 月 7 日），“吴禄贞纪念园”在湖北省云梦县落成，并举行了隆重的揭幕式。县委、县人大、县政府、县政协的领导和吴禄贞的外孙女徐小玉女士出席了揭幕式。在揭幕式上，还将“吴禄贞纪念园”前的一条路命名为“吴禄贞路”。园内牌坊上的“盖世英杰”四个大字，由曾经参加过辛亥武昌首义的已经 105 岁高龄的喻育之老人所书写“绶卿亭”内的纪念碑上，有先烈英姿飒爽的戎装浮雕像，像下则书有孙中山为吴禄贞所写的祭文。

二〇〇一年三月，吴禄贞外孙女徐小玉创作之电视连续剧剧本《盖世之杰》（第一版），由香港银河出版社出版。

二〇〇三年七月，吴禄贞外孙女徐小玉创作之电视连续剧剧本《盖世之杰》（第二版），由吉林时代文艺出版社出版。

二〇〇九年 9 月 18—19 日，延边朝鲜族自治州举行吴禄贞“戍边楼”落成 100 周年纪念大会暨重修“吴都护禄贞去思碑”揭幕仪式。

二〇一一年二月初五日至四月十三日（3 月 9 日—5 月 15 日），吴禄贞外孙女徐小玉所创作的二十余万字之影视剧本《盖世之杰——吴禄贞大将军》在湖北《孝感晚报》的“连载精选”版连载。

主要参考文献

一、文献、著作类

卞孝萱，唐文权. 民国人物碑传集［M］. 北京：团结出版社，1995.

柏文蔚. 柏文蔚自述［M］. 文明国，编. 北京：人民日报出版社，2011.

蔡冠洛. 清代七百名人传［M］. 北京：北京图书馆出版社，2008.

陈夔龙. 梦蕉亭杂记［M］. 民国十四年（1925 年）陈氏自刻本.

陈旭麓，方诗铭，魏建猷. 中国近代史词典［M］. 上海：上海辞书出版社，1982.

程翔章，程祖灏. 樊增祥年谱［M］. 武汉：华中师范大学出版社，2017.

丁鸿臣. 四川派赴东瀛游历阅操日记［M］//王宝平，主编. 晚清东游日记汇编 2：日本军事考察记. 上海：上海古籍出版社，2004.

丁文江，赵丰田. 梁启超年谱长编［M］. 上海：上海人民出版社，1983.

傅宏星. 钱基博年谱［M］. 武汉：华中师范大学出版社，2007.

冯自由. 革命逸史（1—6）［M］. 北京：中华书局，1981.

郭廷以. 近代中国史事日志［M］. 北京：中华书局，1987.

郭廷以. 中华民国史事日志［M］. 台北：近代史研究所，1979.

胡鄂公. 辛亥革命北方实录［M］. 北京：中华书局，1948.

金梁. 近世人物志［M］. 北京：北京图书馆出版社，2007.

江庆柏. 清代人物生卒年表［M］. 北京：人民文学出版社，2005.

黄兴. 黄兴集［M］. 湖南省社会科学院，编. 北京：中华书局，1981.

康有为. 康有为全集［M］. 姜义华，张荣华，编校. 北京：中国人民大学出版社，2007.

刘成禺. 世载堂杂忆［M］. 钱实甫，点校. 北京：中华书局，1960.

刘体智. 异辞录［M］. 北京：中华书局，1988.

皮明庥. 湖北历史人物辞典［M］. 武汉：湖北人民出版社，1984.

宋教仁. 宋教仁集（上下）［M］. 陈旭麓，主编. 北京：中华书局，1981.

孙中山. 孙中山全集［M］. 中国社科院近代史所，编. 北京：中华书局，1981.

唐才质. 自立会庚子革命记［M］//杜迈之等，编. 自立会史料. 长沙：岳麓书社，2009.

王承仁，曹木清，吴剑杰. 中国近百年史辞典［M］. 武汉：湖北人民出版社，1986.

吴禄贞. 吴禄贞集［M］. 皮明庥，虞和平，吴厚智，编. 武汉：华中师范大学出版社，2011.

吴文治. 中国文学史大事年表［M］. 长沙：岳麓书社，1996.

吴永. 庚子西狩丛谈［M］. 刘治襄，记. 鄢琨，标点. 长沙：岳麓书社，1985.

魏绍昌，管林，刘济献，郑方泽. 中国近代文学辞典［M］. 郑州：河南教育出版社，1993.

章开沅. 辛亥革命辞典［M］. 武汉：武汉出版社，1991.

中国人民大学清史研究所. 清史编年［M］. 北京：中国人民大学出版社，2000.

张难先. 张难先集［M］. 严昌洪，张铭玉，傅蟾珍，主编. 武汉：华中师范大学出版社，2011.

张难先. 湖北革命知之录［M］. 北京：商务印书馆，1945.

柳和诚，等. 张元济年谱［M］. 张树年，主编. 北京：商务印书馆，1991.

张之洞. 张之洞全集［M］. 苑书义，等主编. 石家庄：河北人民出版社，1998.

张之洞. 张之洞诗文集（增订本）［M］. 庞坚，校点. 上海：上海世纪出版股份有限公司/上海古籍出版社，2015.

张之洞. 张之洞教育文存［M］. 陈山榜，编. 北京：人民教育出版社，2007.

张之洞. 张文襄公公牍稿［M］//高时梁，编. 中国近代教育史资料汇编・洋务运动时期教育. 上海：上海教育出版社，1992.

张之洞. 张文襄公全集［M］. 王树枏，编. 北京：北平文华斋刊本，1928.

陈少白.兴中会革命史要［M］//中国史学会，主编.辛亥革命（第1册）.上海：上海人民出版社，1957.

高筹观，刘望龄.湖北起义首领孙武传［M］//《辛亥革命史丛刊》编辑组，编.辛亥革命史丛刊（第7辑）.北京：中华书局，1987.

吴忠亚.吴禄贞的一生［M］//中国人民政治协商会议湖北省云梦县委员会文史资料研究委员会，编.云梦文史资料（第1辑，吴禄贞专辑）.1985.

吴忠亚.吴禄贞与辛亥革命［M］//政协武汉市委员会文史学习委员会，编.武汉文史资料文库第7卷（历史人物）.武汉：武汉出版社，1999.

二、论文类

邓宾善.壮志未酬身先逝——记“民国大将军”吴禄贞［J］.档案春秋，2008（1）：43-46.

樊建莹.吴禄贞与“间岛交涉”［J］.许昌师专学报（社会科学版），1991（4）：53-57.

靳大经.吴禄贞经略延边的历史功绩［J］.社会科学战线，1991（3）：224-229.

何达.吴禄贞血洒石家庄［J］.文史月刊，2002（2）：9-18.

侯志.吴禄贞与贡桑诺尔布救国图强的探析［J］.松州学刊，2012（2）：49-51.

李惠民.吴禄贞殉难之谜探析［J］.文史精华，2010（3）：59-64.

李立新.辛亥革命英烈吴禄贞［J］.社会科学战线，1993（4）：208-213.

聂红萍.《沿途日记》与吴禄贞西北考察［J］.暨南学报（哲学社会科学版），2019（2）：124-132.

彭贺超.宣统三年的永平秋操［J］.历史档案，2014（2）：97-102.

王鹏辉.吴禄贞的社会交游与清末革命［J］.清史论丛，2015（2）：123-149.

吴桂龙.吴禄贞出国留学及毕业回国时间补考［J］.史林，1989（1）：24-26+19.

赵宗颇.吴禄贞是立宪派，还是革命派［J］.上海师范大学学报（哲学社会科学版），1982（3）：102-109.

赵宗颇.吴禄贞与两湖革命［J］.上海师范大学学报，1987（2）：20-24.

赵宗颇.吴禄贞史事考订［J］.上海师范大学学报，1992（1）：60-64.